北京の合歓の花

―私と中国・中国語―

高橋俊隆　著

白帝社

目次

第Ⅰ部

第Ⅱ部

第Ⅲ部

第Ⅰ部

一　高校時代（一九六六年四月〜一九六九年三月）

父は広島県旧制呉一中の夜間部の一期生である。本を読むことが何よりも好きであったが、長兄が出征した後家業を手伝わねばならず、旧制中学昼間部への進学を諦め夜間部に進んだ。祖父の引くリヤカーを後ろから押しながら、手から本を離さなかったという。やがて兵隊にとられ大学進学はかなわなかった。

そんな父が晩酌の際、興が乗るとよく旧制中学時代の思い出話をした。とりわけ国漢の先生の授業のことを実に楽しそうに話した。得意そうに中国の四字熟語や成語、『論語』などを諳んじて見せた。『論語』、『三国志演義』以外は、父はその出典まで触れることはなかったが、最近父の諳んじていた句を思い出しながら、大学の図書館でひとつひとつその出典にあたってみた。

・「子曰く、吾れ十有五にして学に志ざす。三十にして立つ。四十にして惑わず。五十にして天命を知る。六十にして耳順ごう。七十にして心の欲する所に従がって、矩《のり》を踰《こ》えず。」（『論語』）

・「学びて時に之れを習う、亦た説《よろこ》ばしからず乎《や》。朋有り遠方より来る、亦た楽しからず乎。」（『論語』）

・「後生畏《おそ》るべし」（『論語』）

・「天網《てんもう》恢恢《かいかい》疎にして漏らさず」（『老子』）

・「虞や虞やなんじを如何せん」（『史記』）

・「燕雀いずくんぞ鴻鵠の志を知らんや」（『史記』）

・「刎頸《ふんけい》の交」（『史記』）

（父は刎頸の友という言い方をしていた。）

・「身体髪膚《はっぷ》これを父母に受く、あえて毀傷《きしょう》せざるは孝の始めなり」（『孝経』）

・「死せる諸葛、生ける仲達を走らす」（『三国志演義』）

（父は死せる孔明と言っていた。）

・「泣いて馬謖を斬る」（『三国志演義』）

・「少年老い易く学成り難し、一寸の光陰軽んずべからず」（朱熹『偶成』）

・「季布《きふ》二諾《にだく》無く、侯嬴《こうえい》一言を重んず。人生意気に感ず、功名誰か復《また》論ぜん。」（魏徴

『述懐』）
（確か父は「人生意気に感ず」という一句のみ繰り返していた。その前後の句には触れていなかった。魏徴『述懐』は、『唐詩選』の巻頭に出てくる五言古詩であることを私は後で知った。また、この『述懐』の第一句が「中原還《また》鹿を逐《お》ふ」だが、父はこの「中原に鹿を逐う」という言葉をよく口にしていた。おそらく魏徴『述懐』から、「人生意気に感ず」と「中原に鹿を逐う」を自分のものにしたのだろう。）

・「男子志を立て郷関を出ず、学若し成らざれば死すとも還らず。骨を埋む豈に墳墓の地を期せんや、人間至る処に青山あり。」（釈月性『将東遊題壁』）

お酒が回るに従って淀みなく諳んじた。戦前の軍国教育の影が少し垣間見えないこともないが、戦前の旧制中学の学生は中国の古典を本当によく勉強していたと思う。父の晩酌につきあいながらと言っても一緒にお酒を飲むわけではないが、「中国」というものが少しずつ、気が付かぬうちに体の中に入っていった。

晩年家業を長男に譲り時間ができると、今で言う社会人教育、心理学講座を受講したり、旧制県一中夜間部同窓会の役員を引き受けるなど、学ぶことには貪欲であった。まるで趣味は学校というように。戦争のため大学に進学できなかった青春を取り戻そうとするように。

そういう父の影響もあったのか、特に高校の「漢文」の授業は楽しかった。また、大学受験の勉強に忙しい中、『三国志』や『水滸伝』を読んだ。午前一時頃に受験勉強を終え、寝る前三十分から小一時間、吉川英治の講談社本『三国志』、『水滸伝』を読むことを毎日の楽しみとしていた。布団に入って読むものだから、これで眼を悪くし、眼鏡をかけるようになった。

高校時代、「現代国語」、「古典」、「漢文」の授業で一番熱心に勉強したのが「漢文」であった。「漢文」の授業の教科書は大修館書店『新制高等漢文・上』（昭和四十一年三月二十五日四版発行、定価四十六円）、『新制高等漢文〔乙Ⅱ〕改訂版』（昭和四十三年三月二十五日初版発行、定価七十五円）。特に『新制高等漢文・上』は薄っぺらい本だがどのページにも鉛筆の書き込みや、青色、赤色のボールペンの印が付されていて懐かしい。B5版、厚さ五ミリの小冊子と言ったほうがよいような教科書であったが、漢文のエッセンスが過不足なく詰め込まれていた。大学入学に上京の折、段ボールに詰めて以来、六回の引っ越しに耐えて五十年近くずっと私の側にある。

地方の県立高校の学生食堂のうどんは絶品であった。向こうの透けて見える薄い蒲鉾が二枚乗っているだけの一杯二十円の素うどんであった。どんぶりの底に沈んだ七味唐辛子が見えるいわゆるうす味の関西風のうどんであったが、部活の剣道でお腹を空かせた生徒には至福のひとときであった。この『新制高等漢文・上』は定価僅か四十六円であったが、一杯二十円の素うどん百杯分以上の価値があるように思える。

高校一年生の時に暗誦した李白の「黄鶴楼送孟浩然之広陵」（黄鶴楼にて孟浩然の広陵に之くを送る）という七言絶句が、十四年の歳月を経て一九七九年初めて武漢を訪問し武漢大橋の上から長江を望んだ時、自然に口をついて出て来た。「孤帆の遠影碧空に尽き、唯だ見る長江の天際に流るるを」。また、大学入試には杜甫の「春望」が出た。これももちろんこの『新制高等漢文・上』に載っていた。

高校の漢文の先生は高橋一磨というお名前で、ある神社の宮司も兼ねておられた。漢文読み下しは音吐朗々の名調子であった。この日本の伝統的な訓読法は原文のリズムを損なわず、諳んずるに適していたから、未だに忘れないでいる。

高校の休憩時間に読むつもりで、司馬遼太郎の『竜馬がゆく』を教室に持ち込んで英語の教師から叱られたことがあった。地方の受験校の一つだったから、小説を読むなどのんびりしたことでは駄目だというお叱りだった。

「国語」の成績だけは良かった。一度だけ全校で二番の成績を取ったことがある。自分で全国通信模擬試験に参加し、通信添削を受けるなど熱心に勉強した。瞬間的ではあるが、「国語」だけは一度だけ全国で百番台の成績を取った。

母はどういうわけかパール・バックの『大地』、『母の肖像』を読むことをすすめてくれた（パール・バックは幼少より宣教師である両親と中国に滞在、長じて自らも宣教師となり、南京大学で英文学を講じたことを最近知った）。

そういう両親の影響もあったのか、高校時代にはその他井上靖の西域三部作（『敦煌』、『楼蘭』、『蒼き狼』）や『天平の甍』、中島敦の『李陵』、『山月記』を読んだ。

広島県呉市に生まれ十八歳までを過ごしたが、「呉」という地名はどこから来たのだろう。一説に造船に適した「くれの木」という木材を産したこと、また一説に呉は灰《はい》ヶ峰《みね》等九つの嶺に囲まれた土地なので九嶺が音便変化して「くれ」となったとのこと。そう言えば昔の呉市営バスなどに見られる市章は「く」の字で囲まれた図案となっていた。呉の学校の同窓会の名称には「九嶺《きゅうれい》」を冠したものが多い。中国の呉という国名、地名との関連は探し出せないようである。

後年社会人となり会社の句会を主宰していた社長からそろそろ俳号をつけてあげようとお誘いがあった時、危険を察知して、咄嗟に自ら「九嶺」と名乗った。「巨泉」などというへんてこりんな俳号を一方的につけられては大変と、緊急避難というか、先制攻撃というか、自ら手を挙げ「九嶺」と号した。爾来二十年以上、「九嶺」を名乗っているが、大層名前負けしている。

呉は明治時代に鎮守府が置かれ、軍港また海軍工廠の街として発展した歴史がある。更に歴史をずっとさかのぼれば「くれの木」を用いて呉の近くの島嶼《とうしょ》で遣唐使船を建造していた。太平洋戦争後は造船業を中心に復興を遂げた。祖父は明治、大正の呉海軍工廠の職工であった。明治十年生まれ、製缶工として働き戦艦大和の砲塔を作ったというのが自慢であったが、大和建造の時にはとっくに呉海軍工廠を退職していたはずだ。

明治の中頃、祖父は小学校を卒業しただけで職工見習いとして呉海軍工廠に入ったのだろう。職工としては最高位まで上り詰めたらしい。随分ハイカラな格好をしたセピア色の写真が残っていた。孫を相手にコンパスと三角定規を駆使して鶏卵の形を描いてくれた。英語はアルファベットでA、B、C、Dまで書けた。昭和四十七年頃九十六歳で亡くなったが、薪で風呂を沸かしながら、練り歯磨きのチューブを空き缶に入れ、溶かして文鎮を造ったり、最後まで海軍工廠の職工魂が抜けなかった。米寿の祝いなどの集まりでは、いつもの呉弁ではなく、少し気取った言葉使いをしていた。広島市の出身ではあったが、全国的な組織の海軍工廠で、中央から派遣される技術者、管理者に伍して働いていたという自負、矜持があったのだろう。

私の通った高校は戦艦大和を建造した海軍工廠の巨大ドックをすぐ真下に見下ろす丘の上にあった。音楽の授業、名曲レコードを聴きながら、右を見れば呉では一番背の高い灰ヶ峰が聳えていた。左を見れば造船所、クレーン、呉湾、その向こうに江田島が見えた。ある日、造船所のドックのガントリークレーンに「ＩＨＩ」という大きなアルファベットが現れた。「イヒィとは変な名前じゃのう。呉造船のはずじゃが……」とひとりごちた。造船所の名前は略称呉造と言ったが、一九六八年三月ＩＨＩが吸収合併したのだ。時恰《あたか》も造船景気、造船所から二キロメートルも離れた実家の勉強部屋に深夜までハンマーの音が響いて来た。一九七九年、中国船舶工業総公司の来日視察団にアテンドし、ＩＨＩ呉造船所を参観したことがある。バスで広島から呉に海岸線を移動したが、海の向こうには江田島など多くの島が連なっている。車窓から見える瀬戸内海の風景に、「日本にも大きな河があるのですね」という中国語が聞こえて来た。

呉には灰ヶ峰と並んで休山《やすみやま》という有名な山がある。小学生の頃、盆や正月、母の実家安芸津に行く時にはこの休山の長い鉄道トンネルを抜けなければならない。当時の呉線はまだ電化されていなかったのでディーゼル機関車に交じって蒸気機関車が走っていた。呉駅を出て一分も経たないうちに、休山の長いトンネルに入る。トンネルに入る前に乗客が一斉に窓を閉めるのが慣わしである。それでもデッキあたりはもうもうたる煙で、もちろん客車にも侵入して来る。

後年、大学入学のため上京する時も蒸気機関車の牽引する客車であった。休山の長いトンネルを抜けると阿賀という町で呉市の版図《はんと》に違いないのだが、休山を越えると故郷を離れるんだという感興が押し寄せてくる。父がよく口にしていた「男子志を立て郷関を出ず、学若し成らざれば死すとも還らず。骨を埋む豈に墳墓の地を期せんや、人間至る処に青山あり」の「郷関」、これが私にとっては休山なのかも知れない。

東京の大学に入学が決まり上京することになった私に対して、父は「男子志を立て郷関を出ず、学若し成らざれば死すとも還らず」と「人間至る処に青山あり」を何度も何度も繰り返した。戦争のため大学進学がかなわなかった自分、それを息子が実現したという気持ちが混ざり合っていたのだろう。なお、これは幕末の勤皇僧釈月性の作であるが、恥ずかしながら「人間至る処に青山あり」の「人間」と「青山」の意味をまったく違う意味に解釈していた。「青山」とは墓の別名だが、「青雲の志」と言う言葉の連想から「青山」を「希望に満ちた山」というように勝手に解釈していた。また「人間」は「じんかん」と読み、「世の中」、「世間」のことだが、それを「人生」というふうに誤解していた。

呉は三方を山、一方を海に囲まれている。呉湾の向こうは江田島などの瀬戸内の島々だ。典型的な港町で坂が多く平野部は狭い。出かける時には山の端の雲の様子を見て雨具の用意をすれば十分だ。また、雷は私の住んでいた呉の市街地にも落ちるが、私はどういうわけか小さい時から雷は山の向こうに落ちるもの、海の向こうに落ちるものと信じ込んでいた。

後年東京で下宿生活をした。東京ではどこに行ってもなかなか山が見えない。関東平野には果てしなく家並みが続いている。ある時雨具を持たないで下宿を出て土砂降りの雨に濡れたことがあった。十八歳の男の癖に、たとえようのない寂しさに涙が出そうになった。三方を山、一方を海に囲まれて育った人間にとって東京は際限のない生活空間であった。山の向こうでもなく、海の向こうでもなく、雷は必ず関東平野のどこかに確実に落ちるのだ。

二 大学時代

（一）教育学部国語国文学科時代（一九六九年四月〜一九七三年三月）

一九六九年（昭和四十四年）四月、早稲田大学教育学部国語国文学科に入学した。

一九六九年一月、東大安田講堂事件があり、東大はその開校以来初めて入試を中止せざるを得なかった。大学紛争は全国各大学に波及し、やがて授業を受けることができないような状況になる。早稲田大学は学生運動の盛んな大学であったが、四月の入学式から六月中旬にかけてはなんとか授業を受けることができた。

入学式の後、クラスごとのガイダンスでクラス担任の戸谷高明教授からクラス委員に指名された。学籍番号の関係からもう一人の女子学生Tさんとともに指名された。

戸谷教授は記紀文学がご専門で、『古事記』に関する講義には、これが大学の講義なのだと感心した。岩淵先生の国語学の語源に関する講義を聴き、大和言葉の成り立ちは案外単純なところがあり、「目からうろこ」であった。日本近代文学の紺野教授の講義は、よく通るお声で、まるで香具師の口上を聴いている気分になった。

一般教養としては、「文化人類学」、「宗教学」などを選択した。これらの講義は私にとってとても新鮮であったらしく、キャンパスの八重桜、ツツジ、新緑の情景とともに、講義の内容が未だに鮮明に脳裏に残っている。

一般教養の講義は二百名ほど入れる大教室で行われた。ある日、小テストが行われた。大教室の後ろに陣取っていた私は、小テストが終わった後、隣の学生に「あの問題はみやすかったね……」と黒板を指差した。すると隣の学生から「黒板の文字は大きいからよく見えるね」という答えが返ってきた。「みやすい」と言うのは広島弁で「易しい」という意味。気付かないでまだ広島弁を喋っていた。

八重桜が散りかけた頃、安部球場の坂を下ったあたりにある金城庵という蕎麦屋の二階の座敷でクラスコンパを行った。私と女性クラス委員Tさんの二人で幹事をした。一人当たり八百円の会費で済んだ。クラス担任の戸谷教授は島崎藤村の「まだあげ初めし前髪の　林檎のもとに見えしとき　前にさしたる花櫛の　花ある君と思ひけり……」(「初恋」)を吟じ、過分のカンパを残して、宴半ばにして一足先にお帰りになった。

一クラス五十名、関東出身者がやはり一番多かったが、結構地方出身者もいた。長崎五島列島から来ている者もいたし、私と同じ広島県呉の出身者もいた。お互いに自己紹介したが、私のような「現役」は四割弱。一番多いのは「一浪」、次に「現役」、それから「二浪」、「三浪」と続くことが分かった。私の兄より年上になる「三浪」は三名もいた。随分個性的な人が多かった。

ツツジが散り始める頃、クラスの中から安保・大学立法に関するクラス討論会を持つべきだ、クラス担任の戸谷教授の講義を討論会に切り替えてほしいという意見が出された。戸谷教授の研究室にお願いに行ったところ、先生は意外にあっさりと同意してくださった。

中学、高校で学級委員とか生徒会副会長はやったことはあったが、ノンポリ学生の私に大学のクラス討論を仕切れるか、自信が無かった。おまけにクラスには年上の学生の方が多い。そこで思いついた苦肉の策が、クラス討論にネクタイを締めて行くこと。当時、教授は別にして、大学にネクタイを締めて来る人は少なかった。下宿のおじさんにネクタイの締め方、ネクタイピンの位置を教わって大学に出かけた。たわいのない話である。

第二外国語として中国語を選択

第一外国語は英語が必修であった。第二外国語はドイツ語、フランス語、中国語の中から選択することになっていた。早稲田大学は一八九九年から多くの清国留学生を受け入れてきた伝統もあってか、第二外国語として中国語クラスが設けられていた。

中国との国交が正常化され、中国語学習ブームが起きるのは一九七二年秋以降のこと。また、入学当時、中国は文化大革命（一九六六年〜一九七六年）の真っ最中、政治的大混乱の中にあり、「竹のカーテン」に閉ざされていた中国の実情を知ることは難しかった。学内には台湾をはじめとする東南アジアからの留学生は多かったが、中華人民共和国からの留学生は皆無であった。

そんな時代の中で、第二外国語の主流はあくまでドイツ語とフランス語であり、中国語を選択する学生は少なかった。中国語を選択する学生は、中国文学に興味のある者、中国の歴史・哲学・美術に興味のある者、中国の政治に興味のある者（確か学生運動のセクトに毛沢東レーニン派というのがあった）に大別されたと思うが、多くは横文字嫌い。また、漢字という日本語と共通のものがあるから単位を取りやすいに違いないという学生が多かった。実際、中国語を履修したからと言って就職に有利ということなどまったくなかった。

父の影響もあったのか高校の漢文の授業が楽しくてしようがなかった私は、迷うことなく第二外国語に中国語を選択した。

教科書

大学一年の中国語教科書は残念ながら手元に残っていない。中国商務印書館出版の中国における外国人留学生を対象として編集された、英語の翻訳・解説が付いている、随分分厚い教科書であった。文化大革命という時代を反映して毛沢東語録の引用が随分あった。しかし、日常会話の学習にはきわめて不向きな教科書であった。

中国語の先生は中国経済がご専門の商学部の横山先生で、捲舌音や有気音、無気音の違いを熱心に教えていただいた。捲舌音は日本語にない発音だから、道を歩きながらでも絶えず練習しないと身につかないと教えられた。ある時キャンパスを歩いていると、発音練習をしながら歩いている先生とすれ違った。

辞書

愛知大学中日大辞典編纂処で編まれた『中日大辞典』が当時もっとも新しく、もっとも語彙数の多い辞書だったが、四千円もした。四畳半の下宿代が五千円の時代に、四千円の辞書にはなかなか手が出なかった。やむなく鐘ヶ江信光著『中国語辞典』（大学書林）を買ったが、収録語彙が少なくあまり役には立たなかった。倉石武四郎著『中国語辞典』（岩波書店）はローマ字表記によりローマ字順に配列した辞典で画期的であったが、これも語彙数はあまり多くはなかった。

一九七三年春、第一文学部中国文学専攻に学士入学した後、清水の舞台から飛び降りる気持ちでこの愛知大学の『中日大辞典』を買った。爾来四十年以上ずっと座右にある。商社に勤め、北京に駐在した時も、香港支店長の時も、私と一緒に出張してくれた。今では眼鏡をはずさないと、この小さな活字を読むことは出来なくなったが。

NHKラジオ中国語講座

入学と同時にNHKラジオ中国語講座のテキストを買い込んで、夜十一時台、週三回中国語講座を聴いた。間借りの下宿で、トランジスタラジオの音量を抑えたものの、大家さんに随分ご迷惑をおかけしたのではなかろうか。しかし、初級の段階で中国語の発音の基礎、とりわけ四声の学習にはきわめて有効であったように思う。

中国語の四声を学習するには、ぼそぼそと小声で発音するのではなく、一オクターブから二オクターブの音域のつもりで思いっきり誇張して、大声で発音してみるのがよい。自分で発した音を自分の耳で確認し、身体で自然に身につけてゆくのがよい。頭ではなく身体全体で覚えるのがよいと思う。

このＮＨＫラジオ中国語講座のオープニングのテーマ曲は、革命現代舞劇『白毛女』の中の〝北風吹〟であった。

グリークラブへ入部

私が小学生の頃は全国的に合唱活動が盛んで、呉市でも市内の小学校から選抜して呉少年合唱団が作られ、私はその第一期生となった。母が所属していた呉合唱団の指揮者のお勧めもあって、大学に入学するや、迷うことなくグリークラブの門を敲いた。正門を入ったすぐのところに校歌の碑があるが、その前あたりに「早大グリークラブ」の旗を立て新入部員の勧誘をしていた。登録すると大隈講堂裏の部室に連れて行かれ、発声練習をして、パートに振り分けられた。

グリークラブには高校時代合唱の指揮を経験した者、ピアノを弾きこなす者、芸大を目指していた者などがいて、音楽レベルはかなり高かった。クラシックのこと、合唱曲のことを皆よく知っていた。同期となった部員から「マーラーはいいね……」と問いかけられて、答えようがなかったことを覚えている。自分が一番うまいに違いないという思いで入部したが、とんでもない思い違いであった。「上には上がいる」と思った。「井の中の蛙大海を知らず」であった。

グリークラブのＯＢにはオペラ歌手の岡本喬生氏、男声コーラスグループのボニージャックス、オーケストラの指揮者等多士済々で、マスコミ関係では、ジャーナリストの筑紫哲也氏（故人）、ＮＨＫの現役アナウンサー柿沼郭氏、高瀬耕造氏などもいる。また、前総長白井克彦氏もＯＢだ。これらの人の共通点は普通に話をする時も声がよく通り、声に響きがあること。グリークラブの鍛錬のおかげだ。

同期で同じバリトンとなったＨ君は第二外国語としてフランス語を勉強していた。グリークラブの練習の帰り道、お互い勉強し始めたばかりのフランス語や中国語の話をしたが、フランス語を勉強したことのない私にも彼のフランス語の発音が相当のものだということが理解できた。Ｈ君は私に中国語の発音をせがんで、路上の看板の漢字を中国語で発音してみせたりもした。音楽の好きな人、特に合唱をやっている人は、外国語の学習に向いているのではあるまいか。特に中国語には四声・軽声という声調があるので、音感のある人の方が取り組みやすい。後にＨ君は早稲田大学講師を経て共立女子大学教授となったが、若い時専門分野とは別に他大学でフランス語の授業を持っていた。

グリークラブというのは基本的に無伴奏の男声合唱団だから、ピアノのない会場では音叉

東西四大学合唱連盟演奏会（1972 年）

で音取りをする。ある日、同じくバリトンのY君と銀座の山野楽器に音叉を買いに行った。われわれ素人は絶対音より少しフラット気味になる傾向があるので、音叉の叉を少し加工してもらい、音を少し高く設定してもらった。ご存じのとおり、「A」の音はオーケストラのコンサートマスターが各団員の音を合わせる基準音だ。また、NHKラジオの時報の音だ。果たしてこの叉を少し加工した音叉がどれくらい私の音楽性向上に貢献できたかは定かではない。

後年Y君は中国語の学習を始め、ともに「中国語学習会」の創立メンバーとなり、後輩に中国語の発音を指導することになった。私が有気音と無気音を少し誇張気味に発音すると、例えば〝北京〟(Běijīng)の「べ」は「べ」と「ぺ」の間くらいの音で発音すべきと一歩も譲らない。何しろ音叉のY君だから、発音には非常に厳しい。

いずれにせよグリークラブで活動したことが、中国語の学習にも大いに役立った。

グリークラブに入部して最初の演奏会は東京六大学合唱連盟の演奏会で上野の東京文化会館大ホールで行われた。当時日本では最高峰の音響の良い演奏会場であった。われわれ一年生部員はまだ舞台に上がることはできず、学生服を着て裏方をさせられた。私は演奏が始まる前にドアを閉めて聴衆の途中入場をお断りするドアボーイを担当した。隣のドアボーイは慶應義塾ワグネル・ソサィエティーの学生であったが、その卒のない都会的な客あしらいには舌を巻いた。

留学生との交換授業

前にも述べたが、一九六九年当時、中華人民共和国からの留学生は皆無であった。入学してすぐの五月頃か、ふとしたことからキャンパスで台湾の留学生と知り合った。台湾で兵役をすませた三十数歳のきわめて真面目な性格の方で、大学の空いた教室を使って数回中国語と日本語の交換教授をした。日本語の「労働」（ろうどう）の発音が中国人にとって難しいという発見をした。

タイからの女子留学生もいた。中国語が話せるということであったが、〝客家話〟か〝潮州話〟で方言がきつく、〝普通話〟を習い始めたばかりの初級の私にはまったく聴き取ることはできなかった。

学生運動は激しさを増し、六月中旬から大学はロックアウトとなり、授業を受けられなくなった。台湾の留学生やタイの留学生との交流も途絶えてしまった。

早稲田大学は、一八九九年に清国からの留学生受け入れを開始し、一九〇五年には清国留学生部を設立した。後に中国共産党の創設者となる李大釗や陳独秀、また廖仲愷、廖承志などは若き日早稲田に学んだ。

　私の大学入学から四十七年を経て、二〇一六年五月時点での早稲田大学学部及び大学院に留学中の外国人学生総数は五〇六六人。第一位は中国二五五〇人（五〇％）、第二位は韓国八七二人（一七％）、第三位台湾三七九人（七％）、第四位アメリカ二〇九人（四％）、第五位インドネシア九十七人（二％）、第六位タイ九十五人（二％）、第七位シンガポール六十七人（一％）、第八位フランス六十二人（一％）、第九位ベトナム五十八人（一％）、第十位香港五十四人（一％）……（早稲田大学留学センター「二〇一六年度前期（春学期）早稲田大学外国人学生在籍数」による）。

　隔世の感である。二五五〇人も中国人学生がいればキャンパスを歩いているだけで、中国語に触れることが出来る。実際、二〇一六年七月のある土曜日の午前中、大隈講堂前から大学本部のキャンパスを通り抜け中央図書館に向かうまでの間に、三組の中国人グループとすれ違った。一組目は正門の所で中国人男子留学生がご両親とおぼしき人に「早稲田は門のない大学」のいわれを中国語で説明していた。二組目と三組目は流行ファッションの中国人女子留学生であった。長らく中国語を勉強しているおかげで、〝普通話〟か〝上海話〟か〝広東話〟か、すれ違うだけで聴き分けることができる。

　キャンパスを歩いているだけで、自然に中国語が耳に入ってくる。昔は中国語を喋る人を見つけると、追っかけて行って話しかけたものだが、ほんとうに今の大学生は羨ましい限りだ。

約百年前、「一九一〇年の段階で、（留学生の中で早稲田大学出身者は）大学部各科、専門部、高等師範部、清国留学生部の卒業生などを合わせてすでに七百名に達していた」（譚璐美著、『中国共産党を作った13人』、新潮新書、二〇一〇年四月二十日発行）とのことである。

二〇一五年十二月、『留学生の早稲田―近代日本の知の接触領域』（李成市・劉傑編著、早稲田大学出版部、二〇一五年十二月十日初版第一刷発行）という本が出版された。「留学生にとっての早稲田大学とはいかなる場であったか」という留学生の視点から早稲田大学を検証している。本書には前述の譚璐美氏のご父君で中国人留学生の譚覚真氏のことが大きく取り上げられている。

中国語学習の中断

学生運動の激しい時代であった。クラスの担任教授の許可を得て授業を討論集会に切り替えるということもあった。六月中旬、とうとう大学はロックアウトになった。大学の授業がないので一時帰省したりしている間に夏季休暇に入った。中国語の初級学習は僅か二ヶ月半で頓挫してしまった。個人的にやっていたＮＨＫラジオ中国語講座の勉強も発音編が終わったあたりで中断した。

一九六九年、安田講堂事件もあり東大は初めて入試を取りやめた。一九六九年頃入学した学生は学生運動の影響を受けて満足に授業を受けることが出来なかった。

一九七〇年魯迅『故郷』の講読

学部二年生の中国語の教授は陣ノ内宜男先生で、魯迅の『故郷』の講読であった。ピンインの振ってある教科書を朗読し、日本語に逐語訳するという授業である。

私の番が終わったところで、「授業を始めて一ヶ月ですが、君には「優」をあげることをお約束します」と言われた。戦前北京に留学されていた先生は中国語の発音には大変厳しく、中国語の発音の基礎がしっかりできているとのお褒めの言葉であった。果たして期末の成績表は「秀」となっていた（教育学部の「優」は八十点以上、「秀」は九十点以上）。

これで自分には中国語の才能があるのか知らんと錯覚してしまったことが、その後の運命の分かれ道となったのかも知れない。よく外国語学習は基礎が大事と言われる。中国語は特に初歩の発音の基礎がしっかりしているかどうかで、後の学習スピードが随分違って来る。

グリークラブの活動

特別ステージ

グリークラブは独自の定期演奏会の他、東京六大学合唱連盟、東西四大学合唱連盟の演奏活動にも参加していた。これらの演奏会以外に特別ステージというのがあった。われわれは「特ステ」と呼んでいた。

ダブルカルテットくらいの少人数で、大隈会館の校友の結婚披露宴に特別出演し、大学の校歌、応援歌、愛唱曲などを歌った。また、これも大隈会館だったが、商学部の名物教授の喜寿のお祝いの会に呼ばれた。行ってみると森繁久弥氏の奥様が「主人は仕事で出席できなくなり急遽代役として参りました」と、挨拶をされていた。森繁久弥氏は商学部のご出身であることを知った。出演料はグリークラブの活動資金として上納していた。

世界大学合唱祭への参加、アメリカ渡航が決まってからは、ＮＨＫの「世界の音楽」というテノール歌手立川澄人さんが司会をされていた音楽番組や、フジテレビの「小川宏モーニングショー」に出演させていただいた。グリークラブＯＢのボニージャックスとのジョイント・コンサートも企画され、これらの出演料はアメリカ渡航費用の一部となった。

「特ステ」で忘れられないのは、代々木のオリンピック体育館で行われた「百万人のクリスマス・コンサート」。在京の大学の合唱団が一堂に会して、小澤征爾氏、山本直純氏の指揮でクリスマスソングを中心に歌った。若き日の小澤征爾氏の指揮は、簡単なクリスマスソングにも係わらず、やはり迫力があった。

国内演奏旅行

一九七一年八月、夏休みを利用した国内演奏旅行に参加した。部員の出身地の稲門会の協力を得て、伊那、神戸、岡山、呉、熊本などの街で演奏会を行った。

呉市出身の私は呉学生稲門会の協力をいただきながら、会場となる呉市民会館の申し込み、パンフレット、ポスターの作成、広告集め、音楽著作権協会への手続き等、先頭に立って奔走した。小学校時代の恩師にお願いして、私が第一期生であった呉少年合唱団に賛助出演していただいた。

演奏旅行メンバーは約五十名。午後呉駅に到着すると、さっそく真夏のかんかん照りの駅前広場で校歌を歌う。グリークラブは、一九〇七年「都の西北」が校歌に制定されるや、最初にこれを歌った合唱団で、学内でグリークラブが中心となって「都の西北」の歌唱指導を行ったそうだ。そういう歴史を持った合唱団だけに校歌宣伝隊のＤＮＡを引き継いでいるのかもしれない。卒業して銀座で同期会をした後など、人通りの多い街角で「じゃ、やるか！」

と、平気で校歌や愛唱曲を合唱する。そういう性癖を持っている。もちろん校歌を歌う時はお酒が入っていても直立不動である。

国内演奏旅行の移動は基本的に鈍行列車。次の演奏地に向け単線の呉線に乗った。呉線は瀬戸内海の海岸線に沿って走っている。「島かと思へば岬なり……」、八月の白い入道雲を見ながら、潮風を感じながらのんびりと走る……。

演奏旅行マネージャーとして同期のE君がすべてを仕切った。もはやわれわれ三年生の同期がグリークラブの活動の中心になりつつあった。

アメリカへの演奏旅行

一九七二年四月、グリークラブの世界大学合唱祭渡航メンバーに選抜され、アメリカ各地を一ヶ月間演奏旅行した。世界大学合唱祭はニューヨークのリンカーン・センターで開催される合唱祭で、一九六五年の第一回は関西学院グリークラブ、一九六九年の第二回は慶應義塾ワグネル・ソサィエティー男声合唱団が選ばれ参加した。一九七二年の第三回、幸運にも早稲田大学グリークラブが日本代表に選ばれた。

一九七二年四月六日から五月五日までの一ヶ月にわたるアメリカ演奏旅行であった。わが早稲田大学グリークラブは先ずハワイ大学、南カリフォルニア大学、ハーバード大学等アメ

ホワイトハウスの前庭でグリークラブの仲間と。
インドの合唱団メンバーも一人交じっている。

リカ各地の大学で演奏会を開いた。四月二十二日、世界十六ヶ国の大学合唱団がワシントンのケネディ・センターに集合、コンサートを開いた。その後、ニューヨークのリンカーン・センターのフィルハーモニック・ホールで四月二十三日から二十八日まで十六ヶ国の大学合唱団による個別コンサートと合同コンサートが開かれた。十六ヶ国の大学合唱団全員で、ニューヨークでは国連にワルトハイム事務総長を表敬、合唱した。ワシントンではホワイトハウスを表敬、その前庭でニクソン大統領夫人に接見、一人一人握手していただいた。ホワイトハウスの内部を見学、その広い前庭の芝生の上で歌った。

十六ヶ国の大学合唱団の内、混声合唱団は十四、女声は韓国梨花女子大のみ、男声は早稲田だけだったから、自然梨花女子大と交流するチャンスが多かったが、そう簡単には打ち解けることが出来なかった。過去の侵略の歴史から、彼女らの日本に対する警戒感が意外に強いことを感じた。合唱を通して仲良くなるまで随分と時間がかかった。

アメリカ各地では基本的にホームステイ。ハワイ大学の学生寮では東南アジア華僑の部屋に泊めてもらった。ハワイ大学やハーバード大学では学生寮に泊めてもらったが、私の第二外国語レベルの中国語ではほとんど通じなかった。

ハーバード大学

ハーバード大学では同大学グリークラブの部員の学生寮に分宿した。私はエリック君の部屋に泊めてもらった。エリック君の案内でキャンパスを見て回ったが、その図書館は当時百万余冊の蔵書を誇った早稲田大学本部図書館がちっぽけに思えるほど大きかった。また、学生食堂は絨毯を敷き詰めた、「ハリーポッター」の映画に出て来るようなりっぱな造りであった。カレーライス六十円、早稲田ランチ一二〇円の早稲田の学食とは趣を異にしていた。アメリカは豊かな国だなと思った。

ハーバード大学での演奏会は学内のサンダース・ホールという、木造の随分古いホールで行われた。聴衆は少なかったが、音響効果の素晴らしいホールで、歌っていて気持ちが良かった。

二〇一〇年頃からNHK教育テレビで哲学者マイケル・サンデル教授の「白熱教室」という番組が始まった。この「白熱教室」を見ていて、「どこかで見たことあるなあ……」という既視感に襲われた。ネットで調べると、はたしてこの「白熱教室」こそ、われわれが四十年以上前に演奏会を行ったあのサンダース・ホールであった。

このサンダース・ホールでの演奏会は夜八時開演であった。終了後十時四十五分かられわれのためのレセプションが行われた。アメリカの他の会場でも開演時間は夜八時或いは八時半。夕方六時半始まりの日

ハーバード大学サンダース・ホール。
弾けないピアノの前で格好をつける。

本とは大違いで、演奏会が続くと少し寝不足になった。

ドナルド・キーン氏

ニューヨークで音楽活動がお休みの日、一人タクシーに乗りコロンビア大学に行き、アポイントもなくドナルド・キーン氏を訪ねた。卒業論文には三島由紀夫を取り上げるつもりであったので、三島文学の研究家としても名高い同氏に会ってみたかった。

なんとかコロンビア大学にたどり着いたが、学生運動によるロックアウト中で正門は閉ざされていた。ピケを張る学生や大学職員と思われる人に聴いて回り、やっとドナルド・キーン氏の研究室を探し当てた。たどたどしい英語で来意を告げると、人のよさそうな高齢の女性秘書が取り次いでくれ、同氏との面談がかなった。はじめはつたない英語で話したが、途中から日本語を使うことを許していただいた。アポイントもとらないで押しかけるなど、なんとも無謀で失礼なことをしたものだ。ドナルド・キーン氏にはご迷惑をおかけしたが、同氏は辛抱強く私の話を聴き、お別れする時にはご自分の論文にサインをしてプレゼントしてくださった。

さて、面談は成功したもののロックアウト中の大学を抜け出すのが一苦労であった。校舎の地下の配管がむき出しになった廊下をつたってやっと外に出ることが出来た。四十五年経った今でもコロンビア大学というと、先ず高齢の人のよさそうな女性秘書と、配管がむき出しになった地下廊下を思い出す。

ドナルド・キーン氏は二〇一一年三月十一日の東日本大震災を機に日本に永住することを決め、コロンビア大学の教壇を去られた。二〇一二年三月八日日本国籍を取得され、戸籍名「キーンドナルド」、通称「鬼怒鳴門」という漢字名を使うと新聞に報道されていた。鬼怒川と鳴門からとったとのことだが、歌舞伎にも造詣の深い、キーン氏ならではの名前の付け方だ。

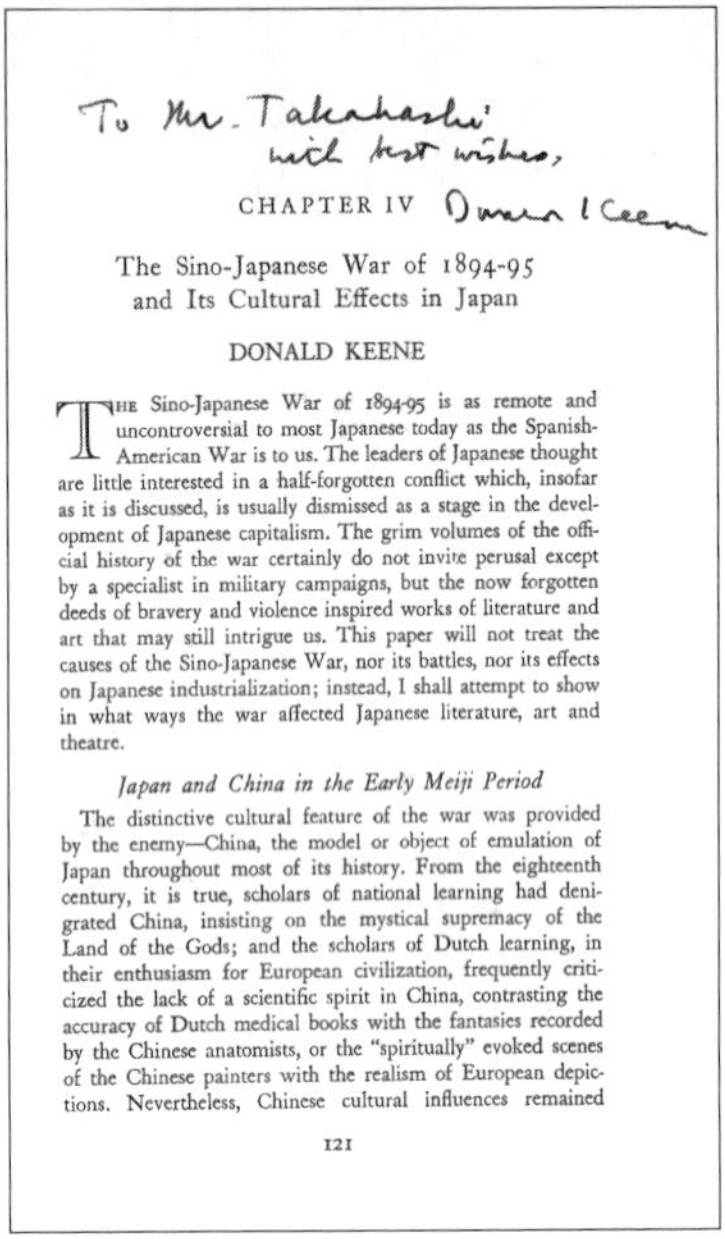
To Mr. Takahashi
with best wishes,
Donald Keene

CHAPTER IV

The Sino-Japanese War of 1894-95
and Its Cultural Effects in Japan

DONALD KEENE

THE Sino-Japanese War of 1894-95 is as remote and uncontroversial to most Japanese today as the Spanish-American War is to us. The leaders of Japanese thought are little interested in a half-forgotten conflict which, insofar as it is discussed, is usually dismissed as a stage in the development of Japanese capitalism. The grim volumes of the official history of the war certainly do not invite perusal except by a specialist in military campaigns, but the now forgotten deeds of bravery and violence inspired works of literature and art that may still intrigue us. This paper will not treat the causes of the Sino-Japanese War, nor its battles, nor its effects on Japanese industrialization; instead, I shall attempt to show in what ways the war affected Japanese literature, art and theatre.

Japan and China in the Early Meiji Period

The distinctive cultural feature of the war was provided by the enemy—China, the model or object of emulation of Japan throughout most of its history. From the eighteenth century, it is true, scholars of national learning had denigrated China, insisting on the mystical supremacy of the Land of the Gods; and the scholars of Dutch learning, in their enthusiasm for European civilization, frequently criticized the lack of a scientific spirit in China, contrasting the accuracy of Dutch medical books with the fantasies recorded by the Chinese anatomists, or the "spiritually" evoked scenes of the Chinese painters with the realism of European depictions. Nevertheless, Chinese cultural influences remained

121

ドナルド・キーン氏のサイン入りの著書。

中国語学習の再開

帰国後、燃え尽き症候群というか、このまま大学で何を学んだという確信が持てぬまま、中途半端なまま就職してよいのか決めかねていた。

そんな中、夏休みは大学の本部図書館に通った。本部図書館は夏休みといえども司法試験準備の学生等で混んでいた。私の右や左は分厚い六法全書を持った学生、そんな中で四年生の夏なのに就職か進学か進路を決めることができぬまま、中国語関係の本を開いているのが苦しかった。

〝在延安文芸座談会上的講話(一九四二年五月)〟(延安文芸座談会における講話)(『毛沢東選集』第三巻所収、人民出版社出版、新華書店発行、一九六九年四月天津第二十六次印刷、定価〇・四四元)を開いた。

初日は辞書と首っ引きで半ページ進むのがやっとであった。当時の毛沢東選集がまだ残っているが、書き込みを見ると自分にとって初めての単語には、四声やピンインを書き込んでいる。ただ読解だけでなく、発音も頭に入れての学習であった。ところが四日目、五日目になると嘘のようにスピードがついた。約一週間で読了した。

八月下旬、クーラーのない本部図書館、うだるような暑さであった。銭湯にあるような大きな扇風機が高い天井にゆっくりと回っていた。片隅には大隈重信侯の礼装の像が立っていた。大隈侯はどの像もいつも口をへの字に結んでいる。読了した後、古い革張りの椅子にはお尻の形に汗が残った。夕日を受けながらキャンパスのスロープを上った。就職はやめにして大学に残り中国語を勉強しようと心に決めた。

〝文芸講話〟と略称されるこの講演記録は、講演の形をとっていることもあり表現は平易で理解しやすい。しかし、求めているのは〝提高的文学〟（向上の文学）ではなく〝普及的文学〟（普及の文学）。突出したスーパーヒーローは描かれるが中間人物がないがしろにされる、そういった中国の映画、演劇、小説を生み出すもととなった〝文芸講話〟だけに、論理の展開は理解しやすいが、内容的には違和感と物足りなさを感じた。読み終わって、その内容は別にして、語学というのは時間をかければ出来るではないかという一種の感動があった。

陣ノ内宜男教授の講読会

一九七二年秋、陣ノ内先生の講読会に参加した。先生の教員室に三、四名学部の学生が集まった。これはカリキュラムに組み入れられた授業ではなく、先生個人のまったくのご厚意によるものであった。中国語や中国文学を学ぶ者が少なかった当時、定年までに少しでも次代の種子を育成しておきたいという先生の熱意からでた講読会であった。教材としては老舎の『月牙児』（香坂順一注釈・注音、光生館、昭和四十六年五月二十五日五版発行、定価三五〇円）などを使った。本の扉に「一九七二年九月二十一日陣ノ内教授にいただく」と万年筆のメモが残っている。教材まで先生に頂戴したのだ。

第二外国語としてしか勉強していなかったので、再度基礎から学習し直す必要性を感じ、夜は神田すずらん通りにあった日中学院という中国語専門学校に通い始めた（日中学院のことは別章で触れる）。一九七二年秋、いよいよ本格的に中国語学習を始めた。

中国語学習会

一九七二年秋、この陣ノ内先生の指導を受けていた院生、学部の学生が集まって中国語学習会という少人数の勉強会を立ち上げた。英語についてはＥＳＳとかいくつかの語学サークルがあったが、中国語の語学サークルは皆無であった。一九七二年九月、田中首相、大平外務大臣の訪中により日中国交回復がなったとは言うものの、大学における中国語学習熱はまだ大きなうねりにはなっていなかった。金木犀の香るキャンパスでガリ版刷りの勧誘のチラシを配ったが、まともに受け取ってくれる学生は少なかった。チラシの多くは秋雨の中に打ち捨てられた。

それでも一九七三年春の新勧では、六、七名の新入生が集まった。私は教育学部国語国文科を卒業し、第一文学部中国文学専攻に学士入学し、中国文学専攻三年生になっていた。中国語学習会第二代幹事長となり、新入生に対する発音の指導にあたった。人に教えるためには、教える時間の二倍も三倍も勉強しておかねばならなかったから、自分にとっても非常によい勉強となった。

この中国語学習会をともに立ち上げた同志が、後に教育学部の教授となったT君だ。私の学士入学と同時期に第一文学部中国文学専攻に転部し、中国文学専攻の同級生となり、付き合いは今日に及んでいる。T君は教授となって後、この中国語学習会の顧問に就任していた時期がある。

もう一人ともに学習会を立ち上げた同志が、前に述べたグリークラブバリトンの同期Y君だ。Y君は卒業後日中貿易商社に入り、私より一足早く広州や北京に出張したが、その後中国の仕事から離れご家族がやっていた出版社の事業を引き継いだ。早い時期から環境問題にも取り組み、C．W．ニコル氏を見出したりもしていた。東京育ちの彼は入学当時田舎から出てきた私をよく新宿の街に案内してくれた。思い出横丁（昔はしょんべん横丁と呼んでいた）にもよく連れて行ってくれた。新宿駅から紀伊国屋書店への地下道では天井が低いので長身の彼は首を傾げるように歩いていた。心身ともにタフであったが十数年前、病気のため急逝した。今でも新宿紀伊国屋への狭い地下道を歩く時、決まってY君のいたずらっぽいシャイな笑顔を思い出す。

この学習会は、その後教育学部の学生のみならず全学の学生に広まり、更に他大学の学生も加わる大所帯になった。

しかし、どうだろう。早稲田大学に学ぶ中国人留学生が二千五百人近くになり、また中国の大学への留学が当たり前となった今日、中国語の教科書、辞書、教材の類が豊富になった今日、中国語学習会の歴史的な役目はとうに終わってしまったのではなかろうか。一九九〇年頃、当時は三野先生が顧問をされていた、五十名近くが参集した学習会のコンパにOBとして招待されたことがあったが……。

（二）第一文学部中国文学専攻時代（一九七三年四月〜一九七五年三月）

一九七三年四月、早稲田大学第一文学部中国文学専攻に学士入学した。中国文学専攻は学科創設後五年くらいしか経っていなかったが、錚々《そうそう》たる教授陣であった。

松浦友久先生

郭沫若著、『李白与杜甫』（人民文学出版社出版、新華書店発行、一九七二年三月北京第二次印刷、定価二・三〇元）を教材とされた。この郭沫若の『李白与杜甫』は文革中の作品だけに、冒頭に〝毛主席語録〟が掲げられている。例えば、〝在階級社会中，毎一個人都在一定的階級地位中生活，各種思想無不打上階級的烙印。〟（拙訳：階級社会にあって、人はそれぞれ一定の階級地位の中で生活しており、思想には階級的烙印を押されていないものはない。）

この語録に呼応するかのように、郭沫若は〝杜甫的階級意識〟（杜甫の階級意識）の章で、〝杜甫是完全站在統治階級、地主階級一辺的。這個階級意識和立場是杜甫思想的脊梁，貫穿着他遺留下来的大部分的詩和文。〟（拙訳：杜甫は完全に統治階級、地主階級の立場に立っている。この階級意識と立場は杜甫思想の背骨として、彼の残した大部分の詩文を貫いている。）と断定している。

松浦先生はこれらの章には触れず、もっぱら〝李白与杜甫在詩歌上的交往〟（拙訳：李白と杜甫の詩歌における交流）の部分を教材として講義された。

先生はグリークラブの先輩でもあった。音楽を愛され、詩仙李白をよくモーツァルトに譬えられ、また詩聖杜甫をベートーベンに譬えられていた。当時三十八歳で髪黒々とした少壮の教授であった。

一九七三年夏休み、同級生となったT君とともに松ヶ丘のご自宅に伺った。T君の下宿は新井薬師、私は沼袋に間借りしていたから、誘い合わせ歩いて先生のお宅に伺った。西武新宿線の沿線は昔から早稲田の学生が多かった。

二人の学生の質問に丁寧に答えてくださった。奥様の手料理がおいしく、しこたまお酒をいただき、炎天下真っ赤な顔をして下宿にもどった。特に唐詩を勉強していたT君はその後も松浦先生に師事し、卒業後他大学の教授を経て、早稲田の教壇に立つことになった。

私は卒業後日中貿易専門商社に就職したが、中国への出張の際には松浦先生の本をよくアタッシュケースに忍ばせた。『中国詩選三（唐詩）』（現代教養文庫、昭和四十八年六月三十日初版第二刷発行）、『中国名詩集―美の歳月』（朝日文庫、一九九二年八月一日第一刷発行）、『漢詩―美の在りか―』（岩波新書、二〇〇二年一月十八日第一刷発行）がそれである。

二〇〇二年九月二十九日、突然の先生の訃報に接し三鷹禅林寺の通夜に伺った。T君が悄然と立っていた。学生時代グリークラブで活躍されていた関係で、ボニージャックスのメンバーも参列していた。そのうちモーツァルトの曲ばかりが流されていることに気が付いた。司会の方が先生は日本モーツァルト協会の会員であることを紹介された。

先生の漢詩に関するご著書には「拍節リズム」、「休音」、「テンポ」等の言葉が頻出する。学生時代グリークラブで自ら歌い、モーツァルトを愛聴する中で培われた豊かな音楽性で、伝統的な訓読漢詩の手法ではなく中国語の原音で漢詩に対しておられたのだと思う。

どちらかと言うと、杜甫よりも李白の方を愛されていたのだと思う。

蘆田孝昭先生

授業中、突然男子学生S君が「先生、中国語で授業をやりましょう」と提案した。中国文学専攻の同期生二十数名の中で留学経験を持っているのは彼一人であった。シンガポールの南洋大学に留学しただけあって、中国語会話において彼の右に出る者はいなかった。学士入学で中国文学専攻三年生となり、夜は中国語専門学校の日中学院に通い、また中国語学習会の活動を組織するなど、私自身は中国語会話にかなりの自信を持っていたが、彼には到底かなわなかった。蘆田先生は「いいですよ」と応じて、中国語ですらすらとお話になった。

蘆田先生は東大の学生時代、綺麗な北京語を聴きたいと日劇の楽屋に李香蘭を訪ねたというエピソードの持ち主。ご専門は宋詞であったが、守備範囲の広い先生でいらした。

先生の研究室で何度か雑用のお手伝いをさせていただいた。アルバイト料のつもりか先生は文学部近くのレストランで何度か夕食をご馳走してくださった。こちらからお願いしたわけではないが、先生からいろいろ割りの良いアルバイト、それも中国語とかかわりのあるアルバイトを紹介いただいた。ひとつは『日中貿易辞典』翻訳編集の仕事、もうひとつは中国語教科書の出版社での仕事であった。

同級生S君とは二〇一〇年十月、偶然テレビで再会した。尖閣諸島中国漁船衝突事件発生後民主党が特使を中国に派遣したテレビニュースで、S君にとてもよく似た人が特使の前を歩いていた。数日後の報道番組でS君の名前、経歴、中国要人との会談の仲介をはたしたことが紹介されて、あの同級生のS君であることが判明した。インターネットで検索すると既に何冊も著作があることが分かった。さっそく、『中国を知るために』（日本僑報社、二〇一〇年十月）、『北京に吹く風』（阿部出版、二〇〇五年一月）を買って読んだ。

目加田誠先生

『詩経』を教わった。堅苦しい漢詩というより、『万葉集』のようにおおらかな世界があることを知った。

大野實之助先生

中国古典文学よりも現代中国語に興味を持っていた私にとって、先生の伝統的な訓読漢詩の講義は正直少し退屈であった。数年前、大学の中央図書館の書架に『李太白詩歌全解』（早稲田大学出版部、昭和五十五年五月十日初版発行）という先生の著作を発見した。「李白詩歌一千餘首のすべて」を解説している。片手では持ち運べないほど分厚く、百科事典ほどの重さだ。

その序説の冒頭に、「中国三千年の歴史を通観するに、詩歌は唐に極まり、唐詩は李白に極まる……」とあり、講義中の先生の口ぶりを彷彿とさせる。

中国文学専攻同期T君の話によると、先生は大学退任後高野山に籠り、この大作を完成するや新幹線で上京、その足で早稲田大学出版部に大量の原稿を持ち込まれ、大学出版部はその意気に感じて出版の運びとなったとのこと。この話には少々誇張があるかも知れないが、李白に対する執念なくしては成しえないことだ。

松枝茂夫先生

『紅楼夢』の講読であった。中国文学専攻には女子学生も多かったので、性描写の箇所はさっと飛ばされた。翻訳家としても大変有名な先生であったが、授業を受ける側からすると下調べが大変で、私には正直退屈な授業であった。松枝先生の偉大さを理解せぬボンクラ学生と叱られそうだが。

ある日、授業の合間に飼い犬が亡くなったことをボソッと呟かれ、しばし遠くを見ておられた。

藤堂明保先生

政治経済学部の教授であったが、漢字の起源に関する先生の講義を文学部で一年間受けることが出来た。先生の講義には啓発されることが多く、授業が終わっても質問する学生が先生を放さなかった。先生も学生に断ってショートホープを吸いながらの授業であった。

ある時、レポートの提出を求められた。日本語で書けばよいのだが、苦心して随分時間をかけて中国語のレポートを提出し、少し得意な気持ちになっていた。結果は普通の点数で、落胆したことを覚えている。

長谷川良一先生

中国文学専攻同期二十数名のほとんどは中国文学を卒業論文のテーマに選んだ。私は中国文学よりも中国語学をテーマにしたいと考えていた。学部三年生の頃から将来は中国人と実際に接触することのできる仕事、中国に行くことのできる職業につきたいと考えるようになった。それで卒業論文のテーマは「現代中国語における外来語の研究」とし、長谷川先生にご指導をお願いした。

長谷川先生は東亜同文書院、京大で中国語を学ばれ、中国語教授法を専門とされ、中国語教育に大変熱心な先生であった。先生の発音指導は大変厳しく、あまりに熱心な矯正に多くの学生が辟易していた。

卒業後一九八一年頃だったか、私が二度目の駐在員生活を北京で送っている時、先生は北京大学との交換教授のため北京に来られた。アポイントをとって時間通りに友誼賓館のお部屋を訪問したが、ちょうどテレビで京劇『西遊記』の〝大鬧天宮〟(孫悟空大いに天宮をさわがす)をやっている最中で、「高橋君、今忙しいから」と、暫く待たされてしまった。本当に中国語に熱心な先生であった。

韓慶愈先生

学部の授業とは別に、早大語研(語学研究所)で中国語会話上級を履修した。語研は外国語会話を学ぶ所で、当時中国語会話を学ぶ学生はまだ少なく、中国語会話上級クラスは教師一人に対し学生三~四名という随分贅沢なクラスであった。早稲田の学部、大学院には三万人以上の学生が在籍していたが、ひょっとして私の中国語会話はトップクラスに入るのではないかという錯覚を持つほど、中国語会話を勉強している人は少なかった。

先生は在日華僑の韓慶愈先生で、戦前満州国留学生として来日された。戦後すぐに帰国することがかなわず、東京工業大学に進学。日本人と結婚され、中国語科学技術雑誌の出版、貿易会社を営むかたわら、早稲田大学や中国語研修学校で中国語の教師をされていた。

私は早稲田を出た後、中国語研修学校でも先生のご指導を仰ぐことになった。会社に入った後も、北京出張中の先生と何度もお会いした。愛国華僑の先生は北京では華僑大厦を定宿とされていたが、民族飯店でもよくお会いした。色黒で精悍なマスクの先生は教え子に会う時は相好を崩された。とても優しい眼を向けて来られた。先生のライフワークは日本の科学技術の中国への紹介と、日本の若者に中国語を教えることにあったと思う。会社の先輩M氏も先生の薫陶を受けた。

ある冬の夕方、中国語の勉強を続ける自信がなくなって、語研の授業が終わった後、先生にご相談したことがあった。大隈商店街の小さな蕎麦屋で話を聴いていただいた。悩みが解決したわけではなかったが、もう少し中国語の勉強を続けてみようという気持ちになった。

最近、『ある華僑の戦後日中関係史—日中交流のはざまに生きた韓慶愈』（大類善啓著、明石書店、二〇一四年八月三十一日初版第一刷発行）を読んだ。こんな数奇な体験をされ、日中の文学者、映画人の交流、日中間の科学技術交流に貢献されてきた人が、教室のわれわれ学生には一切得意気に話されることはなかった。

中国文学専攻の卒業がせまってきたが、更に中国語を勉強したいと思うようになっていた。長谷川良一先生から大学院に進まないかと勧められたが、二度目の学部卒業で既に六年間も故郷から学費の仕送りを受けており、アルバイトをしていたとはいうもののこれ以上は難しいと思った。また、朝から晩まで本を読み論文を書くというのはどうも性に合わない。実際に中国人と接し、中国に行けるような仕事につきたいと考えるようになった。

迷った挙句、中国語研修学校昼間部に進みもう一年勉強することにした。

三 日中学院（一九七二年十月～一九七四年九月）

教育学部国語国文学科四年の秋、一九七二年十月から日中学院の別科（夜間部）に通い始めた。日中学院は神田神保町すずらん通りの内山書店ビルの二階と三階を教室としていた。内山書店は魯迅と親交のあった内山完造氏のご家族が経営している書店で、中国関係専門書店としては、東方書店と並ぶ老舗であった。残暑の厳しい夜、クーラーもなかったから、窓を開け放した狭い教室で授業を受けていると、近隣の住民から「うるさーい」と怒鳴られたりする。必ずしも教育環境は良くなかったが、友好商社や海運会社のサラリーマン、大学院生、大学生、戦前中国で生活をしたことのある人、家庭の主婦、今で言うフリーターと、さまざまの階層の熱心な人が集まっていた。

教室には〝学好中国話，為日中友好起橋梁作用！〟（拙訳：しっかりと中国語を学んで日中友好の架け橋となろう！）という学院のスローガンが毛筆で書かれていた。学院長は倉石中国語講習会を主宰され、あの画期的な『岩波中国語辞典』を編纂された元東大教授倉石武四郎先生であった。ご高齢で身体も弱っていらっしゃったが、一度だけあのスローガンの下で学院長の倉石先生の謦咳《けいがい》に接するチャンスがあった。その後一九八五年、日中学院は神田内山書店から飯田橋の日中友好会館に移り、藤堂明保先生、安藤彦太郎先生が学院長を務められた。

担任の先生は日中学院の本科を卒業されたばかりのH先生、私より僅か一、二歳年長だったが、大変熱心な先生であった。

中国人の講師としては、小柄な劉書卿先生、大柄でよく旗袍《チーパオ》を着ておられた李秀清先生がおられた。李秀清先生は一時期早稲田大学で授業をお持ちで、早稲田の授業が終わった後都バスで神田の日中学院に移動され夜の別科の授業に出られていたが、ある日同じバスに乗り合わせ、夜の授業が始まる前神田神保町でラーメンをご馳走になった。当時は文化大革命の時代、中国から来られた先生、留学生などいるわけはない。それを補うためかマレーシア華僑の留学生に教師をお願いしている例があった。

また、昼間は日中関係の会社で働き、夜別科で授業をお持ちの中国人の先生もおられた。昼間目一杯働き、夜教鞭をとるという生活で、授業が始まる前教室の机にうつぶせになってよく仮眠されていることがあった。ある日、その先生を揺り動かして〝老師！昏了嗎？〟

（先生、眠いですか？）と覚えたばかりの中国語でやってしまった。熱心の余りということにせよ、随分ご迷惑をおかけしたものだ。

教材

教科書は、『基礎漢語』上冊・下冊（*ELEMENTARY CHINESE PART I, PART II*）（商務印書館出版、中国国際書店発行、北京一九七二年二月）が使われていた。中国の外国人留学生を対象として編集されており、英語の翻訳・解説が付いている。文化大革命という時代を反映し、毛沢東の〝老三篇〟（〝為人民服務〟（人民に奉仕する）、〝紀念白求恩〟（ベチューンを記念する）、〝愚公移山〟（愚公山を移す））が収録されていた。日常会話の学習には適していなかった。

歌曲

授業で中国の歌曲を教わった。教材は社団法人中国研究所中国語研修学校が一九七三年四月に発行した中国革命歌曲選集『歌声嘹亮』（定価二八〇円）。〝我愛北京天安門〟、〝北風吹〟、〝東方紅〟、〝大海航行靠舵手〟、〝三大規律八項注意〟、〝歌唱社会主義祖国〟などを教わった。

中国語の歌曲を覚えると、発音の勉強に非常に効果的である。例えば〝北風吹〟は革命現代舞劇『白毛女』の有名な歌で、当時NHKラジオ中国語講座のオープニングのテーマ曲となっていたが、この〝北風吹〟を歌う時には〝雪花飄飄，年来到〟という歌詞の〝飄〟(piāo)、〝年〟(nián)の〝i〟の発音に気を配るから、とても中国語らしい発音となる。また、〝燦爛〟、〝奔騰〟と言った文学的な語彙を増やすことに役立った。何よりも頭だけではなく身体全体で記憶することになるから、しっかりと覚えることが出来る。

そう言えば中学生の頃（一九六四年頃）、英語好きの同級生はカスケーズの「悲しき雨音」とか流行り始めたビートルズの歌を誇らしく英語で口ずさみ、英語を勉強していたものだ。

聴写

中国のラジオ放送を聴いて勉強しようとアルバイトの金をため、短波ラジオを買い込んだが、下宿では雑音が入ってなかなか聞こえない。雑音の向こうにかすかに〝東方紅〟という音楽が聞こえるだけで、中国語の勉強にはなりはしなかった。まさしく近くて遠い国であった。日中学院では先生が中国のラジオニュースをテープに録音し、テープを繰り返し聴きながら書き取るといういわゆるデクテーションの授業があった。この中国のラジオニュースは確か〝簡明新聞〟とか〝記録新聞〟と言った。非常にゆっくりニュースを朗読し、漢字の偏や旁について、句読点、改行まで説明する。すなわち中国の国内各地で中央の放送を書き取ることを前提にしたニュースである。しかし、当時の私の力では明晰な音質でも分からないのに、短波放送を録音した雑音入りのテープなど分かるはずもない。ところが何度も何度も繰り返すうちに少しずつ法則が飲み込めてくる。また、「。」（〝句号〟）、「、」（〝頓号〟）、「，」（〝逗号〟）などのいわゆる句読点の呼び方、「；」（〝分号〟）、「：」（〝冒号〟）、「〝 〟」（〝引号〟）、「（ ）」（〝括号〟）、「―」（〝破折号〟）等の符号を説明するので、これらの中国語の表現を覚えることができた。

後年、日中貿易の専門商社に就職し、北京の貿易公司の方と〝談判大楼〟で大型プラントの契約書の最終段階の読み合わせをする時に、この時の経験は大いに役立った。中国は文字の国だけに文章には大変うるさい。ましてや契約書である。一言一句、また句読点の打ち方や改行まで注意を払う。最後のチェックの段階で声に出して何度か読み合わせをするが、この〝聴写〟の訓練をしていて大変助かった。人偏の場合は〝人字偏的～〟とか、読点とコンマの区別とか、正確に表現することができたので、貿易公司の相手の信頼を得ることができたばかりか、かなりの精度と速さで読み合わせチェックをすることが出来た。

こういった句読点等の表現についてもこと細かく説明しているのが『新華字典』（商務印書館出版、一九七五年十月印刷、定価一．〇〇元）。中国語を中国語で解説がしてあり、海外の学習者、とりわけ初学の人には取り付きにくいが、ちょっと発音、四声をチェックしたい時には、手のひらサイズのこの『新華字典』は大変重宝した。きわめて廉価で、今手元に残っているのは二冊目。この二冊目もかなり傷んでしまった。

翻訳

O先生の中文和訳の授業を受けた。O先生は昼間は中国通信社で中国のニュースを日本語に翻訳する仕事をしておられた。

教材は新聞『人民日報』とか、中国共産党の機関誌『紅旗』の時事的な記事を使用した。当時は文革中。「張鉄生の白紙答案」、〝批林批孔〟（林彪批判、孔子批判）、「ベートーベン批判」等の記事が教材となった。「造反有理」、「あの一握りの悔い改めようとしない走資派」という過激な言葉が踊っていた。孔子は〝孔老二〟（孔家の次男坊）と呼ばれ、〝孔孟之道〟は排撃の対象であった。

確かに儒教思想は封建世界の統治者階級のための思想という一面はあるかも知れない。しかし、『論語』の言葉には階級を超えた人としての普遍的な真実が含まれている。父は旧制中学で学んだこの『論語』の言葉にどんなに助けられ、励まされたことか。ベートーベンやモーツァルトは支配階級に服務する音楽を作ったかも知れない。しかし多くの人に音楽の喜びを与えたことは確かだ。

日中学院の同級生にもこの時代の風潮に染まった人達がいた。もともと音楽に関心のない人なのだろう。音楽好きの私をなじるような言葉を浴びせられたことがあり、息が詰まるような狭隘さを感じ、その人達との交際がいやになったことがある。また、授業の冒頭、「中国語を学習する前に、何のために中国語を学ぶのか討議しよう」と、授業を討論会に切り替えることを要求する学生もいた。

二〇一五年八月、『体験的中国語の学び方―わたしと中国語、中国とのかかわり』（荒川清秀著、同学社、二〇一一年二月二十一日再版発行）という本に巡り会った。荒川清秀氏はNHKラジオやテレビの中国語講座の講師を務め、中国語教育学会会長の要職を歴任された方で、私より一年前の一九六八年に「大学に入って中国語を勉強し始め」、私と同様「学生時代に留学できなかった世代の一人」である。一九七〇年代中国語を勉強する学生の感じた困惑をよく表現しているので、少々長くなるが紹介させていただきたい。

「七〇年代に中国語をやるには一種の覚悟が必要だった。中国へ行ってきただけで警察の尾行がついたりした時代だった。一方で「あなたはなぜ中国語を勉強するのか、教えるのか」が問われた時代だった。面白いからでは理由にならなかった。」

話が逸れてしまった。O先生の話に戻す。

私が友好商社に勤め北京で初めての駐在を経験した一九七八年夏、O先生は家族帯同で北京に来られた。先生は確か四川省で幼少期を過ごし、日本に引き揚げた後、日本で大学教育を受けたので中国語の日常会話には不自由はされなかったが、北京の庶民の生活を覗いてみたいとのご希望で、北京の銭湯をご案内することにした。しかしながら、この一九七八年という年は中国政府が改革開放路線に大きく舵をきる直前で、北京の少し郊外に行くと「この先外国人は立ち入るべからず！」というゲートがあったり、他の都市に出張するにもその都度北京市公安局に外国人旅行証を申請取得しなければならなかったり、長安大街にはまだ「帝国主義は張子の虎」などという政治的スローガンがいっぱい残っていた。北京の人々もまだ人民服が大半で、ホテルとか友誼商店とか瑠璃廠の骨董店とかレストランとかを除き、普通のお店に入ろうものなら外国人のわれわれに身構えてしまうことが多かった。

「義を見てせざるは勇なきなり」、思い切って王府井の〝華清池〟という公衆浴場にご案内した。「ご案内した」とは言うものの、もちろん私も初めてである。日本の銭湯と同じように一番奥に長方形の浴槽があったが、壁に富士山の書割があるわけではなく、日本と違いかなり暗い。眼鏡をはずしていた私は、おそるおそる片足を浴槽に踏み入れた。日本ではこの辺りに段があると思った瞬間、ドボンと踏み外してしまい、周囲の人にしこたまお湯をぶっかけてしまった。私を日本人と知らない周りの中国人から怒られること怒られること。ほうほうの体で抜け出し、籐椅子に横たわりお茶を頼んだ。O先生と日本語で話していたものだから、暫くすると〝華清池革命委員会主任〟が「何か貴重なご意見を」と飛んで来られ、すっかり恐縮してしまった。まだ〝革命委員会〟などという呼称が残っていた。

通訳

日本で生まれ日本で中国語を学んだ日本人H先生は、若くしてフリーの中国語の通訳をしていた。一九七二年九月日中国交回復がなったとは言うものの、中国はまだ文化大革命の最中、中国語の通訳は日中貿易、海運、一部の文化交流来日代表団通訳に限られ、中国語通訳が職業として成り立つような時代ではなかった。H先生は日中学院で中国語を教えながら、職業通訳を目指していた。

先生の提唱で、通訳をするには先ず日本語をよく理解しそれを先ず日本語で再現する能力を鍛えるべしと、NHKラジオの正午のニュース（もちろん日本語）をカセットテープに録音し、それを一段ずつ流し、メモを取りながら日本語で再現する訓練をした。日曜日の午後二、三名が神田すずらん通りの日中学院に集まりこの訓練をした。日本語を聞いて、メモし、その主旨を自分の言葉（日本語）で言い直すという一見簡単な作業が実は如何に大変かということを思い知らされた。また、メモの取り方についても教えていただいた。

日本語を日本語として再現するだけでも大変なのに、日本語を中国語に通訳することはとてつもなく困難に思えた。後年、日中友好商社に就職し、技術交流、商談の通訳をするチャンスがいやというほど到来したが、それを支えたのはこの日曜日の特訓に負うところが大きい。

上海雑技団来日公演

一九七四年七月、日中友好協会（正統）本部の招聘により上海雑技団が来日、横浜、下関、博多、神戸、大阪、京都、名古屋、東京と約五十日間の公演を行った。日中学院の先生の紹介で生まれて初めて中国来日団のアテンド通訳をする機会が巡ってきた。総勢六十名くらいの曲技団で、上海市政府関係者、日本語通訳、楽団員、医師も同行する大部隊。公演活動以外に東京都庁表敬、横浜市役所表敬、日中友好協会地方支部との交流会等があった。パナソニック、ＩＨＩ等の工場視察もあった。私のような学生三名が曲技団の身の回りの世話、交流会の見習い通訳を担当した。

受け入れの日本側の首席通訳は神崎多實子先生、公式の場における通訳は非常に格調が高かった。東京都庁を表敬した際は当時の美濃部亮吉都知事の通訳をし、横浜市役所を表敬した際には飛鳥田一雄市長の通訳をされた。時間を見つけてはホテルの自室で人民日報の記事

福岡市大濠公園にて上海雑技団の団員と。

を毎日のように音読していた。大ベテランにしてこれだけの毎日のたゆまぬ研鑽があってこそ、あのような格調の高い通訳ができるのだと感心した。また、上海雑技団の新聞記事が出ると、私に中国語に翻訳し、上海雑技団に報告するというチャンスを与えてくれた。後年ずいぶん経ってから、NHKのBS放送の中国語ニュースで同時通訳をされているのを聞いた。

二〇一五年年初、書店で神崎多實子先生のご著書を購入した。「ニュースとスピーチで学ぶ」という副題のついた『聴いて鍛える　中国語通訳実践講座』(東方書店、二〇一四年七月三十一日初版第一刷発行)、大森喜久恵、梅田純子氏との共著。他に『中国語通訳トレーニング講座　逐次通訳から同時通訳まで』などの専門書の編著書があることを知った。今から約四十年前に実践の中で教えていただいた。もう相当なご高齢であろうに、まだ第一線で指導されている。ご自分の生き方を貫き通しておられる。

当時は日中国交回復直後ということもあって友好ムードに溢れていた。しかし、右翼の街宣車が公演会場に押しかけて来たり、博多では右翼がわれわれの宿泊していたホテルに突入して来たり、緊張する場面もあった。移動には必ず私服刑事が警護してくれていた。

上海雑技団とともに東京のホテルニューオータニに泊まっていた時、松山バレエ団のバレリーナが上海雑技団に随行していた中国人鍼灸医をたずねて来られた。松山バレエ団は中国バレエ『白毛女』を初演するなど、早くから中国との交流をしていた。その時、日中双方の通訳が不在で、私が通訳をすることになったが、私も純情だったのか、若いバレリーナのむき出しの腰を見ながらというのは恥ずかしく、ドアを開けたままにして廊下から通訳をした。鍼灸関係の中国語は〝穴位〟（つぼ）くらいしか知らなかったが、なんとかなった。

曲技団の人達とバスで移動していてこういうことがあった。

車酔いする人が多かった

飛んだり跳ねたりの曲技団の団員が何故こんなにも車酔いするのか不思議でならなかった

が、その年の秋、初めて中国を訪問して分かった。当時の中国にはエアサスペンションのきいた観光バスがなかった。日本のクッションの効きすぎるバスに乗って気持ちが悪くなったのだ。今では日本以上に豪華な観光バスが走っているが。

高速道路の料金所で何故お金を払うの？

高速道路は私有ではなく公共の道路、それなのに何故お金を払うのかという質問を投げかけられ一瞬答えに窮した。中国の最初の高速道路は円借款で建設された京津塘高速公路（北京―天津―塘沽）で開通したのは一九八五年のことであった。その後急速に各地に伸び、日本以上に車線の多い、りっぱな高速道路網が構築されつつある。もちろん有料。

東京には焼き鳥屋が多いのですね？

都内の通りには「麻雀」という看板が目立つ。このマージャン屋の看板を焼き鳥屋と勘違いしたらしい。当時中国では賭け事は禁止されていた。中国人がわれわれ日本人にマージャンをやりませんかと声を掛けてくれたのは一九八一年頃からであった。

日本には長谷川という姓が多いのですね？

当時長谷川工務店という建設会社のマンション広告看板が街に溢れていた。中国の王、張、陳、李ほどではありませんと、説明にこれつとめた。

公演のお休みの日、京都観光にアテンドしバスガイドの通訳をすることになり、大変困ってしまった。相手は中国人にもかかわらず日本人観光客相手のいつものガイドをする。例えば「この通りは烏丸通りと申します」、「ええっ、カラスマ通りって漢字で何て書くの？」、「通りの名前を訳してなにほどの意味があるの？」と、もう、のっけから冷や汗が出てしまう。

それにバスガイド嬢はマニュアルどおり鎌倉時代とか、安土桃山時代とか、江戸時代とか、日本の時代区分で説明するが、外国人に対する配慮がない。おおまかに西暦に置き直して通訳しなければならない。

中国人との会談の場で、日本人はつい昭和、平成と言う年号で話してしまう。中国語に通訳をする時はすぐに西暦に換算する。その癖が習いとなっているのか私などは西暦でものを考え、表現してしまう。グローバリゼーションの世の中だから、西暦に統一した方がよいのではと思うこともあるが、「降る雪や明治は遠くなりにけり」というのもわれわれ日本人の大切な文化だ。

冷や汗をかきながら、心の中で呪ってばかりいたが、決定的に自分の力不足を思い知らされる場面が到来した。バスガイドが東山を指差して「大文字焼き」の説明を始めた。まだ学生の身、「五山の送り火」の仏教的な概念を説明できないのはよいとして、「薪を燃やす」という簡単な言葉が訳せなかったのである。「燃やす」といういうきわめて簡単な動詞が出て来ない。それでとうとう〝燃焼〟と訳してしまった。

初めてのアテンド通訳で多くのことを学んだが、五十日間上海の人々と行動をともにして知らない内に上海語の影響を受けていた。後年、陳文芷先生に徹底的に矯正されることとなった。

東京の中国語専門学校としては日中学院と中国語研修学校が双璧であった。日中学院に通っているとどの大学の誰が熱心に中国語をやっているか、大体の様子が分かった。当時中国語を学習する人はまだ少なかったから、東京の中国語学習者の地図が見えてくるようであった。

四　初訪中（一九七四年十月十六日～三十日）

一九七四年十月十六日～三十日、世界青少年交流協会の組織する日中青年学生交流日本代表団の一員として北京、大連、瀋陽、上海を訪問した。一九七二年日中間の国交は回復したものの中国は文化大革命の真っ最中、中国への渡航は厳しく制限され観光旅行が自由にできるような時代ではなかった。大学生が訪中するには、「斉了会《チーラ》」とか「世界青少年交流協会」の主催する友好訪中代表団に応募する以外になかった。

世界青少年交流協会の組織する日中青年学生交流日本代表団に応募した。代々木の東京オリンピック選手村の跡地で筆記試験・面接試験を受けた。合格してからも訪中準備のための研修が行われた。渡航費用は代表団おそろいのブレザーの費用もあり、学生にとってはかなり高額だった。上海雑技団アテンドで得たアルバイト料を当てた。

全国各地の学生、会社員、農業、医者と幅広い人達で構成された訪中団で、団長は秋田市長であった。訪中前夜は全員代々木オリンピック選手村に集合、一泊した。東京オリンピックの際外国選手が眠ったであろうベッドに横たわったが、憧れの中国にやっと行くことができると思うと興奮して朝まで一睡もできなかった。確か数人で一部屋の二段ベッドの上段だったが、寝返りをうつたびにスプリングがギシギシと鳴った。その後一九八〇年代に入ってから中国残留孤児の親探しの拠点となったのがこのオリンピック選手村で、多くの孤児が私とはまったく違う意味でここで眠れぬ夜を過ごしたに違いない。

一九七四年十月十六日早朝、羽田から北京に向け飛び立った。一九七四年四月日中航空協定が締結され、日本から中国への最初の定期直航便が就航したのは一九七四年九月二十九日であった。私の初訪中は中国への定期直航便が就航して僅か二週間しか経っていなかった。羽田から北京への直航便と言えども当時は北朝鮮・韓国との問題もあり、一旦上海上空まで南下しそれから北上するというルートであった。北京まで四時間半はかかった。

日本航空のボーイング七三七が秋晴れの北京空港に到着した。とても小さな空港ビルには漢字で「北京」という看板があった。この旧空港ターミナルビルは四十年以上経った今でも残されている。今では〝第一航站楼〟(第一ターミナルビル)と呼ばれている。やがてタラップ車が横付けされ、一歩一歩タラップを降り、憧れの中国の地に第一歩を印すことができた。

ターミナルビルは中国語で〝航站楼〟と言う。二〇〇八年夏、北京オリンピック前に完成したのが最新の規模の大きな〝第三航站楼〟（第三ターミナルビル）だ。その前に日本政府の円借款を利用して建設されたのが〝第二航站楼〟（第二ターミナルビル）。今でも北京空港を利用するたびに北京空港の一角に残された、「北京」という漢字の看板を掲げたこの第一ターミナルビルを目にすることがある。中国の急激な経済発展に取り残されたような第一ターミナルビルだが、四十年以上前の初訪中の頃のことが昨日のことのように思い起こされ、何かしら胸がいっぱいになってしまう。

文化大革命という時代を反映して、北京市内では地下壕、大連では地下商店の見学が組み込まれていた。当時、「アメリカ帝国主義」や「ソ連修正主義」の侵略に備えるため、北京市内の商店街の地下には地下壕が張り巡らされていた。王府井の普通の何気ない商店の奥のカーテンを開けると、そこは細長い地下壕の入り口であった。まるで映画のようであった。

大連では明の十三陵の地下宮殿よろしく大規模な地下商店を見学させてもらった。この地下商店の入り口には、毛沢東の肖像の両側に〝備戦、備荒、為人民〟（戦争に備え、自然災害に備え、人民の利益をはかる）、〝深挖洞、広積糧、不称覇〟（深く地下壕を掘り、広く糧食を貯え、覇をとなえない）という政治スローガンが白地に赤い字で掲げられていた。

北京や上海近郊の人民公社を見学したが、人民公社には〝人民公社好！〟（人民公社は素晴らしい！）という毛沢東のスローガンが掲げられていた。人民公社付属の病院や農機具修理工場等では〝自力更生〟の宣伝を聞いた。

大学は北京大学、大連工学院、遼寧大学を訪問し、大学生との交流をしたが、二年以上の社会での実践経験を経ないと入学できないシステムになっているとの説明があった。ちなみに北京大学の学生の出身は労働者四〇％、農民四〇％、人民解放軍二〇％とのことであった。大連紅衛小学校では授業風景の他、小学生の実弾による射撃訓練まで見せられた。また、上海では少年宮を参観した。

病院は遼寧中医学院、上海第六人民医院を参観したが、〝古為今用，洋為中用〟（古いものを現在のために利用する。また外国のものを中国のために利用する）のスローガンの下、西洋医・漢方医の結合による治療の説明があった。

工場見学は大企業、中小企業合わせて七ヶ所。瀋陽第一変圧器廠だったと思うが、ここには〝鞍鋼憲法〟がスローガンとして掲げられていた。

観光は天安門、故宮、万里の長城（八達嶺）、明の十三陵、大連星海公園、瀋陽北陵公園、瀋陽故宮。上海西郊公園の動物園では初めてパンダを見た。

ショッピングは北京友誼商店、大連百貨店。その他、北京の地下鉄、北京西単市場、王府井、琉璃廠、上海工業展覧館の見学もアレンジされた。

文芸は映画鑑賞二回、歌舞鑑賞二回、曲技鑑賞二回がアレンジされた。北京の映画館は民族文化宮と西単の四つ角との間、長安大街に面した小さな映画館で『閃閃的紅星』（キラキラ輝く赤い星）を見た。確か悪い地主、抗日戦争時代の眼鏡にちょび髭の日本軍が登場する子供向けの映画で、主題歌〝紅星歌〟は随分流行っていた。この映画館は八十年代まではあったが、その後姿を消した。上海では錦江飯店の傍の小劇場で歌舞を、曲技は上海雑技団の常設ホールで見たが、私がその夏に五十日間上海雑技団の来日公演にアテンドしたことが伝わっており、上海雑技団の団員との再会をアレンジするという心憎い演出もあった。

いずれも一番よい席が準備されており、われわれが入場すると外賓を歓迎しようと観客が総立ちで拍手で迎えてくれる。また、引き揚げる時にも中国人の観客が総立ちとなり拍手で見送るという演出があり、どうにも照れくさく身の置き所のない気持ちにさせられた。劇場を出ると、北京も大連も上海も街灯は薄暗く、また道行く人々の人民服の色も黒系統、紺系統が多かったから、夜の街路は本当に暗く感じた。

貪欲に見たいという若者の気持ちと、中国のよいところを大いに宣伝したいという中国側の願いが重なって、殺人的なスケジュールとなり、後半の瀋陽、上海では疲れと風邪でダウンする団員が続出した。かく言う私も最後の上海では過労のためダウン、団の行動から離れ、一日和平飯店の広いベッドに横になった。そのため上海魯迅紀念館等を見逃してしまった。

北京飯店で中日友好協会張香山副会長、孫平化秘書長の接見があった。孫平化氏は戦前東京工業大学に留学したことのある、日中国交回復に貢献された日本通の著名人士だが、後年私が友好商社で働くようになってからも何度かお会いした。夫人は中国技術進出口総公司の幹部で仕事の関係で何度も宴席をともにした。孫平化氏は一九九七年逝去されたが、その後『中日友好随想録』（遼寧人民出版社、二〇〇九年十二月第一版、五〇元）が出版された。日中国交回復に向けての日中双方の政治、経済界の先人の奮闘努力、文化芸術界の交流の歴史を読み取ることができる。もちろんわが社との交流についても数ヶ所で触れておられる。

北京建国門外の日本大使館を表敬訪問した。日中国交回復後の初代大使である小川平四郎氏が迎え入れてくれた。ちょうど三十年経った二〇〇四年五月の反日運動の際、この日本大使館に石やペットボトルが投げ込まれている様子をテレビで見て心が痛んだ。大使館警備の武装警察の隊列の前を白い柳絮がさかんに舞っていた。二〇一〇年九月、北京出張の際この日本大使館の前を歩いたが、今度は尖閣の漁船衝突の直後で、日本大使館を警護する警察車両がずいぶん並んでいた。

二〇一二年二月、日本大使館は朝陽区亮馬橋東街に引っ越した。同年六月、車で新しい大使館の前を通りかかった。建物の規模は大きくなったがなんとも趣のない建物になってしまっていた。

長安大街の北京飯店旧館。二両連結のバス、自転車。
乗用車はほとんど見られなかった。（1974年）

投宿した民族飯店から長安大街木樨地の方向を望む。
遠くの背の高いビルは中央人民広播電台。（1974年）

二〇一二年九月、日中国交正常化四十周年の記念式典、記念行事が行われる予定であったが、その直前またしても日本大使館が多くの反日デモ隊に囲まれ、ペットボトルが投げ込まれるような事態が出来《しゅったい》した……。

日中青年学生交流日本代表団の受け入れは中日友好協会、実際のアテンドは中国国際旅行社の方々であった。訪問先では各地の青年代表との交流の機会が設けられていた。北京では北京外語学院日本語科の学生であった李素梅さんと譚大平さんが北京の青年代表として通訳見習いの形でわれわれにアテンドしてくれた。譚大平さんは文革世代の模範青年とは趣を異にし、遠慮がちで少しはにかみ屋さんだった。われわれが北京を離れる時、私にそっと魯迅の小説をプレゼントしてくれた。

その後一九七八年、偶然北京友誼商店の前で譚大平さんと再会した。私は友好商社の社員として北京で初めての駐在をしていた。譚大平さんは中日友好協会に就職されたとのことであった。あれから四十年近い歳月が流れた。今はどうされているだろう。髪を三つ編みにした紺色の人民服の李素梅さんはどうされているだろう。

二〇一三年頃、劉徳有氏の『時は流れて—日中関係秘史五十年（上・下巻）』（王雅丹訳、藤原書店、二〇〇二年七月初版第一刷発行）という本を会社のＯ氏から借りて読んだ。Ｏ氏は私より一年早く入社、大学では中国研究会を組織し、私より一年早く代表団の一員として訪中している。二〇一五年社長に就任した。会社には中国に志を持った青年が多かった。

劉徳有氏は若い頃は毛沢東、周恩来の日本語通訳として活躍し、一九六四年から一九七八年の十五年間新華社記者として東京に駐在された大変な日本通で、帰国後は中華人民共和国文化部副部長（次官）を歴任された。

この『時は流れて—日中関係秘史五十年（上・下巻）』の中に、「（一九九八年）八月二十六日の午後、われわれは友連会の譚大平さんに伴われ、全日空九〇六便で一路東京に向かった」という記述を偶然発見した。前後の文章からすると〝友連会〟とは中国国際友好連絡会のことで、劉徳有氏が中国国際友好連絡会、中日友好協会の幹部とともに来日された時の記述のようだ。

中国には同姓同名が多い。しかし、この「友連会の譚大平さん」はおそらく一九七四年十月北京の青年代表としてわれわれにアテンドしてくれたあの譚大平さんに違いない……。

五　中国語研修学校（一九七五年四月～一九七六年三月）

一九七五年四月、社団法人中国研究所中国語研修学校昼間部第十六期に入学した。ＪＲ市ヶ谷駅で降り、お堀の土手沿いに法政大学の方向に行き、校門の手前を右に折れ靖国通りへの坂を上る。坂の名前は確か一口坂と言った。その坂の途中の右手に木造二階建ての中国語研修学校があった。おそらく戦前の建物だろう、傾きかけていた。教室は一階と二階に一つずつ。二十数名も座ればすぐ一杯になった。それに小さな事務室と、中国研究所の書庫があった。床がみしみしと音をたてる。地震が来ればすぐにも倒壊しそうな建物であった。奥には中国研究所創始者の未亡人とご子息がお住まいであった。

〝同学〟は入学時二十六名いた。現役の大学生、大学院生、それから私のような大学卒業生、主婦、今で言うフリーター、変わり種では新日本フィルハーモニーのコントラバス奏者で一年間休職して中国語の学習に専心したいという人もいた。総じて言えばレベルは高かった。一九七五年当時、日本に中国語専門学校の昼間部がいくつあったかは知らないが、中国語研修学校昼間部はトップレベルであったに違いない。

夜間部にはその後衆議院議員で民主党代表になられた海江田万里氏がいた。当時野末陳平氏の秘書のかたわら夜間部に通われていた。直接話をしたことはないが、大きな目をした活発な人で目立った存在だった。

芥川賞作家の辻原登氏も中国語研修学校の卒業生で、作家活動に入る前は日中貿易の専門商社で活躍していたと、NHKの「ラジオ深夜便」という番組で話されていた。芥川賞受賞作『村の名前』は日中友好商社時代の経験なくしては書けない作品だ。『翔べ麒麟』は遣唐使の時代の日中交流の物語として読んでも面白い。


私は入学時二十四歳、大学の中国文学科を卒業したばかり。前年一九七四年に日中学院別科（夜間部）を卒業、一九七四年夏には上海雑技団の訪日公演のアテンド通訳をし、一九七四年秋には日中青年学生交流日本代表団の一員として初めて中国を訪問した。中国語にかけては少し天狗になっていた。

陳文芷先生はNHKテレビの中国語講座の講師をされていたが、中国語研修学校では主に発音、会話の授業を担当された。特に発音には厳しかった。私の発音は上海訛りだと何度も矯正された。一九七四年夏、上海雑技団の来日公演に五十日間アテンドしたこともあり、影響を受けていたのかも知れない。確かに日本人には、捲舌音のない、どちらかというと口先だけで発音できる上海式の発音の方が楽である。当時少し天狗気味であった私は、「別にNHKのアナウンサーになりたいのではありません」と反発した。悔しさのあまり取り返しのつかない言葉を吐いてしまった。大学のグリークラブに所属していた時、プロのボイストレーナーから発声の指導を受けたが、先生を前にすると過度に緊張するのかすぐに肩が上がってしまう。必要以上に緊張してしまって思うに任せない。風呂で歌うとてもよいのびやかな声が出るのに。グリークラブの合宿時の発声練習を思い出してしまった。

過度に緊張する癖は今でも残っているらしく、医師の診察を受ける時、「もっと力を抜いて身体を楽にしてください」とよく言われる。

捲舌音、-nで終わる発音と-ngで終わる発音の違い等、厳しく指摘をいただいた。会社に入って中国語で通訳、商談をすると、中国人から「中国で何年生活したのですか?」とか、「あなたの中国語はどこで習ったのですか?」とよく聴かれる。また、「中国人より普通話がきれい」と褒められることがある。お世辞半分、「外国人としてはうまい」と理解することにしているが、これも今にして思えば陳先生の厳しいご指導のお陰である。

二〇〇九年十月、上海交通大学の視察団を受け入れ一週間ほどアテンドをした。上海人の教授は北京育ちの私の部下の中国語を評して「少し北京訛りですね」、「それにひきかえ高橋先生の中国語は〝中央人民広播電台〟（中央人民放送局）のアナウンサーのようです」とおっしゃる。日本で中国語を学び、留学経験もない私の中国語に対する過分なお褒めの言葉ではあるが、帰国子女のレベルに及ぶはずはない。しかし、きちんとした中国語の指導を受けたせいか、中国のアナウンサーの「格調」というか「品格」というものをほんのちょっぴり真似しているのかも知れない。

中国人のよく使う言葉に〝厳師出高徒〟（厳しい師から高弟が生まれる）という諺がある。自らを「高弟」とは言わないが、厳しい師に出会えたことは、なによりの幸せであった。

現代革命京劇『杜鵑山』

中国語研修学校の文化祭には昼間部、夜間部の学生が中国語の話劇や合唱を発表することになっていた。十六期昼間部は現代革命京劇『杜鵑山』を演ずることとなった。学生が自主的に現代革命京劇を話劇に編集し、台詞については森川和代先生、陳文芷先生、周愛蓮先生に指導いただいた。特に森川先生は中国の映画、現代革命京劇にとても詳しい方であった。

森川先生は十五歳の時、東映太秦撮影所に勤務していた父親が満州映画協会に移られるにともない中国に渡った。戦後暫く中国にとどまり東北映画撮影所や上海アニメーション製作所でアニメーションの仕事をされた。中国から帰国後は日中貿易の通訳、日中文化交流、特に日中映画界の交流に尽力された。『中国映画史』を翻訳編集、また数多くの中国映画の字幕翻訳をされ、その功績により晩年平成十七年度文化庁映画功労賞を受賞された。『山の郵便配達』（中国語原題『那山　那人　那狗』）という中国映画をテレビで観た。評判となった映画だけに題名だけは知っていたがそれまで観るチャンスがなかった。夕食の支度をしながら観ていた家内のそばで覗いていたが、風景の美しさ、こまやかな情感、淡々とした展開に次第に引き込まれ、とうとう最後まで観てしまった。『山の郵便配達』は一九九九年中国金鶏賞（中国アカデミー賞）を受賞した作品で、森川先生が字幕翻訳をされていた。

二〇〇五年十一月二十四日、多発性骨髄腫で七十六歳の生涯を閉じられた。二〇〇六年一月二十八日、飯田橋の日中友好会館のレストランで「森川和代さんを偲ぶ会」が行われた。追悼の辞は熊井啓監督、献杯は当時九十歳を過ぎなお矍鑠《かくしゃく》の新藤兼人監督。日中貿易促進会時代の思い出を日中文化交流協会の佐藤純子氏が語られた。岩波ホール総支配人の高野悦子氏が女帝のごとく背筋を伸ばして壁際にお座りになっていた。そして韓慶愈先生が中国語研修学校時代の森川先生を偲ばれた。

偲ぶ会から一週間ほどして、ご主人森川忍氏より一冊の本が送られてきた。『続　新中国に貢献した日本人たち』（中国中日関係史学会編、武吉次朗訳）。その中に中国日本友好協会副会長の王効賢女史が書かれた「中日友好の種子として―森川和代さん」という一章がある。王効賢女史は長春の女学校時代からの友人で、人民解放軍看護兵の時代や日中映画交流に貢献された森川先生を紹介されると同時に、若き日森川先生が石橋湛山元首相と周恩来総理との会見に同席され、周総理とは五回会っていること、廖承志氏とも親しくお付き合いのあったことを紹介されている。また、森川先生が日本で『中国の赤い星』の著者エドガー・スノーと会った時のエピソードも紹介されている。森川先生は自分の過去の経歴を得意そうにお話になることはなかった。授業中、石橋湛山、周恩来、廖承志、エドガー・スノーの名前を先生の口から聞いた記憶はない。

二〇〇七年四月、ご主人森川忍氏より遺稿集を頂戴した。『森川和代が生きた旧「満州」、その時代―革命と戦火を駆け抜けた青春期―』（新風舎、二〇〇七年四月十五日初版第一刷発行）。

二〇〇九年九月、ご主人森川忍氏からまた一冊の本を送っていただいた。『中国，我的第二祖国―森川和代未完成的遺稿集』（中国広播電視出版社、二〇〇九年三月第一版）。これは『森川和代が生きた旧「満州」、その時代―革命と戦火を駆け抜けた青春期―』の中国語版で、森川和代先生の中国の友人の発案・企画によるもの。写真のレイアウト、翻訳、費用集め、寄稿など、すべて中国の友人のアイデアによるものだ。

森川先生はじめ講師陣の指導を受けたものの、昼間部十六期の面々は多士済々、中国語の脚本を作り上げるのはお手の物、演出も自分達で、バレエを習ったことのある女子学生はバレエ風の振り付けをし、衣装も美術もすべて自分達でこなした。私は主人公雷剛を演じた。化粧は陳先生がしてくださった。話劇『杜鵑山』は大成功だった。

不思議なことだが四十年過ぎた今でも台詞の一部がいまだに口をついて出て来る。〝杜鵑花紅色血年年怒放……〟（ツツジの血のように赤い花が年々咲き誇る……）だったか。話劇を演じるということは、大きな声で中国語を発音する必要があるため、正しい発音の学習になる。また、中国語を身体で覚えることの助けとなる。

二〇一二年二月、中国から来日団を受け入れたが、その来日団の中に博士号を持った三十歳前の優秀な技術者がいた。名刺の姓は張、名前は雷剛となっていたので、歓迎宴会の席で「私は日本の雷剛です」とおどけて見せたが、反応がない。学生時代に現代革命京劇『杜鵑山』の主人公雷剛を演じたことを説明したが、それでも博士様はきょとんとした表情であった。〝八〇後〟（一九八〇年代に生まれた世代）にとって、現代革命京劇の話題はもう無理だということをつくづく思い知らされた。なお、一九九〇年代に生まれた世代を〝九〇後〟と言うが、さすがに〝九〇後〟とは仕事の上で接触することは少ない。しかし、わが社の現地法人の職員には〝九〇後〟が現れ始めた。

映画『決裂』

当時評判の『決裂』という映画を観た。典型的な文革時代の映画で、眼鏡にちょび髭の大学教授が大真面目に〃現在我講馬尾巴的功能〃（それでは馬の尻尾の功能について講義します）と話す場面があった。馬の尻尾のようなどうでもよいようなことを研究している教授を皮肉った知識分子批判である。

一九七〇年代中国の家庭にはテレビは皆無で娯楽の中心は映画であった。この台詞はとても印象深かったらしく、今でも酒席で昔話の折など私がこの大学教授の真似をして見せると大笑いになる。しかし、これも〃八〇後〃には無理のようだ。

『中国歌曲選』の発行

歌と踊りが大好きな十六期の同学、講師を中心に、中国の歌集を作ろうということになった。中国の楽譜は1、2、3、で表記した〃数字譜〃で、いわゆるおたまじゃくしを使った〃五線譜〃ではない。日本人が合唱するには不都合。それで〃数字譜〃を〃五線譜〃に翻訳し、これを出版することとなった。四分音符とか休符を印刷に頼ると費用がかさむので、手書きとした。手書きのためト音記号、おたまじゃくしが不揃いであった。しかし、中国語の歌詞の部分は写植に出した。皆が自宅で描いたものをピアノの得意な女子学生がチェックしてくれる。また、われわれには新日本フィルハーモニーのコントラバス奏者というプロの同級生Mさんもついていた。

Mさんは日中間の音楽交流には中国語が必要と、一年間新日フィルを休職し、懸命に中国語を勉強された。既に家庭をもっておられクラスでは最年長であった。中国語研修学校を卒業後新日フィルに復職された。卒業後も自宅に食事に呼んでいただいたり、演奏会のチケットをいただいたり、交流を続けたが、電話の時も会う時もお互いに中国語で通した。Mさんは来日中国人音楽家の面倒をみたり、いろんな形で日中音楽界の交流に地道な貢献をされたが、志なかばにして病気で亡くなられた。

資金の関係でりっぱな出版社に頼むことは出来なかった。中国語の写植もマンションの一室に写植機を置いた個人会社に頼んだ。納期をせかせるため最後には白山のマンションに押し掛け泊まり込みで校正をした。明け方、後楽園球場の脇を通って電車に乗り下宿に帰ったことを覚えている。

一九七六年三月二十八日、中国歌曲選製作委員会の『中国歌曲選』が定価五〇〇円で発行された。文革時代を反映して、〝東方紅〟、〝歌唱偉大、光栄、正確的中国共産党〟、〝歌唱祖国〟、〝大海航行靠舵手〟、〝北京頌歌〟、〝我愛這藍色的海洋〟、〝軍民団結一家親〟、〝紅星歌〟等々、中国共産党や毛沢東を讃える歌が中心で、これらの歌曲は文革が終息し、一九八〇年代に入るとほとんど歌われなくなった。

二〇一〇年頃、重慶を中心に〝唱紅〟（革命歌を歌う）キャンペーンが行われた。中国の人から「高橋先生は〝紅歌〟（革命歌）を歌えるんですね」と妙に感心されたことがある。青春時代の想い出として懐かしむ人もいれば、文革中の記憶を呼び起こすと、不快に思っている人もいる。

二〇一二年三月、重慶市共産党委員会書記が失脚するに及んで、この〝唱紅〟キャンペーンは急速に終息した。

〝我愛這藍色的海洋〟（私はこの青い海が大好きだ）は〝男中音独唱〟（バリトン独唱）で私の音域に合っていたから、その後私の十八番となった。人間メロディーがついていると自然に新しい語彙を増やすことができる。〝壮麗寛広〟、〝聳立的山峰〟、〝俯瞰〟、〝無尚栄光〟等々、メロディーがついているから覚えられる。それから発音の勉強にもなる。

この歌集では日本の歌も紹介した。「春が来た」、「赤とんぼ」、「ふるさと」、「花」、「富士山」、「ソーラン節」等の歌詞を陳文芷先生、周愛蓮先生始め中国語研修学校の講師陣に中国語に翻訳していただいた。

周愛蓮先生は中国語作文の授業を担当され、日本語は一切使わず授業は徹頭徹尾中国語で通された。今では八十歳を超えていらっしゃると思うが、いまだに中国語びっしりの手書きの年賀状をいただいている。

二〇一五年の年賀状にご自分の一生を本にしたとの便りがあり、さっそく買い求めた。『百年漂泊』（創英社／三省堂書店、二〇一四年十一月二十九日初版発行）がそれで、先生の数奇な一生が、飾る事のない訥々とした日本語で描かれている。率直なだけに胸に迫ってくる。四十年前の黒板を背にした先生の表情が浮かび上がってくる。あの口を結んだ意志の強そうな表情は、これだけの苦しさと哀しさを乗り越えたからこそ出て来るのだろうと思った。しかし、学生に対してはいつもユーモアと優しさで接しておられた。

周愛蓮先生が中国語講師の仕事を始められたのは、一九七一年頃。私が中国語研修学校で先生から中国語を教わる四年前だが、その当時の中国語学習者のことを同書で次のように書いておられる。少し長くなるが引用させていただきたい。

「一九七一年当時の日本で、中国語を習う人はまだ多くなかったと思います。国交が回復していないので、往来が断絶されています。その頃、中国語を習う人は変人と見なされていたようで、仕方なく彼らは勉強を内緒にしていたようです。生徒達の勉強目的は様々で、若い者は社会主義や共産主義に対する好奇心や憧れ、年長者は昔中国に住んでいた事への懐かしさや、またある者は中国の古詩や歴史小説、例えば「三国志」などに興味があり、原文の中国語で読みたいなどなど。今では中国語を習う目的は就職に有利な手段という事が増えたようですが、その時代の彼らは、中国が好き・中国を知りたいという純粋な思いで勉強をしていた方達でした。」

この記述は当時の中国語学習者の気分をよく表している。

私は教育学部国語国文学科を卒業した後、第一文学部中国文学専攻に学士入学した。中国文学専攻卒業後更に中国語研修学校に進むについては、少なからぬ勇気が要った。一番付き合いの多かったグリークラブの同期の多くが誰でもその名前を知っているいわゆる大企業に就職する中で、如何に好きとは言え就職もしないで中国語の勉強を続けることは、将来への不安との戦いでもあった。

そんな中で中国語の学習を続けることが出来たのは、「中国が好き・中国を知りたい」という思いと、将来何らかの形で中国と関わりのある仕事をしたいという希望があったからだと思う。

中国青年羽毛球代表団

一九七五年春、日中文化交流協会と日本バドミントン協会の受け入れで来日、各地で交流試合を行った。日中国交回復直後、中国は文革中ということもあって、「ピンポン外交」ならぬ「バドミントン外交」で、〝友好第一，比賽第二〟（友好第一、勝ち負けは第二）であった。中国選手に対しても温かい拍手がおくられ、非常に良い雰囲気の中で試合が行われた。三十年後の二〇〇四年、反日運動の中での重慶サッカー・アジアカップなど想像も出来ないことであった。日中文化交流協会から通訳兼世話係として派遣されたが、一応日中文化交流協会の代表ということで、プログラムに大会副委員長として名前を刷り込まれていた。

中国の選手が珍しく主審の判定に不服を唱え、試合が中断した。日本人の主審はもちろん中国語が分からない。中国人選手は主催者団体役員席に陣取っていた私のところに駆け寄り訴えた。どうもオーバーネットのことらしい。咄嗟のことでオーバーネットとかタッチネットとか中国語が思い浮かばない。その間、テレビカメラはずっと迫ってくる。頭が真っ白となった。なんとか身振り手振りで切り抜けたが、一生分の冷や汗をかいた。専門用語は事前に十分に学習すべし。

地方大会の歓迎宴の席上、私が主催者の通訳をした。しかし、私が通訳をしているにもかかわらず、中国青年羽毛球代表団の中国人通訳が団長の耳元で同時通訳をしているではないか。これを目にして私の通訳は更にしどろもどろとなってしまった。

ベースボールを「野球」という日本語に翻訳したのは正岡子規と同世代の人らしい。中国語では〝棒球〟という。ソフトボールは〝塁球〟、サッカーは〝足球〟、テニスは〝網球〟、バドミントンは〝羽毛球〟と、随分即物的な翻訳である。

同じ一九七五年の春、日中陸上競技大会が国立競技場で行われ、今度は中国語研修学校の同学と一緒に勉強のためにアテンド通訳をさせていただいた。ちなみに陸上競技は〝田径比賽〟と言う。〝田〟はフィールド、〝径〟はトラックを意味する。

中国報道界代表団

一九七五年五月、新華社朱穆芝社長を団長とする中国報道界代表団に十日間ほど随行した。

受け入れは日中文化交流協会が中心となり、朝日新聞、毎日新聞等新聞各社の記者が随行した。新華社は単なる中国の国営通信社ではなく外務省的機能も持っていたので、その社長は閣僚クラスであったから、表敬先として首相官邸、国会議事堂等も組み込まれた。私は弱冠二十四歳、中国語研修学校の学生であったが、日中文化交流協会のアルバイトとして随行員の一人に加わった。通訳は中国帰りの東海林洋子先生がされた。私は新華社代表団団員の身の回りのお世話、東京、根室、札幌、福岡、大阪、松山、名古屋の各地での交流会の見習い通訳が主な仕事であった。

二十四歳の若者が中国報道界代表団一行の随員として首相官邸や国会議事堂を訪問できたことは大変な光栄であった。首相官邸に三木首相を表敬訪問した時は、ああこれが公式会見する前、報道陣に撮影させるあの部屋だと思った。

国会議事堂に前尾繁三郎衆議院議長を表敬訪問した際、前尾衆議院議長が面談の部屋に入られる前に、朱穆芝社長に随行して来られた当時の陳楚駐日大使が私を見て〝真是個年軽〟(本当に若いですね)と話しかけられた。陳楚駐日大使は中華人民共和国の第一代の駐日大使であったが、随分訛りの強い言葉であった。当時一人でも多くの親中派を増やしたい中国は私のような若者でさえ大事に扱ってくれた。まだ文革中で、〝老壮青三結合〟(老年壮年青年三結合)というスローガンが叫ばれていた時代であったからかも知れない。

北海道の根室から北方四島を視察した時には、朱穆芝社長よりソ連の覇権主義に反対するとの発言があった。

代表団の中には、当時の文革の世相を反映してか、〝赤脚医生〟(裸足の医者)や地方通信員が含まれていた。この〝赤脚医生〟も今では死語となってしまったようだ。

警備も大変であった。羽田空港では機体の側まで出迎えの車が横付けされた。東京のホテルではエレベーターホールに近い部屋で刑事が一晩中警備にあたっていた。大阪に移動した時、親しそうに私に話しかけて来たのは大阪の公安であった。私のような若造の名前も随行メンバーということで連絡がしてあったようだ。公明党本部を表敬した際、トイレに寄っている間に団とはぐれてしまった私は不審者と見られ、数名の屈強の警備員に取り囲まれてしまった。

役得としては、NHKを表敬した時、スタジオ見学で役者さんの通訳を出来たこと。若き日の石坂浩二さん、それから歌手の桜田淳子さん。とても綺麗だった。

帰国後朱穆芝社長は失脚、便所掃除をさせられているとの報道があった。しかし、文革終結後、みごと文化部部長（大臣）として復活した。

日中文化交流協会

中国報道界代表団、中国青年羽毛球代表団の受け入れはいずれも日本中国文化交流協会という団体であった。文学者、演出家、作家、作曲家が中心となり日中間の文化交流、スポーツ交流を促進するために設立された民間団体で「文交」と呼ばれていた。事務所はJR有楽町駅のすぐそばの「有楽町ビルヂング」（ビルディングではなくビルヂングという表記になっていた）という古いビルに入っており、アルバイトの打ち合わせに何度か出入りした。当時、仏文学者の中島健蔵氏が会長をされており、文化人の出入りする自由な雰囲気で、協会職員には美しい女性も多く、まだ学生の私に対し丁寧に対応してくださった。

事務局長は白土吾夫さんという眉毛の濃い、どっしりとした感じの方で学生時代は柔道をおやりになっていたとのこと。いつも蝶ネクタイをしておられた。次長の村岡久平さんは中国報道界代表団アテンドの時にご一緒したが、学生時代はボクシングをやっておられたと聞いた。お二人とも酒豪で、特に村岡久平さんは久平というお名前の中国語の発音がピンインで〝jiǔpíng〟、酒瓶の中国語の発音がピンインで〝jiǔpíng〟とまったく同じことから、中国語を知る人からは〝酒瓶、酒瓶〟と呼ばれていた。この話を教えてくれたのは私の恩師森川和代先生だ。村岡久平さんはその後日中友好協会理事長として活躍された。

今でもＪＲ有楽町駅を利用する時、プラットホームからあの古いビルを見ることがある。四十年以上前のことを昨日のことのように思い出す。

一九七四年七月の上海雑技団来日公演のアテンド・見習い通訳は日中学院の先生の紹介によるものであった。見習い通訳にもかかわらず受け入れの日中友好協会（正統）本部からアルバイト料をいただいた。分不相応のアルバイト料でその年の秋、日中青年学生交流日本代表団の一員として初訪中する費用にあてることができた。

一九七五年春、中国青年羽毛球代表団と新華社代表団のアテンド・見習い通訳は中国語研修学校の先生が日中文化交流協会に紹介してくださった。

二十四歳の若者によく任せてくれたものだと思う。それだけ当時は中国語学習者が少なかったということか。首席通訳の神崎多實子先生や東海林洋子先生は当時一流の通訳者であった。私の事を大変可愛がってくださった。当時は中国に留学することなどかなわぬ時代であったが、留学以上の多くの事を学ぶことができた。

アルバイト

研修学校が私を推薦してくれ、中国報道界代表団、中国青年羽毛球代表団のアテンド通訳という貴重な経験をさせていただいたことを今でも大変感謝している。また、韓慶愈先生は、静岡県の造船所での新造漁船の引渡し、試験航海の通訳とか、広島県因島の造船所での乗船通訳など、色々なアルバイトを紹介してくださった。

研修学校とは関係ないが、中文タイプ教室の初級中国語の教師、ある会社に出向き常務さんに中国語を教える個人教授のアルバイトもした。

横浜山手中華学校

研修学校の授業の一環として横浜にある中華学校の授業を見学させていただいた。小学三年生の教室の壁には〝大母指〟（親指）、〝食指〟（薬指）等身体に関わる単語が大きく張りだしてあった。自分がこんな簡単な言葉も知っていないことに愕然とした。同時に、はたと気が付いた。十八歳で大学入学と同時に中国語の学習を始めたが、時恰《あたか》も中国は文化大革命、また大学の教科書として日常会話を十分に取り入れたものが整備されていなかった。教材としては毛沢東の〝老三篇〟などであったため、いきなり政治的、抽象概念の言葉から学び始め、日常会話それもきわめて基本的な小学校低学年で学ぶ親指、薬指等身体に関わる単語を学ぶ機会がなかった。

一方、中学三年生の世界史の授業「ローマ帝国の興亡」は、そのほとんどを理解することが出来た。

中国語研修学校昼間部十六期生で『文火』というガリ版刷りの小冊子を出していた。編集・謄写版《とうしゃばん》刷りは実質的に事務局のT氏が一人でやってくださった。一九七五年七月十五日付『文火』第三号に、私の新華社代表団アテンド、横浜山手中華学校参観の経験を掲載していただいた。先に書いたことと重複するが、その当時の私の実感がよく表れているのでここに紹介したい。

「中国報道界代表団随行記」

去る五月二十日、日中両国の報道界の友好・交流を一層深めるため、朱穆芝新華社社長を団長とする中国報道界代表団が来日し、東京をはじめ根室・札幌・福岡・大阪・松山・名古屋などを二週間にわたって友好訪問した。私は中国語研修学校から派遣され、いわゆる〝随行人員〟としてこの代表団に随行し、中国語学習の面ではもちろんのこと、学習以外の面でも実に多くの事を学ぶことができた。ここでは紙幅の関係もあり、学習の面に重点を置いて、今回の実践を通して感じたことを簡単に報告したいと思う。

私達日本の中国語学習者にとっては、レセプションにおける通訳よりも、日常生活に密着した事柄の通訳の方がはるかにむずかしいようだ。中国と日本の社会の仕組みの違いや批林批孔運動について話したり、また、一般的な外交上・社交上の言葉を通訳するのは比較的簡単なのだが、「エレベーターのボタンをちょっと押してください」、「ああ、間違いました。もう一階上ですね」などという、きわめて日常的な言葉の方がなかなかすんなりと出て来ない。政治的・文学的・抽象的なむずかしい単語は頭の中にたくさんつまっているのだが、少しはずれて農業や工業に関する用語や、「灰皿」、「鍵」、「胡椒」、「ツツジ」など、非常に具体的な日常用語の方は驚くほど知らないでいる。私自身もこの例にもれず、レセプションの通訳においてよりも、代表団の人々との日常生活の中で、より多くの知らない言葉や説明できない事柄にぶつかった。

先日、横浜山手中華学校を参観訪問した際、中学三年生世界史の「ローマ帝国の興亡」に関する講義は、そのほとんどを理解することができた。ところが、小学三年生の〝説話課〟では、〝大母指〟（親指）・〝食指〟（薬指）・〝中指〟（中指）・〝眼睫毛〟（まつげ）・〝眉毛〟（まゆげ）・〝耳孔〟（耳の孔）・〝脳門〟（おでこ）など、私自身文字を見ればわかっていても、実際の生活の中ではまだ活用できそうもない言葉がたくさん出てき、私を大いに驚かせた。思うに、私達の中国語には小学校で当然習っておくべき事柄・過程が完全に欠落しているのではあるまいか。実際、私の使ってきた教科書には上記のような日常的な会話や単語は非常に少なかったし、教室の中で耳にすることもほとんどなかった。学習は本来具体的なことから入ってゆくべきなのに、私達は反対に抽象的な事柄から入っていったようである。

このような私達に欠けている部分は、教室の黒板や本の上でよりも、多くは実践を通して補うことができる。また実践を通してのみ、自分に一体何が欠けており、何をどのように学習してゆけばよいかということを、より明確にしてゆくことができるのである。この点において、今回の随行の経験は、私にとって貴重なものとなった。

最後に、今回通訳として随行された東海林先生は、実践の中でいろいろと私を指導して下さり、また、日中文化交流協会の方々も私に通訳としての実践の機会を与えて下さったが、このような人々のあたたかい配慮や援助があったからこそ、二週間のきつい日程を愉快に頑張りとおすことができ、学習面でもいささかの成果をあげることができたのだと考えている。

身体に関する単語では、「睫毛」は中国語で何と言うのだろう、「爪」は中国語で何と言うのだろう、六十歳を過ぎても分からない単語がある。卒業後日中貿易専門の商社に勤務して四十年以上経つが、「睫毛」、「爪」が分からなくとも商談には困らない、とはいうものの中国語学習者としてはなんともバランスが取れていない。新入社員の頃、輸入部門からの依頼で中国代表団の通訳をしたが、空豆の中国語が分からなくて困ったものだ。空豆は〝蚕豆〟という。ちなみに枝豆は〝毛豆〟という。一九九〇年代、中国に日本料理屋が増えるに及んで初めて知った。そういえば枝豆の表面には産毛のような小さな毛がたくさん生えている。

とっさに〝公鶏〟(おんどり)、〝母鶏〟(めんどり)と言う単語が出なくて、〝男的鶏〟(男のにわとり）、〝女的鶏〟（女のにわとり）と表現し中国人から大笑いをされたことがある。私が接した中国の人達は、一生懸命中国語を勉強しようとしている私の失敗などを笑いはしなかったが、この時だけはどうにも笑いを押し殺すことが出来なかったようだ。幼稚園児でさえ知っている言葉を、大学を卒業した社会人が話すことができない。教材が毛沢東の〝老三篇〟であった時代に日本で中国語を学び、留学することもままならなかった時代にあっては致し方なかったのかも知れないが……。

ある時中国の代表団が来社、経験の浅い通訳がしきりに「おかべさまで」、「おかべさまで」と言う。前後関係から判断すると、どうやら「お陰様で」ということらしかった。この時は日本語を真剣に学ぼうとしている中国の友人に悪いとは思ったが、笑いをかみ殺すのに随分苦労した。

中国語研修学校を卒業して四十一年になるが、その後中国語研修学校のことはとんと耳に入って来ない。インターネットで検索しても出て来ない。中国研究所のホームページを調べると、「一九九二年七月中国語研修学校を分離」という記述が一行見つかった。中国語研修学校の同級生N君に聴くと、ＩＴ企業に買い取られたが、その後経営不振となり、二〇〇〇年代の中頃中国語研修学校はたたんでしまったとのことである。

あれだけ志を持った若者が集まった、特色ある学校がなくなってしまったことは、如何に時代の流れとは言え、哀しい限りだ。

六　会社

（一）入社（一九七六年四月）

一九七四年十月、中国文学専攻四年生の時、念願かなって日中青年学生交流日本代表団の一員として初めて訪中した。一九七五年四月、大学卒業と同時に中国語研修学校昼間部に入学、中国語を勉強しながら日中文化交流協会などに出入りし、中国の来日代表団の見習い通訳のようなアルバイトをさせていただいた。卒業後も中国と関わり合いのある仕事に就きたいと考えるようになった。しかし、一九七二年九月に日中国交回復はなったとはいうものの中国は文化大革命の真っ最中、政治的にも、経済的にも、文化的にも日中間の交流はきわめて限られていた。中国と関わり合いのある仕事と言っても、私に考えられるのは中国語の教員、マスコミ、日中貿易専門商社、日中専門の旅行社くらい。大手企業は中国要員の本格的な採用はまだ始めていなかった。

迷っていた時に思い出したのは、一九七二年秋、日中学院別科に通い始めた頃の〝同学〟(同級生)。その当時〝友好商社〟と呼ばれていた日中貿易専門商社の社員で、会社の仕事が終わった後、夕食もとらないで日中学院夜間部に通って来た。疲れか時には眼を充血させながら熱心に勉強していた。話を聞くと大学の先輩でもあった。こんな熱心な社員のいる会社はきっと良い会社に違いないと、入社試験を受けることにした。

受験した会社は、中華人民共和国成立後間もなく国交のない状態の中で日中貿易を開拓して来た日中貿易の専門商社であった。業界では一番歴史が古く、零細企業が中心の日中貿易専門商社の中では会社の規模も大きかった。百数十名の従業員の中には、中国で育った日本人引揚者、ほぼネイティブランゲージの社員が十数名、日本の大学や中国語専門学校で中国語を学んだ若手社員が三十名くらいいた。

当時、中国政府の「周四原則」により、大手総合商社は直接中国と取引をすることが出来なかった。大手総合商社はいわゆる「ダミー商社」経由で中国との取引をせざるを得なかった。そういう意味で会社は当時の日中貿易業界では最大手であり、社長は日中貿易の促進を目的に設立された経済団体である日本国際貿易促進協会の副会長の要職も兼務し、文字通り業界の旗振り役であった。

その創業社長は八度も周恩来総理の接見を受け、一九七五年の最後の会見は周恩来総理の入院先の病院で、周総理が生前会談した最後の日本人となった。

そういう事情を知らない故郷の母に就職内定を報告したところ、東京の大学にまでやった息子が名前の知らない会社に就職することを再考するよう、「寄らば大樹の陰」という言葉もあるではないかと長い手紙を寄越した。

一九七六年四月、友好商社に入社。入社した一九七六年は中国にとって大激動の一年となった。

一九七六年一月八日、周恩来総理逝去。中国語研修学校の教室で陳文芷先生が泣きながら報告された。中国人の周総理に対する敬愛の念の深さを知った。

一九七六年四月五日、第一次天安門事件。入社してすぐであったが、その当時は中国に関するマスコミ情報はきわめて乏しく、私には大事件として認識することができなかった。真相が良くわからなかった。

一九七六年七月二十八日、唐山大地震。北京新僑飯店に駐在していた北京出張員もテント生活を余儀なくされ、やがて帰国。その若手の、しかも独身イケメンの北京出張員T先輩が本社に出社した日、女子社員を中心に拍手と大歓声が沸き上がった。翌一九七七年九月私自身が吉林出張の際、唐山駅を通過したが、車窓から見た夕暮れの唐山の街は、工場の天井は落ちたままで、一年以上経過したにもかかわらず、まだ復興に手がついていないような状態であった。一九七九年天津に出張した時も、唐山地震の後作った仮設のレンガ造りの家がまだ残っていた。街のあちこちに白い消毒薬が散布されていた。

一九七六年九月九日、毛沢東主席逝去。当時の赤坂の本社事務所に夕日が入り込む時刻、逝去のニュースが社内に流れた。

一九七六年十月六日、四人組逮捕。

入社後配属されたのはプラント部。入社の四年前一九七二年十二月、会社は三十万トンエチレンプラント輸出契約を受注し、プラント部は中国からの実習生の受け入れ等で忙しい時期であった。このプラント契約は日中国交正常化後初の大型プラント輸出であり、しかも日本輸出入銀行融資適用第一号の日中貿易にとって記念すべき契約であった。

しかし、一九七六年の中国は前に述べたように劇的な政変の一年となり、日中貿易はきわめて低調であった。新入社員の私に命じられたのは、将来に備えてプラント専門用語の単語帳を作ること。そして中国の貿易公司に送付するカタログ・資料の整理。メーカーから集めたカタログを右から左に郵送するわけには行かない。「周四原則」の時代だけに、カタログの納入実績表に中華民国、大韓民国という国名表記がないか入念にチェックする。もし、あった場合は電動消しゴムで消す。二十五歳になったばかりであったが、憧れの中国出張どころか、電動消しゴム、カタログ整理、将来に備えた単語帳作りの毎日に、これでいいのか知らんと焦り始めた。

この「周四原則」について、わが社の社史は次のように説明している。

一九七〇年（昭和四十五年）四月十五日周恩来総理は日中友好団体と会見さらに十九日覚書貿易代表団と会見、日中貿易を進める上での対外貿易四原則、いわゆる周四条件が発表された。即ち中国の対外貿易四原則は、（一）南朝鮮、台湾を助けようとしているものとは貿易できない、（二）台湾、南朝鮮の企業に投資しているものとは貿易をしない、（三）ベトナム、ラオス、カンボジアへの米国の侵略戦争のために武器を送っているものとも貿易をしない、（四）日本における米系合弁企業とも貿易をやる意志はない。

長い引用となったが、一九七二年九月国交が回復したとは言うものの、一九七六年になってもまだこの周四原則は生きていた。一九七六年は政治的に大激動の一年となり、日中貿易の見通しもますますつきにくくなり、ついに中国語堪能な社員も含めて数名が国内商社である親会社に出向することになった。私は入社して半年も経たない内にプラント部から業務部というセクションに配転となった。

業務部ではもと通商産業省審議官をしておられた常務取締役をトップに、日中関係諸団体との連絡、情報収集、新規商品の開拓等を行っていた。私は日本国際貿易促進協会を通して取引メーカーの技術交流を中国国際貿易促進委員会に提案する仕事を命じられた。日本国際貿易促進協会は当時藤山愛一郎氏が会長を務めておられた。友好商社、メーカー、海運会社、旅行社を中心に組織された民間の日中経済団体で、日中友好運動、日中貿易の促進を担ってきた。現在の会長は元衆議院議長河野洋平氏。

当時は東京駅近くの「日本ビルヂング」に入っていた。技術交流用のカタログ・資料をダンボールにつめ、よく通った。当時の日本国際貿易促進協会の幹部、職員の人々に、次代の日中貿易を担う若い世代を育成しようというような温かい視線を感じた。日中貿易の促進のみならず、貿易を通して日中友好の味方を増やして行こうという雰囲気が濃厚であった。

日本国際貿易促進協会とは別に通商産業省が肩入れした日中経済団体として日中経済協会という団体がある。日中国交正常化直後の一九七二年十一月に設立された、どちらかというと政府の支援を得た、大手企業、大手商社を中心に組織された経済団体であるが、友好商社の代表格としてわが社は副会長会社として名を連ねていた。

ある日、上司の常務取締役の名代として当時青山一丁目にあった日中経済協会の会合に出席した。会議のテーブルには、哲学者谷川徹三氏、財界人岡崎嘉平太氏、元駐英大使・衆議院議員松本俊一氏等、錚々たる方が並び、その同じテーブルに二十六歳の若造がちょこんと着席した。誰がどのような話をしたか覚えていないが、年老いた谷川徹三氏の眼が炯炯として光っていたこと、白髪の岡崎嘉平太氏の柔和な笑顔、それから広島県呉市の同郷にあたる松本俊一氏と帰りのエレベーターの中で一緒になり、話しかけようとして緊張のあまり声がかすれて声にならなかったことが思い出される。

常務取締役のお供で、「親中派」自民党代議士で日中友好議連会長を務めた古井喜実氏のパーティーに参加させていただいたりもした。

非常に貴重な経験をさせてもらいながら、日中貿易を志し入社したにもかかわらず、中国語を使うチャンスもなく、また営業の第一戦から遠い仕事に、いらいら悶々としていた。業務部には社内の商業通信文を中国語に翻訳する人がいたので、その中国帰りの先輩から翻訳上のコツを教わることにより、中国語を錆付かせないように努めた。

山崎豊子さんの著作に『大地の子』という小説がある。

日中共同制作によりドラマ化され、一九九五年末NHKで放送された。私は原作は読んではいないが、このNHKのドラマを見て涙した。わが社の新中国から引き揚げてきた先輩の中には、山崎豊子さんから直接取材を受けた人がいた。先輩はあまり過去の事は話題にはされなかった。私の入社した一九七六年当時、新中国から引き揚げてきた先輩は十数名いたが、業界の日中共同商談や訪中代表団の通訳としても、重要な役を会社で担っていた。

会社は中国人の先生をお招きして中国語の授業を設けてくれた。始業前及び夕方六時からの張乃方先生の学習会に多くの若手社員が出席した。しかし、中級をターゲットにした授業であったので私には物足らず出席しなかった。今にして思えば私の思い上がりも相当なものであった。その代わり張乃方先生を囲む飲み会にはよく参加させていただいた。折角自ら志願して入った会社なのに中国に出張するチャンスもなければ、貿易実務を勉強するチャンスもないことを、酒を飲みながら中国語で相談した。張乃方先生は〝大人〟の風格のある方で、辛抱強く聴き辛抱強く答えてくださり、少し元気が出た。課外授業の学生ということになろうか。

会社には中国が好き、将来何とかして中国に行きたいという若者が集まっていた。毎週月曜日朝八時から有志による中国現代小説の講読会をやっていた。文革時代とてプロパガンダ臭の強い小説で、内容はあまり面白くなかったが、中国理解と中国語の勉強のためと割り切った。私より四年先輩のM氏が講師となって、四～五名でやっていた。前日の日曜日は武蔵小金井の独身寮で辞書を片手に下調べをした。M氏のように中国のことを貪欲に勉強しようという熱心な先輩がおられたこともあり、会社を辞めることもなく中国との関わりを続けて来られたのだと思う。

武蔵小金井の独身寮は木造モルタル二階建て、部屋数は十八室くらいだったと思う。安普請で友人が遊びに来た時など決して自慢できるような建物ではなかったが、寮母さんは戦前北京で生活されていたこともあって中国のことに理解があり、おまけに同じ広島県出身ということもあって、大変可愛がっていただいた。

ある土曜日、部屋でぼんやりしていると、会社の野球部のメンバーから電話が掛かってきた。メンバーが八人しか集まらないので試合が成立しない、なんでもよいからとにかく大至急来てくれとのこと。小学生の頃、三角ベースで遊んだことはあるが、中学、高校と野球をやったことはなかった。ユニフォームもないので一人トレーナー姿で飛び入り参加することになった。

案の定エラーをするわ、ぶざまな姿をさらすことになったが、試合後ビール片手にワイワイやっていると、下手は下手なりに野球の楽しさが少し分かるような気がした。その日を境に、独身寮の庭でキャッチボールをしたり、玄関の姿見の前で素振りをしたり、先輩の助言をもらいながら少しずつ工夫をするようになった。そのうち自分の名前の入ったユニフォームを支給してもらい、生まれて初めてスパイクを履くに及んで、だんだんと野球の試合を心待ちするようになってきた。

試合の相手は同業他社、得意先メーカー、取引銀行等であった。日中貿易が低調で中国に出張するチャンスもなく、職業の選択を間違ってしまったのではとの少しくさった気持ちを、野球に興じることにより一時的に忘れることができたのかもしれない。

会社にも独身寮にも野球部にも、中国に志を持つ先輩や同僚がいたから、会社を辞める事もなく中国との関わりを続けることができたのかも知れない。

(二) 初めての中国出張 (一九七七年九月十二日～十月十二日)

入社後一年半、やっと中国出張のチャンスが到来した。吉林省吉林市の合成ゴムプラントの詳細設計会議で通訳を担当することになった。

一九七四年十月十六日の日中青年学生交流日本代表団の一員としての初訪中以来三年ぶり、入社後初めての業務渡航とあって大いに緊張した。一九七四年十月瀋陽、大連を訪問した時、東北地方は既に大変な寒さで〝綿大衣〟(ぶ厚い綿入れのコート)をお借りしたものだ。その時の印象が非常に強く残っていたのか、また瀋陽より更に北に位置する吉林はもっと寒いに違いないとの思い込みからか、九月十二日羽田空港を飛び立つ時にはしっかりと長袖の下着と厚手のズボン下を着込んでいた。ところが九月十二日の東京はまだ残暑厳しい季節、羽田から飛び立つ前にべとべとに汗を掻いてしまい、機内の空調に今度は体がすっかり冷えてしまった。

同行するメーカー、エンジニアリング会社の技術者総勢二十数名、北京空港に到着後、出迎えの中国技術進出口総公司の方と北京駅に向かう。設計図・資料の段ボールだけでも四十箱くらいはあったろう。それを事前に託送手続きするためだ。翌日、夜行列車で吉林に向かった。夕方、地震で崩壊した唐山を通過した。

吉林での詳細設計会議では電気グループの通訳を担当した。日本側は三十歳前後の若手の技術者、中国側は四十歳前後の女性技術者と男性技術者。最年少の二十七歳の私が通訳をする。電気は眼に見えないので通訳が難しい。口頭だけで電気回路を説明されると、もう頭に血が上ってしまう。必ず設計図を前に、設計図を指し示しながら説明してもらい、なんとか通訳をこなした。

ある日、中身は忘れてしまったが、中国側の執拗な質問に日本側の技術者が声を荒げてしまったことがあった。私は少しソフトに通訳したつもりだったが、翌日の電気グループの分科会には開始時間が過ぎても中国側技術者が現れない。「日本側の態度が友好的ではない」との理由によるものであった。中国の人は謙虚に見えるがプライドはきわめて高い。日本側総代表と中国側総代表が間に入ってやっと和解した。

詳細設計会議の会期半ばで十月一日の国慶節を迎えた。今日は国慶節のお休みなので公園にお連れしましょうと、マイクロバスに乗せられた。着いた公園にはわれわれを歓迎するために動員された人々が鉦《かね》や太鼓を鳴らし〝熱烈歓迎！熱烈歓迎！〟と、歌と踊りで歓迎してくれた。日本側技術者二十数名、まったく予想しなかった事態にびっくり、中国式の歓迎に面食らってまるで刑場に引かれる囚人のように俯いてしまった。私は何度かこのような中国式歓迎の洗礼を受けたことがあるので、列の後ろから「お客様は神様です。三波春夫！三波春夫！」と声を掛けた。やっとはにかみながら拍手で中国式に挨拶を返した。

プラントの納入先は吉林化学工業公司。吉林市は吉林化学工業公司の企業城下町。吉林化学工業公司の肝いりで吉林市の国慶節祝賀行事に、吉林市に居合わせた唯一の〝外賓〟として招待されたのだ。一九七七年と言えば戦後三十二年が経過していたが、旧満州吉林の人々はどのような気持ちでわれわれ日本人を見たのだろう。一応歓迎の拍手を受けたが、その目は心から笑ってはいなかった。

宿舎はホテルではなくプラントサイト近くの招待所、当時はカラオケのような娯楽施設などあろうはずもない。夜は中国映画の映画会。日曜日は近隣の朝鮮族人民公社の見学、魚釣り、バレーボール・卓球のスポーツ大会ときわめて健康的な日々であった。しかし、唯一私を悩ませたのはご飯の中の石。中国の東北米は美味しかったが、精米技術が十分でなかったのか、何ヶ所も歯を痛めてしまった。

帰国後、赤坂見附の本社の裏手にある大畑歯科医院に飛び込んだ。大畑先生はご夫婦で開業されており、それ以来四十年近くずっとお世話になっている。ある時は中国から国際電話で診療の予約をしたりもした。先生は書道家でもあり、漢詩をよく書かれている。一度漢詩の中国語の朗詠を教えてほしいとのご依頼があり、ある日事前に時間と教材を決め、診察室でご進講申し上げた。

中国側には多分日本が侵略時代に日本語を習得したと思われる格調高い日本語を喋る通訳がおられた。仕事を終えてのビール一本を楽しみにされている温厚な人だった。もう一人は大学を卒業したばかり、しかし文革で少々寄り道を余儀なくされたのか三十歳を少し超えた通訳。文革時代の空白を取り戻すかのように貪欲に日本語を勉強していた。仕事の合間に交換教授をしたが、彼から教わったのが〝一陣秋雨一陣涼〟(秋雨が降るたびに一雨ごとに寒くなる)という言葉。十月九日、吉林を離れる頃には長袖の下着と股引《ももひき》の用意が正しい判断であったことを知った。中国の東北の冬は早い。

吉林での業務終了後北京経由帰国の際、中国技術進出口総公司のアレンジで毛主席紀念堂を〝参拝〟させていただいた(〝参拝〟という中国語には違和感を感じたが)。一九七六年九

毛主席紀念堂参拝の後、人民英雄紀念碑の前で。
人民英雄紀念碑の向こうが人民大会堂。

月九日の毛沢東の死から一年も経たない内に完成した毛主席紀念堂に参拝するため長蛇の列をなしている人々はほとんどが人民服。アテンドしてくれた中国技術進出口総公司の美人通訳もお下げに人民服であった。四人組逮捕から一年が経とうとしていたが、まだまだ文革当時の重くるしい雰囲気から抜け出てはいなかった。まだまだ緊張感を引きずっていた。当時は華国鋒が主席の時代で、鄧小平が改革開放政策を発表するまでまだ一年以上の月日を必要とした。

来日実習組の通訳（一九七八年三月～五月）

プラントの操業、メンテナンスを研修するため、吉林化学工業公司の実習組が来日。私は日本合成ゴム鹿島工場、四日市工場でそれぞれ一ヶ月間アテンド、主に技術通訳を担当した。

一九七八年当時は成田空港建設反対運動がまだ続いていて、投宿していた鹿島のホテルに爆弾を仕掛けたとの情報に、実習組の中国人と一緒にホテルから一時避難する場面もあった。

文化大革命は既に終息したとはいうものの政治的にはまだ厳しい時代、実習組の人達は休日にはホテルの一室に集合して短波ラジオで中国の放送を傍受し政治学習をしていた。実習組の人達は私と目が合うとにこっと笑って少しうんざりという風情で〝学習〟と呟いた。日曜日、実習組と四日市の町を散歩する時には、地元警察の私服刑事二人が警護と称して一緒に歩いてくれた。

ある日、通訳のため球形タンクに登ることになった。球形タンクの頂上に向けて螺旋式の階段を上る。やっとの思いで球形タンクの頂上に辿り着いた。パイプの防護柵があるにはあるが、高所恐怖症の私にはなんとも心許ない。手のひらがじっとりと汗ばんできて、心臓がドキドキする。早く引き揚げたいと念じたが、こういう時に限って日中双方の技術者はしっかりと時間をかけて熱心に技術交流をする。

四日市工場では実習組のために、お茶の入った魔法瓶と白湯の入った魔法瓶を用意してくれ、女子社員が魔法瓶に「茶」と「湯」という張り紙をつけてくれた。ところが「湯」の張り紙の魔法瓶からはスープではなく、白湯が出て来て大笑いとなった。ちなみに中国語で

〝湯〟とは白湯ではなくスープのこと。〝湯麺〟（タンメン）の〝湯〟と言えば日本人にも理解し易いかも知れない。

（三）初めての北京駐在（一九七八年五月二十六日～十一月二十二日）

一九七八年に入ると日中貿易は少しずつ上向きはじめ、来日実習組のアテンド業務を後輩のI君に譲り、五月二十六日長期駐在のため北京に向かった。長い反対運動の末、成田空港が開港したのが五月二十日。開港後一週間ほどしか経っていなかったので、成田空港までどのように行けばよいか分からなかった。会社の総務部の担当者Oさんと旅行社の方がわざわざ箱崎シティーターミナルまで見送ってくれた。

私が搭乗したのは中国民航のジャンボジェットで、北京からのチャーター便の帰り便であった。乗客は僅か五名だったので、すべて最前部のファーストクラスに押し込められた。スチュワーデスは人民服のような紺色の制服におかっぱ頭（短髪）。ドリンクは〝茶水〟（お茶）を所望したところ真鍮製の大きなやかんで注いでくれた。そのジャスミン茶を飲んだ瞬間から私は中国バージョンに変換した。

新僑飯店

北京事務所は北京市崇文門の新僑飯店の四階の一室にあった。当時、中国政府は外国企業の事務所設置を認可していなかったから、日本企業の多くは新僑飯店、北京飯店の部屋を長期に借りて連絡事務所としていた。北京市内には外国人の宿泊できるホテルは北京飯店、民族飯店、友誼賓館、前門飯店、華僑大厦それから新僑飯店の六軒くらいしかなかった。まだ、自由に観光目的等で渡航できる時代ではなかったので、訪中団は北京飯店、民族飯店、前門飯店、長期滞在の技術者、教師、研究者は友誼賓館、華僑は華僑大厦、われわれのような商社員は新僑飯店、北京飯店という住み分けであった。

会社の駐在員は五名、すべて事務所と同じ新僑飯店に投宿した。職住接近である。一番の職住接近は事務所の隣の部屋となった私。八時三十分の始業に、八時二十五分に自室を出れば十分であった。まだ、ローカルスタッフや運転手を雇用することは出来なかった。事務所としている部屋にエアコンはなく、一日二元でホテルから扇風機を借りていた。後に中国政府が外国企業の常駐代表機構開設を正式に許可したのは一九八〇年十二月。認可第一号はわが社で、事務所を民族飯店に開いた。

初めての駐在なので絵葉書を買い込んで両親や友人に送った。その絵葉書の中に故宮、八達嶺、明の十三陵という観光地シリーズとは別に、〝北京十大建築物〟というのがあった。記憶を辿ると、〝北京十大建築物〟とは人民大会堂、歴史博物館、軍事博物館、工業展覧館、北京駅、民族文化宮、電報大楼、北京飯店、民族飯店それにこの新僑飯店であったように思う。そういえば一九七八年当時、建物の高さ、大きさからすると、この〝北京十大建築物〟以上のものはなかった。北京飯店の高層階（せいぜい十階くらい）からは北京市内を一望できたし、晴れた日には燕山山脈を遠望できた。あれから四十年近くが経過して、今や高層ビルが林立し、北京の市街は見違えるようになってしまった。新僑飯店は増改築し、外国と合弁で新僑諾富特飯店となっている。

最近読んだ『中南海』（稲垣清著、岩波新書、二〇一五年四月二十一日第一刷発行）の中に北京十大重要建築物に関する記述があった。中華人民共和国設立十周年を記念して建築され、一九五九年に完成した建築物であり、人民大会堂、釣魚台国賓館、軍事博物館、歴史博物館、北京駅、工人体育館、全国農業展覧館、民族文化宮、民族飯店、華僑大厦を指すとの説明。私の記憶と四ヶ所違っている。確か新僑飯店、北京飯店も絵葉書に含まれていたと思うのだが、それは十大建築物とは別の絵葉書シリーズであったのかも知れない。もう四十年近く前の話である……。

談判大楼

中国技術進出口総公司、中国機械進出口総公司等のいわゆる国営貿易会社は北京の西北にあたる西郊二里溝というところに集中していた。これらの中国対外経済貿易部傘下の国営貿易会社との商談はすべて二里溝の〝談判大楼〟で行われた。駐在員の仕事は毎朝八時三十分各公司に電話をかけまくりアポイントを取ることに始まり、二里溝の〝談判大楼〟に日参するのが主たる任務だ。〝談判〟というと日本語では談判決裂とか直談判とかよい意味には使われない。ハードネゴシエーションをイメージするが、中国語では商談というほどの意味だ。〝談判大楼〟とは商談ビルとでも訳すべきか。

その〝談判大楼〟の〝伝達室〟（受付）には名物おばさんがいた。自分の会社名を名乗り面談相手の中国人の名前を告げると、何も見ないですぐに面談室の部屋番号を教えてくれる。その速くて正確なこと。事前に各公司から来る面談室の予約を台帳に記入しておいて、記憶してしまうのだろう。

通常面談室での商談には、当方が一人であっても、公司側は必ず二人出て来る。二人とは先輩と後輩の関係であったり、主担当と副担当であったり、時には担当外と思えるような人であったり、とにかく、面談室で一対一で商談することはなかった。おそらく外国人と一対一で接触し、問題が発生することを牽制するためだったのだろう。

どこの国でもそうだと思うが、いきなり商談に入ることはない、白い上っ張りを着た〝服務員〟がジャスミン茶と魔法瓶を運んでくれる。乾燥している北京では水分の補給は欠かせない。先ずジャスミン茶をいただきながら時候の挨拶から入る。当時二十八歳になったばかり、中国語を一生懸命話し中国のことを何でも吸収しようとする日本の若者に好感を持ってくれたのだろうか、商談の本題に入る前に、私の中国語修行のための無駄話に随分付き合ってくれた。

〝談判大楼〟にはエアコンは入っていなかった。八月の一番暑い時には、窓を開け放し扇風機を回していた。背の高いポプラの葉が風に擦れ合う音が聞こえてくるが、立秋を過ぎたとはいうものの一向に涼しくならない。八月の北京の暑さを話題にしていると、公司の人から〝一伏〟、〝二伏〟、〝三伏〟、〝秋老虎〟という言葉を教えてもらった。〝秋老虎〟とは直訳すると秋の虎だが、残暑の厳しさを意味する。残暑の厳しさを猛々しい虎に例えている。中国人は今でも二十四節気をとても身近に感じながら生活しているのだなと感心させられた。


談判や今日の枕は秋老虎（チューラオフゥー）

公司の人達は未熟な私を大変可愛がってくれた。また、二十八歳になったばかりの若造を〝常駐代表〟と呼び、敬意を払ってくれた。会社の大小や年齢を問わずお互いを尊重するという雰囲気があったればこそ、北京駐在の激務を乗り切ることができたように思う。文化大革命が終息したばかり、鄧小平が改革開放政策を発表する前の時期、公司の職員は女性も男性もまだ人民服を着用していた当時、お互いに一定の懸隔を保ちつつ、緊張感の中で心の交流をすることが出来たように思う。「君子の交わりは淡きに如かず」、か。

ある時、「高橋さんは〝欽差大臣〟なのだから、ポケットにはもっと大きな値引き代《しろ》があるでしょう?」と、自尊心をくすぐるのもお上手であった。最初は何の話をされているのか分からなかったが、「林則徐」の名前を聞いて、やっと意味が呑み込めた。「あなたは全権大使なのだから……」と持ち上げると同時に、「少しも権限が無いのね……」と少し皮肉を込めている。

この〝談判大楼〟の一階には大きな待合室があったが、競争相手の各社の動きを探る上で、重要な情報収集の場でもあった。競争相手の商社・メーカーが来ているか、公司の誰とアポイントしているか網を張る。

その中で笑わん殿下と私が勝手に綽名をつけた、かなり年長の人をよく見かけた。一緒に仕事をする機会がなかったから、お名前も会社名も分からずじまいであったが、中国語が堪能であることは分かっていた。

二十年後の一九九八年、香港で駐在員生活を送った時、太古城のマンションのそばの居酒屋でこの笑わん殿下とよく似た方をお見かけするようになり、一夕勇を鼓してお声をかけた。果たして〝談判大楼〟の一階待合室で私と同じように網を張っていたあの人だということが分かった。メーカーの香港支店長をされており、一九七八年当時の私のことをよく覚えていてくださった。

その後何度か同じ居酒屋でお会いしたが、お互いに家族帯同でお会いした時に、初めてその笑顔を見た。

接待単位

私の駐在の〝接待単位〟（受け入れ機関）は中国技術進出口総公司。大型プラント設備の輸入業務を担当する国営貿易会社であった。中国技術進出口総公司第五業務部が私のインビテーションを発給してくれた。その後北京滞在中のビザ延長手続き、外国人旅行証の取得手続き等で身元保証人的役割を担っていただいた。この第五業務部は外国人技術者（スーパーバイザー）の受け入れを行う部局で、中国のプラントサイトでスーパーバイジングの仕事をする技術者を受け入れる。中国には〝専家局〟（専門家局）という外国の研究者、翻訳家、教員、技術者等の専門家を受け入れる部局があり、私は〝専家待遇〟をいただいた。専門家待遇とでも訳すべきか。具体的には普通の〝商人〟とは違い、専門家と同じように免税を享受することが出来た。

この第五業務部の私の受け入れ担当は張継平氏という三十五歳ぐらいの若手で、とても気さくなお人柄であった。文革が始まる前に大学を卒業された、学生時代はまだ落ち着いて勉強することのできた世代で、日本語はお上手であった。北京駐在の半年間大変お世話になった。

電報大楼

本社との通信手段は、航空郵便、国際電報、国際写真電報、国際電話であった。また、〝電報大楼〟（電報ビル）まで出向きテレックスを発信するという方法もあった。

当時中国では〝碼電〟を使用していた。漢字一文字を四桁の数字で表記する、四桁数字の暗号電報と考えたら分かりよいかも知れない。本社の新入社員が出勤して先ずやることはテレックス室に自分の部のテレックスを取りに行き、電報或いはテレックスの〝碼電〟四桁数字を〝碼電簿〟片手に漢字に直し上司に提出することであった。駐在中北京から中国国内に電報を発信する時は、先ず中国語の電報原稿を作り、〝碼電簿〟片手に四桁の数字に置き換え、その四桁数字を電報用紙にタイプで打ち込み電報局に持って行く。電報局のお嬢さんはその四桁の羅列を見て、時に誤りを指摘する。四桁の数字の羅列を瞬時に頭の中で中国語に置き換えることができるのだ。どういう頭の構造をしているのだろう、随分感心したものである。

電報には *ORDINALY* とか *URGENT* という区別があったが、電報を発信して回答が帰ってくるまでは一日以上かかった。国際電話の申し込みをしても電話がつながるまで一時間も二時間もかかった。また、この国際電話がよく聞こえない。聞こえない時は机の下に潜り込んで大声で叫んでいた。不謹慎だがこの国際電話がよく聞こえないことを玉音放送などと言っていた。北京から本社に球を投げて回答が帰ってくるまで時間がかかったから、その間はひとまず精神的に休息することが出来た。

当時世界的にテレックスは普及していたが、北京では外国企業が事務所としているホテルの部屋にテレックスを設置できるような時代ではなかった。テレックスを発信するためには〝電報大楼〟に行き、先ずテレックス原稿をもとに鑽孔《さんこう》テープを作成し、テレックスブースに入って回線をつないでもらって送信する。深夜眠い眼をこすりながら〝電報大楼〟に行き、テレックス鑽孔テープを作成し、それを発信し終わって事務所に帰り着くのは、時には午前一時、二時になった。これでは体が持たない。そこで中国製のテレックスマシンをリースで借りて事務所でテープ鑽孔用として使うことになった。今でもよく覚えている。中国製ブランド名は〝海鴎牌〟。とてつもなく大きな音の出るやつで、新僑飯店の事務所の部屋から廊下に反響しまくった。後年、一九八〇年代に入ってこのテレックスを鑽孔用としてではなく本来のテレックス送受信用として使用できるようになったが、上海和平飯店にあった上海事務所ではあまりの音の大きさに他の宿泊客への迷惑を考え、ホテルのクローゼットの中に押し込め、狭いクローゼットで汗を拭き拭き悪戦苦闘したものである。

中国の通信手段の発展の速度は非常に速い。一九八四年頃からＮＴＴの中古クロスバー電話交換機の中国への船積のお手伝いをしたことがあったが、中国ではその後携帯電話が爆発的に普及した。日本の二十六倍の国土を持つ中国では、固定電話より携帯電話のほうが利便性が高い。電報、テレックスはとっくに淘汰されてしまった。その後、東京本社と中国各地の事務所との電話、ファックスは専用回線で結ばれた。現在では更にインターネットで結ばれ、即時の通信が可能となった。電話も音質が格段によくなったので、相手の息遣いまで聞こえてくる。更に東京や北京を離れていても携帯電話がある。ピンポン玉を打ち、跳ね返ってくるスピードがあまりに速くなったので、返事を待つ間、頭を整理し精神的に休息する時間などなくなってしまった。おまけに携帯電話はトイレまで追いかけてくる。容赦はしない。人間、なにかを獲得したら、なにかを手放さざるを得ないのだろうか。

通信手段の発展にともない、国際電話料金もだんだん安くなってきた。昔は通信は基本的に文書で、レター、電報、写真電報、テレックスであった。問題点を整理し、簡潔に書け、国際電話を使用する時は事前に要点を整理しておけと指導を受けたものだが、最近社内を見渡すと随分冗長な電話が目立つ。意思疎通を正確且つ深いものとするためには、相手の反応を聴きながら肉声で話すことは大切だが、あまりにも電話に頼りすぎてはいないだろうか。

一九七八年の北京事務所にはコピーマシンはなかった。英文見積書はカーボンを何枚か敷いて手動タイプで打っていた。私は入社してから来日団のアテンド、技術通訳等の業務が主で、見積書をタイプしたりというチャンスはほとんどなかった。いきなり北京駐在となり大変苦労する羽目になった。A４一枚の見積書をタイプするのに、日曜日の午後三時間もかかってしまった。おまけにカーボンである。打ち損じると練り消しゴムで何枚も消し、修正しなければならない。修正液とコピーマシンがあればどんなに楽であったろうか。しかし、苦労の甲斐あって帰国する頃にはかなりの早打ちとなった。若さで乗り切れることって結構あるものだ。

駐在員の一日

朝は八時半に出勤、すぐに公司とのアポイントを取り始める。電話の受話器は日本の戦前のドラマによく登場するダイヤル式の黒いやつだ。ずしりと重い。よく聞こえないので大声で話す癖がついてしまった。お昼は正午から午後一時三十分までが昼休み。なぜ昼休みがこんなに長いのか。ひとつには公司の職員が公司近くのアパートに昼食に帰るから。もうひとつは中国の農村の昼寝の習慣であった。特に暑い夏には昼寝は欠かせない。エアコンのない当時、中国大陸の内陸性気候の北京にあっては真夏は暑くて熟睡できない。新僑飯店の自室にもエアコンはなかった。確か一日二元だったたか、お金を出せばホテルから扇風機を借りることができたが、若かった私はひと夏を扇風機なしで過ごした。われわれ駐在員も昼食は二、三十分で済ませ自室で三十分ほど昼寝。この三十分の昼寝がなければ駐在の激務を乗り切ることは出来なかったと思う。

午前、午後は公司とのアポイント、メーカーのアテンド、北京空港への送迎で終わってしまう。夕食後事務所に出勤し、本社へのテレックスや写真電報を作成する。時には公司との宴会終了後始めるものだからテレックスの原稿書き、テレックステープの鑽孔作業が終わるのが夜中の十二時頃となる。このテレックス鑽孔テープや写真電報を持って、新僑飯店〝車隊〟の当直のタクシー運転手を起こして〝電報大楼〟に向かう。夏の長安大街は夜散水車が散水する。タイヤが水をはじく音を聞きながら深夜の天安門広場を通る。車も人もほとんどいない。〝電報大楼〟で発信手続きを済ませホテルに帰着すると午前一時をまわっている。事務所でウイスキーの酒盛りが始まる。器用なM先輩が自分で作った松前漬けを振舞ってくれる。午前二時過ぎ自室に戻り泥のように眠る。こういう生活を続け酒がめっぽう強くなった。扇風機も必要なかった。

時折、夜中に新僑飯店の自室に馬の蹄の音が聞こえてきた。首都北京の市街区は馬車の乗り入れはもちろん禁止されていたが、ホテルは夜間に近郊の人民公社から野菜を仕入れていたようだ（一九七八年当時、人民公社改革の動きは既に始まっていた。人民公社は一九八二年になって憲法改定により解体された）。

当時の北京市内のタクシーは中国国産車〝上海〟と相当使い込んだトヨタの二種類。新僑飯店前で新僑飯店〝車隊〟のタクシーに乗り、台基廠の背の高い街路樹の中を長安大街に出る。長安大街の手前の中日友好協会あたりの高い塀から合歓の花が顔をのぞかせている。北京飯店を右に見ながら長安大街を西に向かう。右に〝南池子〟と言う文字が見える。それを過ぎると天安門広場に入る。右に天安門、左に歴史博物館、英雄記念碑、その後ろに完成して間もない毛主席紀念堂、またその向こうに前門、それから人民銀行総行（本店）、人民大会堂が見える。人民大会堂を過ぎると厳重警備の新華門の前を通りやがて右手に〝電報大楼〟、東単交差点、民族文化宮、民族飯店。暫く行くと木樨地。木樨地の交差点を右に回ると社会科学院。まもなく左手に迎賓館の釣魚台。それから甘家口、建設部のある百万荘を通り、二里溝の〝談判大楼〟に到着する。この間約二十五分。北京は西安と同じく街路が規則正しく碁盤の目のようになっている。眼をつぶっていても車がどこを走っているか分かった。通い慣れた道である。

新僑飯店の朝食

新僑飯店の一階には中華レストランがあり、朝はよくおかゆを食べた。北京のおかゆは日本のおかゆに比べて水分が多い。日本のおかゆと重湯の中間くらいと考えたらよいだろう。また、南方の色々な具の入った味付きのおかゆとも違う。中国語で〝稀飯〟とか〝白粥〟と言う。

二日酔いで食欲のない時などうってつけで、おかゆの他に北京の漬物、野菜炒め、炒り卵などを少し注文する。これで人民元七〇銭（当時のレートで日本円に換算すると一一〇円）くらいであった。

伊藤忠商事のY部長は連日連夜の宴会にもかかわらず朝はきちんと中華レストランに来られ、時に同じテーブルで食事をした。「高橋さん、美味いね、安いね……」と言いながらおかゆをすすった。Y部長は伊藤忠商事の中国三羽がらすと言われた中国のエキスパートで、大手総合商社の幹部の中では中国語がうまかった。後に副社長まで出世された。北京で一緒にプラントの仕事をさせていただいたが、快活で偉ぶったところのない方だった。

新僑飯店は商社員でいつも満室であったが、中華レストランの朝は閑散としていた。別のテーブルで日本テレビ北京特派員T氏が一人黙々とおかゆをすすっておられた。日本では中国関連のニュース番組でよくお見かけしたので存じ上げていたが、長髪でほりの深い、いつも思いに沈んだ表情をされていた。

最上階の六階には西洋レストランがあった。結局半年の内に十数回しか行かなかったが、硬いトーストと煮しめたような香りのないコーヒーには閉口した。インスタントコーヒーの方がよほどましであった。

ある朝、近くの席にサリーを纏ったご婦人が一人で食事をされていた。エッグスタンドのゆで卵の上部を指先で執拗に撫でていらっしゃる。それも眉間に皺を寄せて真剣に……。ゆで卵の上部を指先で撫でるのは、インドあたりの食事の作法なのかと考えながら見ていた。

しかし、自席の目玉焼きに塩を振りかけようとした時、ハタと気が付いた。塩の小瓶の振り出し口はほとんど詰まっていて、蓋を外して振りかけると、塩がドバッと出てしまうのである。

西洋レストランと同じ六階だったか、或いは一階下の五階だったか、エレベーターホールに卓球台が置かれていた。これが新僑飯店における唯一の娯楽施設であった。

コンゴ大使の接見を受ける

ある日、コンゴ大使館から北京事務所に英語の電話が掛かってきた。日産の乗用車を購入したいので営業担当者を至急大使館に寄越してくれという。わが社は一九七二年から日産自動車の中国への輸出を開始したが、一九七八年当時輸出量はまだ少なく自動車専任を北京事務所に置いていなかった。電話を受けたプラント担当の私が、車のカタログを鞄に詰めて押っ取り刀で大使館に出かけた。私は自動車免許も持っておらず、乗用車に関する知識は皆無であった。

コンゴ大使館に到着すると小さな応接室に通され、随分待たされた。ようやく背の高い黒人が現れ、「今から大使が接見されます」と宣告された。大使の大きな部屋に通された。色の黒いずんぐりとした大使は、フランス語風の聴き取りにくい英語で語りかけてきた。

「これは困ったことになったな……」と逃げ出したい気持ちになったが、腹を決めて中国語のできる通訳を呼んでくれとお願いした。

中国語の通訳を介して、大使がどのような仕様の車をご所望なのか最低限のことを把握し、本社になんとか繋ぐことが出来た。

針千本を東華門に届ける

会社は中国に工業用ミシンを大量に輸出していたが、スペアパーツの供給、修理の体制がまだ十分ではなかった。ある時、故宮の東側東華門にある国営貿易会社から工業用ミシンの針を千本至急届けるよう依頼があった。公司の担当は伝法な口調と言うか、いつも歯に衣着せぬ言いようで恐れられていた有名なおばちゃまであった。男性よりもむしろ女性の方が率直な人が多かった。男女同権の国である。

日中間の物流、とりわけクーリエサービスが整っていなかった当時、おそらく出張者に託送し、北京事務所まで送達してくれたものと思う。これを如何に速く東華門の公司まで送り届けるか思案したが、当時の物流はとてもお粗末であったから、結局自分でタクシーで届けるしかなかった。

公司のおばちゃまから大変感謝されたが、針も千本となると結構重かった。

乗用車

中国国産乗用車には〝紅旗〟と〝上海〟の二種類があった。〝紅旗〟は政府要人、外国の賓客しか乗せてもらえない。長春の第一汽車廠で生産され、イギリスのロールスロイスのエンジンを搭載した最高級車と言われていた。

〝上海〟は北京市内のタクシーとして使われていたし、国営企業の社用車となっていたから、乗るチャンスが多かった。ある日、北京の民族飯店前でタクシーの〝上海〟を降車しようとドアノブを引いたところ、そのノブがポキリと折れてしまった。ひたすら運転手に頭を下げたが、ノブの断面を見ると鋳物のようであった。シートはスプリングが強くて悪路ではお尻が浮いてしまう。高速道路のなかった当時、一度上海から蘇州まで〝上海〟で六時間かけて移動したことがあるが、若かった私もすっかり腰が痛くなったものだ。夏にはシートには莫蓙が敷かれていた。

〝上海〟が街から姿を消したのは一九八〇年代の末頃だったと思う。その〝上海〟に再会したのは二〇〇二年技術交流のため〝上海大衆汽車公司〟（〝汽車〟とは自動車のこと）の本社を訪問した時、その歴史展示場に展示されていた。消えてわずか十数年で歴史展示場。中国の発展は目覚ましいものがある。

一九七八年七月、石川島播磨重工業株式会社真藤恒社長（後にＮＴＴ初代社長）率いるミッションがわが社の斡旋、中国技術進出口総公司の受け入れで北京を訪問した際、北京駐在員の私は中国技術進出口総公司の担当者と受け入れの裏方作業をした。ある日、王震国務院副総理（副首相）と会見する時には、宿舎の北京飯店から〝紅旗〟一台、〝上海〟五台の車列で人民大会堂に向かった。もちろん〝紅旗〟には真藤社長とわが社の専務が乗り込んだ。私と中国技術進出口総公司の担当者は留守番。送り出した後、北京飯店で待機した。

なんとかこの〝紅旗〟に一度乗れないものかと狙っていたが、ある日絶好のチャンスが到来した。この真藤ミッションが大連訪問から帰燕するので、中国技術進出口総公司の担当者と一緒に〝紅旗〟一台、〝上海〟五台、マイクロバス一台の車列で北京空港に出迎えることとなった。北京飯店で公司の担当者と待ち合わせ出発したが、私は一人でさっさと先頭の〝紅旗〟に乗り込んだ。「高貴」な方しか乗れない〝紅旗〟に乗った。

車内はやたら広く運転手に話しかけるのに大声を出さないと声がとどかない。後部座席は秘書が向い合って座ることが出来るほどの余裕がある。運転手は人民解放軍の車両隊の出身なのだろう、礼儀正しく白い手袋をしていた。乗り心地は非常に快適であった。もちろん北京空港から市内に帰る時には最後尾のマイクロバスに乗り込んだ。

飛行機

この真藤ミッションが中国側と一緒に北京から大連に向かう時、飛行機一機を中国側と折半でチャーターした。「アントノフ」という約四十人乗りのソ連製プロペラ機であった。人民元の札束を中国製の硬い鞄に詰め込んで、北京美術館の横にあった民航局に行き、チャーター代としてカウンターに当時の最高紙幣一〇元札の札束を積み上げた。後にも先にもあれだけの人民元の札束を持ち歩いたことはない。

「アントノフ」というプロペラ機は三千メートルの高度を飛行するが、気密性が悪く隙間風が外から入ってきて凍えそうな思いをしたことがある。それで思い出したのは国民党との談判に西安に乗り込んだ周恩来の写真、飛行帽に飛行服の重装備で写っていた。戦争中の飛行帽と飛行服を一種の軍服のように思っていたが、軍服というより実用的な防寒具でもあったのだ。

駐在の翌年、一九七九年武漢から宜昌へ移動する際の飛行機が十七人乗りの小型プロペラ機であった。機種を何というのか忘れてしまったが、やはりソ連製だったのだろう。私を入れて十六名はメーカー、公司の随行員、すなわち貸切状態であった。普通飛行機の座席に着くと水平状態であるが、この小型プロペラ機はシートベルトを締めた段階で視線は二十度上、まるでロケットに搭乗した気分。そのうち人民服のような紺色の制服のスチュワーデスが最前列に立って中国語で「中華人民共和国の法律に基づき、シートベルトをきちんとお締めください」と大声で説明。それを私が逐次声を張り上げて通訳した。プロペラがうなり声をあげ滑走を始める。機外に眼をやるとどういうわけか窓が四角い。トイレは操縦室の手前だったが、床に小さな穴が開いている。多分清掃用の水抜きの穴なのだろうが、その穴からは長江の流れが見える。高所恐怖症の私は足が竦んでしまった。

ジェット機ではこれもソ連製の「イリューシン」というのがあり何度も乗ったが、これも中国で見なくなって久しい。

北京空港

北京空港のターミナルビルは二〇〇八年の北京オリンピック前に〝第三航站楼〟（第三ターミナルビル）が完成し、国際的に最先端のターミナルビルとなったが、一九七八年当時は免税店もなければ何もない単なる待合室という趣。トイレには渦巻きのお香が焚かれていた。チェックインカウンターは二箇所のみ。

ある時、チェックインカウンターに並んでいると、「すいません。この場所取っておいてくれませんか……」と、後ろから肩をたたかれた。振り向くとパンタロン姿の女優の長山藍子さんだった。四十年近く経った今でも、テレビドラマ「渡る世間は鬼ばかり」でご活躍だが、あの笑顔で頼まれるといやとは言えない。当時は杉山春子さん等多くの演劇人が訪中していた。

搭乗時間が来ると空港職員の先導で歩いて飛行機まで行き、タラップを登る。一九七八年当時のターミナルビルは現在〝第一航站楼〟（第一ターミナルビル）と呼ばれているが、今では国家指導者の出張に使われているようだ。巨大な北京空港の片隅のこの〝第一航站楼〟を見ると、初めて訪中した一九七四年、初めての北京駐在の一九七八年当時のことが思い出され、熱いものがこみ上げて来る。

二〇一五年六月、北京駐在員を何回も経験されたある人との会話の中で、この第一ターミナルビルの外観は当時の趣を残しているが、内部は現代風にりっぱに改装され、国家指導者の出張のみならず、一般の旅客にも使用されているということが分かった。最近の第一ターミナルビルの中の写真も見せていただいた。

空港への出迎え見送りは駐在員の重要な仕事であったから、本当によく通った。日本航空は週に三便しかなかった。当時北京でミニスカートの日本人女性を見かけるのは北京空港での日本航空のスチュワーデスくらいであった。

この北京空港から市内に向かう道路はバスがすれ違うのがやっとという狭さであった。時折農家の馬車やロバが行き交う。その馬車やロバの糞を清掃するへらや箒を持った掃除婦が行く。道の両側は背の高いりっぱなポプラ並木がどこまでも続く。新僑飯店まで車で一時間くらいであった。出迎え見送りで一日二回空港に通うこともあった。今では北京空港では待つこともなくタクシーに乗れるが、当時北京には流しのタクシーはなかったので、北京空港への送迎は商社マンとして手を抜けない大切な仕事であった。空港への送迎、商談、宴会、深夜のテレックス発信という毎日は体力勝負であったから、タクシーでも飛行機でも乗り物に乗るとすぐに眠るという特技が身についた。

一九七八年当時、トランクの出て来るターンテーブルなどなかったが、今や多くのターンテーブルがあり、あまり待つこともなく荷物をピックアップできるようになった。航空会社別のチェックインカウンターも出来て大変便利になった。しかし、余りの広さに乗り継ぎの時など苦労させられることもある。二〇一五年北京首都国際空港の年間乗降客は八千九百三十四万人、世界第二位の大空港となった（ちなみに世界第一位はアメリカのアトランタ空港。羽田空港は世界第五位である）。

観光アテンド

業務を終えて日本に帰国する技術者に北京市内の観光案内をしてその労をねぎらうというのも、私の〝接待単位〟中国技術進出口総公司第五業務部の仕事のひとつであったから、二回に一度は私にもお声がかかり北京市内の観光に同行した。鄧小平の号令で改革開放政策に舵を切る前であったが、少しでも親中派を増やしたいとの政府方針に基づくものであったのだろう。早朝ホテルでサンドウィッチやジュース、ビールを積み込み、万里の長城、明の十三陵、頤和園等を一日がかりで案内していただいた。一九七八年五月から十一月の最初の北京駐在の半年間で、十数回は万里の長城、明の十三陵、頤和園等を回った。正直言って万里の長城（八達嶺）など春夏秋冬それぞれ一回ずつ行けば十分。毛沢東詩詞に〝不到長城非好漢〟（長城に至らざれば好漢にあらず）という句があるが、私は相当な〝好漢〟になったとたわいのない冗談を言い合った。

中国が改革開放政策をとる前、万里の長城を観光する人はまだそんなに多くはなかった。特に平日に行くと八達嶺を独り占めすることができた。そういう意味で得難い経験をさせていただいた。最近テレビニュースで見る八達嶺はいつも内外の観光客で溢れかえっている。それだけ生活が豊かになったということだ。

明の十三陵では公司の予約したレンガ造りの休憩所の個室で弁当を広げる。新僑飯店や民族飯店で積み込まれた弁当の中には決まってゆで卵と鶏の手羽が入っていた。ゆで卵の黄身の周りにはうっすらと緑色の層があり、鶏の手羽も日本で食べ慣れたブロイラーとは随分違っていた。農家の庭先を歩いていた鶏の味であった。

ある夏の日、仲間内で明の十三陵に遊んだ。当然昼食をとる部屋など予約していなかった。食堂でビールを注文したところ、常温のビールが出て来て困ってしまった。当時外国人の泊まるホテル以外は、ビールを冷やして出すという習慣はなかった。暑いからといって冷たいものをたくさん飲むのは体によくないという中国的な発想なのであろう。グラスをお願いしたところ、出て来たのは瀬戸物のお椀。夏の暑い日、瀬戸物のお椀に常温のビールを注ぐと泡の出ること出ること。今でも十分に冷えたビールが出て来ない時、あの明の十三陵の陽射しを思い出す。その後中国の人々も冷たいビールを楽しむようになった。今や中国は世界最大のビール生産国・消費国になったが、未だに常温ビールを堅持する人もいる。ビールは別だが、私は夏の暑い日アイスコーヒーとかコーラとか冷たいものは飲まないことにしている。いくら暑くとも普通の熱いお茶とか紅茶のほうがよい。昔の北京で過ごした若い頃の習慣が身についてしまったのかも知れない。

張継平氏は観光地の要所要所で立ち止まって日本語で説明してくれる。頤和園のある建物の天井近くの壁画を指差して、「あそこに蝙蝠《こうもり》の絵が描かれています。日本では不吉な生き物と思われているようですが、中国ではとてもおめでたい動物です。中国語の〝蝙蝠〟(biānfú)の〝蝠〟(fú)という発音と〝幸福〟(xìngfú)の〝福〟(fú)という発音が同じなので……」といった具合に。しかし回を重ねると、張継平氏が立ち止まると、「ああ、蝙蝠が始まるな」と思うようになった。

故宮の階段の大理石には皇帝を象徴する龍、皇后を象徴する鳳凰が彫刻され、雲、山、珊瑚が彫られているが、この巨大な大理石は北京郊外の房山から運ばれたこと。当時はクレーンやトラックの輸送手段はなかったので、冬道路に水をまき、結氷させてその上を運んだこと。天壇公園祈念殿の太い柱は雲南省から運んだこととか、観光案内に書かれていることかもしれないが、しっかりと頭に入っているのは張継平氏のお陰かも知れない。

国際倶楽部

土曜日も出勤日であった。〝談判大楼〟での商談は土曜日は基本的に午前中までだったが、わが社の事務所は午後も開けていた。夕方になると中国技術進出口総公司、中国機械進出口総公司等〝接待単位〟の手配したマイクロバスが新僑飯店の前に何台も並ぶ。われわれ駐在員五名もそれぞれの〝接待単位〟が準備したマイクロバスに分乗し、会場の国際倶楽部に向かう。中国側主催の映画鑑賞会である。

文革が終わって一年半が経過しようとしていたので、さすがに現代革命京劇系の映画はなかった。文革前の映画か、香港で製作した映画が多かったような記憶があるが、中国文学専攻卒業の私にも難解であまり興味が持てなかったのだろう、内容はあまり覚えていない。しかし、〝接待単位〟の方に感想を聴かれるので、少しは気の利いた感想を用意しなければならない。ひたすら眠らないように努め、正直難行苦行であった。

一度、設立間もない日本人会の主催だったか、日本航空の主催だったか、この国際倶楽部で「男はつらいよ　フーテンの寅」が上映された。北京の地で葛飾の家並みを見ていると、何故か理由もなく涙がポロポロ出てきて止まらなくなった。

この国際倶楽部は北京の外国人にとって唯一の娯楽施設で、映画会に使われる講堂の他にレストラン、体育館、プールなどがあった。駐在員生活に慣れてくると要領がよくなって、夕方駐在員三名で国際倶楽部に出かけ卓球を楽しんだ。その後はレストランで夕食。当時、輸入牛肉などなかった。中国産ビーフステーキは硬くて呑み込むタイミングが難しかった。われわれはそれを「草鞋《わらじ》」と呼んでいた。

プールを利用するには〝接待単位〟の証明書が必要であった。張継平氏にお願いし証明書を発行してもらい、近くの友誼商店で中国製水泳パンツを買い求め、プールに飛び込んだ。

ところが少々大きすぎてプールの中で脱げそうになり、大いに慌てた。プールには私を含め日本人二人と青い目の女性二人。監視員の方が多かった。豹柄の派手な水泳パンツとプールはその一回しか利用するチャンスは巡ってこなかった。

二〇一六年四月、この国際倶楽部の向かい側のホテル長富宮飯店に投宿した。ホテルから見下ろすと長安大街の街並みは随分変わった。国際倶楽部の玄関の二階建ての建物は昔のままだったが、その後ろにあったプールは無くなっていた。プールの跡地に巨大ビルが建つのか、大規模な基礎工事が行われていた。

レストラン

中国国営貿易公司との宴会では、必ず通訳をしなければならなかったから、ゆっくり料理を堪能するような余裕はなかった。ある訪中団など、歓迎宴会、答礼宴会を含めて五日間のうちに七回も宴会が入り、昼、夜とも宴会という日もあり、おまけに通訳をやりながらの食事で胃の調子が悪くなることもあった。

大型の公式宴会は北京飯店二階の宴会場を使うことが多かった。また、北京ダックの〝全聚徳〟、宮廷料理の〝仿膳飯荘〟、羊のしゃぶしゃぶの〝東来順〟、山東料理の〝豊澤園〟、刀削麺の〝晋陽飯荘〟などのレストランを使うこともあった。日本メーカーとの内輪の宴会は、〝三不粘〟（三つのくっつかない、すなわち歯にくっつかない、箸にくっつかない、皿にくっつかないというデザート）の〝同和居〟、ジンギスカン焼肉の〝烤肉季〟などでやったものだ。

休日には事務所の仲間と前門飯店や北京飯店に担担麺を食べに行った。日本で食べる担担麺のようにゴマ味の汁はなかったが、結構辛かった。辛い物の後、口直しにアイスクリームを頼んだが、北京のアイスクリームは素朴な味で結構いけた。

日本料理屋は一軒もなかった。唯一、北京飯店の新館二階の東端の部屋ですき焼きを食わせてくれた。確か店の名前は〝和風〟と言った。寡黙で背の高い親爺が居た。メニューはすき焼きだけであった。刺身も天婦羅もなかった。

廖承志氏

ある日、〝全聚徳〟だったか〝東来順〟だったか、宴会が終わってお客様をお見送りしソファーに座って勘定を待っていたところ、廊下の向こうからテレビや新聞でよくお見かけした人民服姿の廖承志氏が歩いて来られた。私は思わずソファーから起立した。そうすると廖承志氏は自分の知人と勘違いしたのか、ニコニコしながら握手を求めて来られた。私は社名を名乗って、早稲田の後輩ですと申し添えた。

廖承志は父君廖仲愷と親子二代早稲田大学に学んだ。日中貿易関係では高碕達之助との間に長期総合貿易協定である「LT貿易協定」に調印。長年中日友好協会会長として対日交渉の責任者を務めていた著名人士であった。後年、党中央委員、全人代常務委員会副委員長を務められた。日本語は達者で東京のべらんめえ口調も出て来るとお聞きしていたが、その時は中国語でお話をした。もちろんわが社のことをよくご存じで、また早稲田の先輩でもあり、異国の地にありながら随分心強い気持ちになった。

日中平和友好条約

一九七八年八月十二日、日中平和友好条約が調印され、九月一日人民大会堂で日中平和友好条約調印の記念パーティーが挙行された。〝接待単位〟経由でいただいた〝請貼〟(招待状)を持ち張継平氏とともに初めて人民大会堂の中に入った。

招待状には、〝為慶祝中日和平友好条約簽訂　謹訂於一九七八年九月一日(星期五)晚六時三十分在人民大会堂宴会庁挙行招待会　請出席〟(拙訳:中日平和友好条約の調印を慶祝するため、一九七八年九月一日(金)午後六時三十分より人民大会堂宴会場にてパーティーを行うのでご出席ください)と、赤い字でタイプされていた。

柱の太さ、天井の高さに圧倒された。その晩は東京から来られるメーカーの社長一行を北京空港に出迎えに行かなくてはならない。事前に張継平氏にお話しておき、大宴会を中座させてもらうことになった。タクシーは人民大会堂のそばに待機させていた。

人民大会堂の大宴会には日中双方合わせて六百名くらいが出席していた。自分も日中交流の歴史の流れに参加させてもらっているという意味で感動的であった。宴なかば後ろ髪を引かれる思いで張継平氏に挨拶をし、宴会場を後にした。ところがなかなか人民大会堂の出口に辿り着かない。太い柱のあちこちには衛兵が立哨していた。衛兵に聴きやっとのことで出口まで辿り着いた。〝迷宮〟という言葉を思い出した。社長さん一行の出迎えに遅れては大失点とかなり慌てた。やっと涼しくなり始めた九月の北京の空には、大きな月がぼんやりと浮かんでいた。大きな歴史の流れの中に居合わせたことに興奮していた。

为庆祝中日和平友好条约签訂谨訂于一九七八年九月一日

（星期五）晚六时三十分在人民大会堂宴会厅举行招待会

请出席

中国日本友好协会　　中国文学艺术界联合会
中国人民对外友好协会　　中华人民共和国科学技术协会
中国国际贸易促进委员会　　中华全国体育总会
中华全国总工会　　中国佛教协会
共青团“十大”筹备委员会　　中国国际旅行社总社
中华人民共和国全国妇女联合会

（请进北门）

日中平和友好条約締結記念パーティーの“請貼”（招待状）。

日本映画週間

日中平和友好条約の調印を記念して、一九七八年十月日本映画週間と称してテレビで、『君よ憤怒《ふんど》の河を渉れ』、『キタキツネ物語』、『サンダカン八番娼館望郷』の三作品が放映された。その当時北京のテレビは二チャンネルくらいしかなかった。われわれ商社マンにはテレビを見る余裕もなかったし、そもそもテレビはホテルの自室にも事務所にもなかった。各階のエレベーターホールの共用の応接室にテレビが置いてあった。

応接室の絨毯の上に座り込んで、白い上っ張りを着た服務員達と一緒に『君よ憤怒の河を渉れ』（中国語タイトルは『追捕』）を見た。高倉健や中野良子が出演したこの作品は翌日から貿易公司の人々、ホテルの従業員、タクシーの運転手の間で大評判となった。当時の中国映画は政治的なプロパガンダ臭の強いものばかりで、また現代革命京劇に馴らされた人々は、この娯楽性の高い映画にびっくり仰天したようだ。

これを機会に高倉健と中野良子は一躍大変な有名人となった。その後数年経って中野良子が中国のラジオ番組でインタビューを受けていたのを聞いたことがある。中国に招かれることが多くなったようで、北京の病院で少し不安そうに診察を待っているお姿をお見かけしたこともある。得意の中国語で通訳してさしあげようとも思ったが、すっぴんの女優に話しかける勇気は持ち合わせていなかった。

一九七八年十月、日中平和友好条約の批准書交換のため鄧小平は日本を訪問、新幹線や日産自動車座間工場等の視察を精力的にこなし、帰国後〝改革開放政策〟に大きく舵を切った。会社は日産自動車の中国総代理店であったので、鄧小平一行が日産自動車座間工場を視察した時にはわが社のE先輩が鄧小平の通訳をした。

E先輩の父親は技術者であったので戦後留用されてしばらく中国に留まった。E先輩はやがて中国の大学に進み、中国で就職して暫くして日本へ引き揚げてきたという経歴の持ち主で、中国語は母国語のように自由にあやつれる。そればかりか人民大会堂でも何度も通訳をするなど、東北訛りではあったが、格調の高い品格のある中国語であった。更に理工系出身だけに自動車、機械の技術の専門用語に明るかった。E先輩が鄧小平のすぐ後ろで通訳をしている有名な写真がある。いろんな意味でわが社はこの一葉の写真をもっと誇りにしてよい。

私はその後このE先輩の直属の部下となった。中国語の指導は厳しかった。私に通訳を指示しておきながら、間違いがあると日中双方の前で三倍くらい時間をかけて訂正するというようなこともあった。中国語通信文の添削について、最初の二～三年は丁寧に朱を入れてもらったが、ある日を境に一切私の中国語の作文を見ようとはしなくなった。免許皆伝をいただいたということなのだろう。しかし、日本語の文章については部下の私に「君は国文科の卒業だろう」と添削を求めてきた。本当に能力のある人は偉ぶったりしない、他人に対して謙虚になれるのだなと思った。

一九七八年は日中間の政治交流、文化交流、経済交流がこれまでにない高まりを見せた一年となった。「日中フィーバー」と呼ばれていた。

当時、商談で中国を訪問する場合、国営貿易会社がインビテーションを発給し、北京市内のホテル手配、北京空港への送迎等すべてを取り仕切ってくれた。われわれ外国人は勝手にホテルを予約することは許されていなかった。北京空港に着いても流しのタクシーは皆無だから空港送迎等は〝接待単位〟におすがりするしかなかった。

しかし、訪中者が急増して、ホテル手配もコントロールできなくなった。〝接待単位〟の担当者とホテルのフロントに到着したものの、オーバーブッキングでチェックインできないというような事態が起こった。まさしく「フィーバー」の到来であった。

初めての中国国内出張

初めての北京駐在もその半年の任期が終わろうとしていた。張継平氏から帰国前にどこか好きなところに旅行にお連れしたいとの申し出があった。当時日本人商社員に対して最長半年までしかビザの延長が認められていなかった。半年の駐在ご苦労様との意味合いがあった。

外国人は勝手に中国の国内旅行が出来なかった。例えば北京から大連に出張する場合、中国技術進出口総公司に対し申請をし、飛行機で出張する場合は民航局に対する紹介状を書いてもらい、その紹介状とパスポートを持って民航局に出向き、チケットを購入する。また、同時に王府井の北京市公安局に出向き、〝外国人旅行証〟を申請、取得しなければならない。民航局や〝北京火車站〟(北京駅)には、〝外賓〟と書かれた外国人専用窓口があり、外国人は優先的に取り扱ってくれた。〝外賓〟という張り紙のないところでは、〝接待単位〟の方が〝外賓!外賓!〟と叫んでくれ、われわれ外国人を優先していただいた。長蛇の列をなしている人達になんとも申し訳ない気持ちがしたが、一方会社の代表、大げさに言えば日本の代表のような接し方に誇りを感じ、しっかり頑張らねばと自らを戒めたものだ。料金も中国人旅客の倍という、二重価格であった。その後一、二年して〝外賓〟という窓口は無くなった。しかし、航空運賃、鉄道運賃の二重価格はその後も一九九〇年代まで続いた。中国の経済発展にともない外国人と内国人の運賃が同一となったのはここ二十数年前のことである。

北京空港ではパスポート、航空券それに外国人旅行証で搭乗手続きをする。〝火車〟（汽車）で旅行する場合、北京駅に帰着の際、北京駅改札のところにいる公安に、この外国人旅行証を返却することになっていた。

帰国前の〝出差〟（出張）には結局吉林省吉林市を選んだ。吉林には合成ゴムプラント建設のため、メーカー、エンジニアリング会社及び会社の後輩I君が長期出張していた。〝出差〟ということで本社に対し言い訳が立つし、長期間東北地方のプラントサイトの厳しい環境の中で頑張っている会社のI君を慰問したいと思った。建国門外の友誼商店（長期滞在外国人、外国人観光客のためのデパート）でみかん、りんご、中国の菓子を買い込みダンボール一個に詰めお土産とした。

ところが時まさしく第一次日中フィーバー、日中間の商談が増え、張継平氏は急用で私にアテンドできなくなった。しかし、北京駅までは見送りに来てくれた。一九七四年の初訪中の時は、日本青年学生友好代表団の一員としての訪中で、中国国際旅行社の数人の方がフルアテンドしてくれた。一九七七年の入社後初の訪中も中国技術進出口総公司の方が北京入りから帰国までアテンドしてくれた。考えてみれば今回が初めての一人旅。中国語が出来るとはいうものの正直不安であった。

出発となると〝月台〟（プラットホーム）に勇ましい革命行進曲が流れるが、これから長い別れとなるのであろう見送り見送られる人々の涙を見ると、私まで物悲しく心細くなってくる。発車の合図のベルもなく、列車は革命行進曲の中をゆっくりと走り出す。〝軟臥〟（一等寝台）の定員四名のコンパートメントにたった一人。〝火車〟（汽車）は煙を吐きながら東北平原をゆっくりと北上する。十一月の東北はもの皆枯れて行けども行けども同じ荒涼とした景色が続く。その内大きな太陽が西の端に沈もうとする。大夕焼け。森繁久弥氏のＮＨＫ長春放送局時代のエッセイを思い出していた。


翌朝、終点の吉林駅に到着した。

「息白し」という冬の季語があるが、吉林駅プラットホームの人も機関車もみな白い息を吐いていた。また、驚いたことにプラットホームに中国国産乗用車〝上海〟が一台乗り入れていた。中国では外国首脳や政府高官を駅に送迎する時にプラットホームまで高級車を乗り入れることがある。プラットホームに〝上海〟？　誰か北京中央からのお偉いさんのお出迎えかと周囲を見回していると、吉林化学工業公司の外事弁公室〝外弁〟（対外折衝窓口）の郭振方さんがあのニコニコ顔で私を出迎えに来てくれていた。この〝上海〟に乗れという。後にも先にもプラットホームにまで車で出迎えいただいたのはこの一回だけであった。もちろんバッグを提げ長くて暗い地下道を潜って改札口を通ることも省略。

十一月の吉林のプラントサイト、もの皆凍りついていた。そんな環境の中、会社のI君は持ち前の明るさで頑張っていた。

宿舎は前年九月詳細設計会議の時に泊まった吉林化学工業公司鉄東招待所だ。人当たりの良い郭さんから「〝老朋友〟（古い友人）なんだから不便なことがあれば何でも言ってくれ」と言われ、連日北京の激務で散髪する暇もなかったものだから、招待所の理髪店に行きたいと気軽に申し出た。すると一時間ほど経って「三時間後なら大丈夫だ」との返事。わざわざ吉林市内の理髪店の店員を呼び寄せ洗髪用のお湯を沸かしたりと、私一人のために大変なご迷惑をおかけしたことが後で分かった。

北京に帰る時、郭さん始め吉林化学工業公司の方々が吉林駅まで見送ってくれた。郭さんが女性〝列車長〟を捕まえて私を紹介し何かしらながながと頼み込んでいた。吉林発北京行きの寝台列車で、吉林市は吉林化学工業公司の企業城下町だけに郭さんは吉林駅に相当顔が利くらしい。

十数両の車両の中で、〝軟臥〟（一等寝台）は一両だけ、おまけに〝軟臥〟の車両に外国人は私一人だけであった。四人で一部屋のコンパートメントを独り占めした。夕食の時間になると女性〝列車長〟が私のコンパートメントのドアをノックし出迎えに来る。〝餐車〟（食堂車）はすぐ隣の車両。〝餐車〟には私以外にはお客は誰もいない。〝列車長〟が私のテーブルの傍でいろいろ世話を焼いてくれる。ゆっくりと食事を始めたが一向に他の乗客が現れない。不思議に思っていると、やがて〝餐車〟の隣の〝硬臥〟（二等寝台）のデッキに中国人の乗客が鈴なりになって待っているのが見えた。外国人の私一人のために食堂車を貸切にしてくれていたのだ。申し訳なくてそそくさと詰め込んで退散した。

初めての一人旅、無事北京駅に帰着した。出迎えは誰もいなかった。改札口の横の公安に外国人旅行証を渡し、改札口を出た。当時は流しのタクシーなどなかったから、歩いて新僑飯店まで帰るしかなかった。新僑飯店はすぐ隣のように思っていたが重いバッグを抱えて歩くと結構距離があった。

（四）一九七九年〜一九八一年頃

一九七八年十一月二十二日、一回目の北京駐在から帰国した後、俄然中国への出張が多くなった。一九七九年は年三回一三五日間、一九八〇年は年六回一二九日間と一年の三分の一以上は中国出張という勘定になる。

当時は中国出張には短期長期を問わずビザを取得する必要があった。受け入れ単位にインビテーションを発給してもらい、中国大使館にビザの申請をする。ビザが下りるまで約一週間は必要だったから、出張を計画し、実際に訪中できるまで約三週間かかった。当時の中国の対外貿易は北京の中国対外貿易部傘下の国営輸出入総公司が一手に取り仕切っていた。中央集権で地方分公司への分権化が進んでいなかったから、ユーザー訪問は別として商談はほとんど北京で集中して行われた。

一九七九年五月から七月にかけて五十日間、メーカーの技術者二十名とともに、大連、上海、宜昌、西安等の船用ディーゼルエンジン工場を訪問した。

中国の船用ディーゼルエンジン工場の調査を行い、サーベイレポートを提出し、中国の船用ディーゼルエンジン工場の現代化改造の提言をすることが目的で、設計、機械加工、溶接、鋳造、熱処理等の技術者二十名で構成され、中には協力工場の技術者も含まれていた。

一九七九年当時、中国への業務渡航はごく一部の人々に限られ、一般的な観光旅行は開放されていなかったから、事前打ち合わせに訪中した二、三名をのぞきほとんどが初訪中であった。出発の二週間ぐらい前だったか、私は兵庫県相生市に出張し、調査団のメンバーと顔合わせを行った。中国渡航についての注意事項を話すようにとの依頼に、大きな会議室で当時二十八歳の私は次のような話をした。

中国の国名は「中共」でも「支那」でもありません。絵葉書を出す時には「中華人民共和国」と正しく表記し、間違っても「中華民国」と書かないでください。また、中国の飛行場には民用・軍用共用となっている飛行場があるので、空港では撮影禁止です。長江に架かる長江大橋などの交通の要衝は銃を持った人民解放軍が警備しています。橋梁も撮影禁止です……。

実際に南京長江大橋を見学した時には銃を持った人民解放軍兵士に撮影を制止されたことがあった。今から思えば窮屈な時代だった。派遣する側も受け入れる側もお互いに随分緊張していた。

一九七九年六月、西安郊外大興県の船用ディーゼルエンジン工場を視察した。西安市からマイクロバスで約一時間半のどこまでも続く麦畑の中にその工場はあった。フランスからライセンスを導入し、民用船用エンジンを生産し始めたばかりであった。上海から飛行機で約二時間の西安、そこから更にマイクロバスで一時間半の麦畑の真ん中に、何故最新の船用エンジン工場があるのか？

文革中〝備戦、備荒、為人民〟（戦争に備え、自然災害に備え、人民の利益をはかる）という政治スローガンがあった。ソ連修正主義、アメリカ帝国主義の攻撃から守るため、工場は沿海地区から内陸に分散・疎開するという政策に基づいて、沿海の造船所の近くにあるべき工場が交通辺鄙な山奥に疎開した。この工場には鉄道の引込み線が入っており、製品は鉄道で沿海地区の造船所に輸送するとのこと。なんとも経済的に非効率なことだ。

麦畑の真ん中に外国人の泊まるホテルなどあろうはずはない。工場の正門前の工場の招待所に二十名の技術者とともに宿泊することになった。招待所の前の通りには麦が敷き詰められ、その上を時折トラクター、バス、トラックが通り過ぎる。麦を脱穀しているのだと教えてくれた。

招待所の周囲は一面の麦畑。街灯もネオンもない麦畑の上に月が昇ると、もう手に届きそうだ。招待所の食堂でわれわれの給仕をしてくれるのは、工場の現場から選抜された二十代と三十代の女性二人。日本人と接触するのは初めてなのだろう、大層緊張していた。部屋にはテレビもない、ラジオもない。娯楽は何もない。夜には招待所の中庭にシーツか何かで白幕を張って即席の映画会を催してくれた。時折、麦畑の上を渡ってきた風が銀幕のシーツを波立たせる。

日曜日には工場の通勤バスを使って観光に連れて行ってくれた。六月の西安郊外はすでに真夏の暑さ。空調のない通勤バスは麦畑の中の凸凹道を砂煙をあげて行く。唐代第三代皇帝高宗とその妻則天武后の陵墓乾陵の麓から乳房山を望む。首のない石像が並ぶ。文武百官の石像らしいが、文革で破壊されたそうだ。その中には阿倍仲麻呂と伝えられる石像もあった。


一週間の仕事を終え、西安から次の工場に移動する前に、ご褒美として西安市内の観光をアレンジしてくれた。大雁塔に登った。華清池に湯浴みした。大学で中国語と中国文学を学んだ者にとって、実にわくわくする一日だった。あれから三十八年が過ぎたが、一度も西安に出張するチャンスが巡ってこない。乾陵に向かうあの麦畑の中の凸凹道はもうなくなって、高速道路に変わってしまっていることだろう。いまではエアコンのよく効いた鄭州宇通客車製か厦門金龍製の国産豪華観光バスが走っているに違いない。

三十八年前、空調のない通勤バスに乗り、凸凹道を砂埃を浴びながらどこまでも続く麦畑の中を走った経験は、忘れることが出来ない。エアコンの効いた豪華バスで高速道路を走るより、ずっと歴史の中に遊ぶことが出来たように思う。楊貴妃の靴塚という話を聞いた。安禄山に追われた玄宗皇帝と楊貴妃はこの麦畑の中を逃れたのだろうか……。

〝洗塵〟という言葉がある。遠来の客人に対して「旅の埃を落としてもらう」という意味で、現在でも客人のために歓迎宴会を催す時に使う。麦畑の中の凸凹道を砂塵を浴びながら行って、この言葉の意味が良く分かった。


次の訪問先は舶用エンジンの部品工場で、重慶からマイクロバスで六時間かかった。山また山の舗装されていない道路を揺られながら進む。途中、道の窪みにタイヤがはまり身動きできなくなったトラックに数台出会った。やっとの思いで辿り着いたその部品工場には芭蕉の木が植えられていた。出迎えに現れた工場幹部の言葉に驚いてしまった。今朝方まで聞いていた重慶方言と打って変わってきれいな〝普通話〟(標準語)ではないか。夜の歓迎宴会で尋ねると、その工場幹部はほとんど工場ごと、家族ごと大連から移転・疎開して来たと教えてくれた。

ある日、われわれ一行の団長の奥様が危篤との知らせが北京事務所から入った。雑音で恐ろしく聴き取りにくい長距離電話であったが、東京のメーカー本社からの帰国命令を伝える電話であった。仕事熱心で責任感の強い団長の性格を見越して、何はさて置き帰国せよとの強い調子の帰国命令であった。私からも団長を説得した。翌日の飛行機で重慶から北京に飛び、その日の内に北京から成田に帰着できるよう中国側にお願いをしたところ、中国側は北京の政府機関及び重慶支社の機能を総動員して、翌日その日の内に重慶から北京経由成田に帰着できるよう取り計らってくれた。重慶空港、北京空港、航空会社に連絡して、飛行機の離陸時間を調整するなど相当の荒業を使っていただいたようだ。中国側受け入れ単位が一九七九年当時はまだ第六機械工業部（造船工業省）の時代であったからこそ、出来たことだろう。

山奥の工場から重慶空港まで車で六時間はかかる。翌朝早く工場を出発しなければならない。仕事熱心な団長は出発する前、午前三時から工場調査をしたいとの申し入れをした。もちろん私は中国側に迷惑がかかるからと押しとどめたが、案に相違して中国側はあっさりとこの申し入れを受け入れてくれた。

翌午前三時、暗闇の中での工場視察が始まった。機械加工工場、熱処理工場、組立工場、試験室等の入り口には、それぞれの〝車間主任〟（工場長）がわれわれを出迎え、案内してくれた。私は眠い目を擦りながら通訳をした。まだ二十八歳と若かったから頑張ることができた。四川省の山奥の早起き鳥が囀り始める頃、団長は工場を後にした。

一九八〇年代の中頃、湖南省常徳という田舎の建設機械メーカーを訪問したことがある。

湖南省の省都長沙から赤茶けた土質の穴ぼこだらけの道路を車で五時間くらい走ったと思う。大層辺鄙な所で、到着するなり何とか口実を設けて日程を短縮して帰りたいと思った。行きは雨の中道路の穴ぼこの水溜りにタイヤは滑り、帰りは晴れあがって砂塵濛々。長沙に帰着した時には髪はジャリジャリ砂だらけ、ホテルに到着するなりシャワー室に駆け込んだ。その工場は上海から疎開させられたため、幹部は上海出身者が多く、湖南省にあって、少し上海訛りが混ざっているが割りと聴き取りやすい中国語であった。工場幹部曰く、すでに湖南省の省都である長沙に工場の一部の生産ラインを移転した。将来は更に上海に工場を移転する計画とのことであった。経済効率から言っても当然のことだが、それ以上に故郷上海に帰りたいという熱い想いが感じられた。

一九九〇年代経済開発特区が次々沿海都市に作られ、交通の便のよい沿海地区に生産基地が造成された。分散・疎開させられていた工場も徐々に沿海都市に回帰したことと思う。西安郊外大興県の麦畑の中の工場、重慶からマイクロバスで六時間の部品工場、湖南省常徳の建設機械メーカーはその後どうなったろう。

日本から中国への工場進出は一九八〇年代後半から本格的に始まった。最初は北京、上海のような大都市中心であったが、徐々に内陸に進んでいる。縫製産業等の労働集約産業は、大都市労働者の賃金が高騰したため沿海大都市では成り立たず、奥地へ奥地へと移転している。また、都市と地方の格差是正のため中央政府は西部大開発を掲げている。戦争準備の疎開ではなく、経済原理に基づいた、また均衡ある経済発展を目指し、地方へ分散しつつある。

一九七九年六月の舶用エンジン工場サーベイに話を戻す。

上海では二つの造船所の舶用エンジン工場で二十名のメーカー技術者とともに仕事をした。舶用エンジンは機械加工、溶接、鋳造、熱処理等技術内容が多岐にわたるため、分科会に分かれて技術打ち合わせを行った。通訳が足りないので、上海交通大学の教授が日本語を学ぶ学生十数名を引率し、研修を兼ねて通訳の手伝いをさせた。

私は中国語のできる唯一の日本人だったから大変もてた。もてたというより、熱心な学生から質問攻めにあって大変苦労した。その上海交通大学の学生の中の女学生郁さんと数年後、偶然蘇州で再会した。今でも郁さんという名前を記憶しているのは、著名な作家郁達夫の郁として覚えていたからだ。

一九八三年頃、一緒に上海に出張していたメーカーの課長さんと二人で蘇州を観光することとなったが、当時外国人が勝手に上海からタクシーに乗って移動するという条件はなかった。事前に中国国際旅行社上海分社に上海と蘇州を往復する列車の切符をお願いし、蘇州でのガイドの手配を依頼した。私もメーカーの課長さんも初めての蘇州であった。列車が蘇州駅に到着して、大方の乗客が降りてしまった後、暑いプラットホームに一人佇んでいたのがこの郁さんだった。上海交通大学を卒業して配属されたのが中国国際旅行社蘇州分社、われわれ二人にアテンドするためにプラットホームに出迎えてくれていたのだ。この広い中国での偶然の再会を喜んだ。同行したメーカーの課長さんからは有名人ですねと感心された。

文化大革命が終息したのが一九七六年秋、迫害を受けた人々の名誉回復が徐々に行われ、その子弟が大学に入学できるようになるまで数年はかかったようだ。一九八〇年代に入ってわれわれの前に現れるようになった日本語通訳には、こういった苦しみを乗り越えてきた人が多くいた。普通の大卒年齢より年かさの二十代後半から三十歳前後の人が多かった。われわれ外国人に文革で受けた迫害を語ることはなかったが、休憩時間に日本語を教えてほしいと熱心な質問攻めにあった。失った歳月を取り戻し、自分の未来を切り拓くため、日本語の力を磨くことに集中しているのだなと感じた。

上海交通大学の名前は日本人には馴染みが薄い。日本では中国の大学というとまず第一に北京大学の名前があがる。その次に清華大学、それから同済大学、復旦大学くらいはご存じの方が多い。グリークラブの同期で昔早稲田大学の講師をしていたH君が私に上海交通大学というのはどんな大学か、電話で問い合わせてきたことがある。早稲田大学が上海交通大学と学術交流協定を結んだが、〝交通〟という文字の入った大学はどんな大学かよく分からぬという質問であった。

上海交通大学は理工系の名門で、歴史は清華大学、北京大学よりも古い。交通という名前があるのは、鉄道、造船、逓信の研究が盛んであったことによる。一九七九年第六機械工業部部長柴樹藩（日本語で言えば造船工業省大臣）率いる視察団を日本に受け入れたことがあるが、氏はこの上海交通大学の卒業であった。元国家主席江沢民も卒業生である。二〇〇〇年代商売のため何度も訪問したが、上海市郊外閔行の新キャンパスは広大で、その造船関係の水槽試験室はアジア一の規模を誇っている。

上海市内徐家匯の本部キャンパスにある古い図書館は大学の歴史展示場となっている。その中に世界各国の大学との学術交流の展示があるが、日本の大学との交流では早稲田大学の名前が一番最初に書かれていることを発見した。一九八五年前後であったか、H君が私に電話をよこした謎が解けた。

1979年、北京燕山石油化学コンビナート。「毛主席の革命路線に沿って前進しよう！」という政治スローガンがまだ掲げられていた。

1980年、メーカーの相生工場で来日視察団の通訳。

一九七九年頃、もう一つH君に関係した思い出がある。

H君の奥様は東京都のある区立中学の音楽教師だった。その区立中学では中国残留孤児の子供を初めて受け入れたが日本語がほとんど出来ず対応に困り果てていた。H君から呼び出されて土曜日の午前、区立中学に出向いて教頭先生他とその子供との間で通訳をすることになった。当時、その子の周りには中国語を喋る日本人は皆無であったから、最初私のことを警戒してか、随分緊張していた。少し冗談を交えたりして、最後には少し心を開いてくれたとは思うが、私のことを多分随分硬い、畏まった中国語を喋る日本人と不思議に思ったに違いない。

(五)二回目の北京駐在(一九八一年八月十四日～一九八二年三月二十四日)

一九八一年八月十四日、私にとって二度目の北京駐在に出発した。

北京事務所は一九七九年に崇文門の新僑飯店から復興門内大街の民族飯店に移っていた。一九八〇年十二月、中国対外貿易部からわが社に対し〝外国企業在中国常駐代表機構批准証書第〇〇〇〇一号〟が発給され、商社としての駐在員事務所の開設が正式に認可された。世界で第一号ということで会社にとって大変名誉なことであった。それだけ中国から評価されていたということだろう。

民族飯店の部屋を四、五室借りて、事務室、応接室として使っていた。本社から派遣された社員は六～七名であったように思う。本社から派遣の社員だけでは手が回らなくなり、一九八二年十月に初めて現地職員を採用した。専門学校を卒業したばかりの二十一歳の男女各一名。最初は補助的業務だけであったが、その後かなりの仕事を任せるようになった。その二十一歳の女性職員はその後わが社の現地法人北京分公司の〝副総経理〟まで昇格した。


事務所の入っている民族飯店の隣には民族文化宮という建物があり、北京の十大建築物の一つとして絵葉書にもなっていた。ここでダンスパーティーが開かれることになり、独身の私は仲間と連れ立って行ったことがある。中国は改革開放政策をとり、海外からの常駐者が激増した。娯楽施設が乏しかったため、急遽ダンスパーティーでもと考えたのだと思うが、中国人の女性は厳選された礼儀正しい女性で、「ストレートフェイス」。文革中の中国女性の印象が強いものだから、私も緊張していた。なにやらぎこちないダンスとなった。

このダンパは数ヶ月で中止となったが、私はこの一九八一年から一九八二年の時代を勝手に中国の「鹿鳴館時代」と呼んでいる。

一九八一年九月、繊維設備の商談のためメーカー数社とともに北京から天津に出張した際、創業社長逝去の知らせが入った。

翌日、会議室で技術交流会の通訳をしていると、突然中国側から私一人別室に呼び出された。対外貿易部天津分会のナンバー2が弔意を伝えにやって来られたのだ。創業社長は日本国際貿易促進協会副会長の要職も兼ね、周恩来総理と八回も面談した著名人士だけに、訪中した時にはその動静は人民日報に報道されていた。

創業社長はお話の長い方で、社内の訓辞が一時間に及ぶことがあった。若かったわれわれもずっと立ったままで、足腰が痛くなるほどであった。社内旅行の宴会のご挨拶も、鍋物の固形燃料が燃え尽きてしまいそうになるまで続き、仲居さんがやきもきしていた。

入社試験の最終面接は、私が一番目で後に五～六名控えていたが、話は一時間半にも及び、両脇の専務と常務がしきりに腕時計を見ておられた。大半は周総理のお話で、付け足したように私の出身地に関するお話があった。八度も接見していただいた周総理は、何事にも辛抱強い方だったのだろう。

当時、北京には日本語の通じる病院はなかったから、駐在していて困るのは病気になった時だ。北京では王府井の首都医院が外国人を診察してくれた。私が駐在していた頃は首都医院と言っていたが、その後北京協和医院と改名された、というか解放前の名前にもどった。解放前はアメリカ・ロックフェラー財団が経営していた病院で、太平洋戦争が始まる前、シナントロプス・ペキネンシス（北京原人）の頭蓋骨が行方不明となったことでも有名な病院。この北京原人の骨は北京市西南房山区の周口店遺跡で発掘された。房山の周口店遺跡を見学したことがあるが、北京故宮の建造物に使われている大理石の多くはこの房山から運ばれたとのことだ。

風邪をひいた時の症状については、昔中国語カセットテープで丸暗記したことがあるので、〝発焼〟（熱が出る）、〝咳嗽〟（せきが出る）、〝流鼻涕〟（鼻水が出る）、〝喉嚨痛〟（のどが痛い）ときわめて順調、スラスラと出て来る。おまけにこれも丸覚えしていた〝眼睛発脹〟（眼が腫れぼったい）、〝渾身酸懶〟（全身がだるい）という少々高等な表現まで話したものだから、中国人医師は「あなたは本当に日本人か」と吃驚していた。

ある時、水虫をこじらせ歩くのもままならぬことになり、首都医院に行った。しかし、水虫という中国語が出て来ないので受付の段階で難渋してしまった。ちなみに中国語では水虫を〝脚気〟或いは〝脚癬〟という。私のように日本で習得した中国語の弱点は、病気の症状とか、身体に関する単語とか、日常生活に必要な言葉に弱いことである。

この時、〝談判大楼〟の公司の担当者と同じように医師二人が出て来て私を診察してくれたが、治療方針をめぐって二人の医師の意見がなかなか折り合わなかった。一人の医師は水虫の水泡にメスを入れる、もう一人は化膿するからやめろ、結論が出るまで随分待たされてしまった。

朝日新聞の北京特派員T氏は、わが社の北京事務所N所長の東京外国語大学中国語学科の後輩であったから、よく事務所に遊びに来られた。ある日、中国政府から重要放送があるので、中国語堪能な所員に手伝ってもらいたいとの依頼があり、私に白羽の矢があたった。

確か建国門外の外国特派員の入っているマンションの一室であったと思う。午後七時だったか、午後九時のラジオニュースだったか、特派員T氏の奥様が夜食におにぎりを作ってくれた。私はそこまで力はないので、残念ながら詳細、正確にメモすることは出来なかった。お役には立てなかったようだ。さしたる重要ニュースではなかったらしく、ニュースの中身は記憶に残っていない。十年以上経って、T氏はテレビ朝日のニュース番組のキャスターとして、毎晩テレビでお見かけすることになった。

毎日新聞北京特派員（後支局長）のI氏には、いろいろ可愛がっていただいた。I氏はヒゲをたくわえた人懐っこい方で、新聞社の北京特派員としての仕事以外に、やっと形成されはじめた北京の日本人社会の世話役としての役割を果たしておられた。

どこから聞かれたのか私が大学時代グリークラブに所属していたことを知り、日本人学校のママさんコーラスの指導をしてくれと頼みに来られた。あるパーティーでママさんコーラスの皆さんと顔合わせまでさせられたが、結局本社への帰任に救われて私は馬脚を現さずに済んだ。

一九八二年当時、日本人の北京常駐者は、商社員、大使館員、日本人学校の教職員、マスコミ特派員、日本航空社員等を含めて千名もいなかったのではないだろうか？　I氏が中心になって、春節頃だったか、初めて北京日本人会のような催しが行われた。日本人常駐者と家族、飛び入りの日本航空スチュワーデスを含めて約三百名が国際倶楽部に集まった。

北京日本人学校のママさんコーラスが合唱を披露した。I氏はどこからか調達したカラオケで私に歌えと言う。私は無伴奏の合唱はやって来たが、カラオケは大の苦手で固辞したが、やむなく「サン・トワ・マミー」を歌った。暫くすると会場のあちこちで私の「サン・トワ・マミー」に合わせて踊り始めた。そうこうしているうちに会場の片隅で大の男が宙を舞った。日ごろの緊張の糸がプツンと切れた男性が私の「サン・トワ・マミー」に乗せられて、日本航空のスチュワーデスにダンスを強要し、みごとに投げ飛ばされたのだ。

I氏は北京支局長から帰任後、一九八六年九月『現代中国百景―ヒゲで撫でた胡同―』

（中公新書）を上梓されている。

資料が無い。あくまで私の想像だが、一九八二年当時の日本人の北京常駐者数は千名もいなかったと思う。外務省「海外在留邦人数調査統計」に拠ると、二〇一五年十月一日現在の在中国大使館管内の北京在留邦人は一万一九三二名とのこと。一九八二年頃に比べると随分増えているが、ピークは過ぎてしまって現在は減少傾向に入った感じである。反対に在上海総領事館管内の在留邦人が六万一四六名と中国国内でトップになり、在留邦人の数は政治の中心の北京から経済の中心の上海地区に代わってしまった。ちなみに全中国の在留邦人は十三万一一六一名。

江戸末期長崎の出島が日本の対外貿易の唯一の窓口であったように、私が最初に北京に駐在した一九七八年頃、中国の対外貿易は春秋年二回の広州交易会以外は、北京西郊二里溝の〝談判大楼〟で行われる国営貿易公司との商談に限られていたと言ってよい（軽工業品、畜産品の中国からの輸入商談は一部東華門というところで行われていたが）。従ってわれわれは北京西郊二里溝〝談判大楼〟詣でをしておればよかった。反対に、国営貿易公司を飛び越して直接ユーザーと接触することは許されていなかった。

しかし、改革開放政策の進展により、先ず国営貿易公司の北京総公司から地方分公司への権限委譲が進み始めた。更に企業自身が対外貿易権を持つようになり、地方のユーザーと直接輸出入商談をすることが始まった。

更に日系企業が中国に進出し、合弁・独資による事業を展開し始めると、地方企業、地方政府と直接商談することが多くなった。そういうこともあって二〇〇五年前後からわが社の駐在員、現地雇員の人数は北京に代わり上海が一番多くなった。


電通北京駐在員のY氏は、北京大学を卒業後家族とともに日本に引き揚げて来られ、私は中国語研修学校時代に課外活動でご指導いただいたことがある。一九八一年当時、中国のテレビにはまだコマーシャルはなかったし、新聞広告もなかった。北京の街角にはまだ政治スローガンが残っており、マクドナルドの広告看板などとんでもないという時代であった。かろうじて記憶に残っているのは、北京から天津に向かう列車から見た、人民公社のレンガの壁に描かれた中国製練り歯磨きの広告だ。赤いレンガの上に、青色と白色を使って中国製練り歯磨きの商品名が描かれていた。

広告産業が芽生える前にいち早く電通はY氏を北京に送り込んでいた。そのY氏が民族文化宮で文芸の夕べのようなものをコーディネートされ、私に遊びに来ないかと〝請貼〞（招待状）をくださった。私が中国語研修学校時代に〝文工隊隊長〞（文芸工作隊隊長）とからかわれていたことをご存じであったY氏は、突然私のことを紹介し、私は舞台に引き上げられた。何か歌えという。やむなく当時の中国人がよく知っていた日本民謡〝拉網小調〟（ソーラン節）を日本語と中国語で歌った。

〝一切反動派都是紙老虎〟（一切の反動派はすべては張子の虎である）、〝要光明正大，不要搞陰謀詭計〟（公明正大であれ、陰謀術策を弄してはならない）などという文革中の政治スローガンが北京市内の街角から徐々に消えていった。地方の人民公社のレンガ壁に書かれたスローガンも消されていった。「鹿鳴館時代」というか、外国人との接触もだんだん緩和され、芸術分野でも規制が徐々に緩和された。

北京空港に最初の〝第二航站楼〟（第二ターミナルビル）が竣工したのもこの頃だったが、新しい〝餐庁〟（レストラン）の壁画が物議を醸した。なかなかりっぱな壁画であったが一部裸婦が描かれていた。そのためその裸婦の部分のみ白い大きなカーテンで隠されるという事件があった。まあ考えてみれば数年前まではそのような公共の場所には毛沢東の詩詞がかかっていたのだから無理もない。改革開放政策は行きつ戻りつしながら少しずつ前に進んでいった。

私はこの北京空港〝第二航站楼餐庁〟の〝肉絲湯麺〟（肉入りスープ麺）が好きで、搭乗前によく注文したものだ。イタリアのスパゲッティはマルコポーロが中国から持ち帰ったとか。また日本のラーメンは昔は支那蕎麦と呼んでおり、麺類は中国四千年の文化を代表する大衆的な食べ物だ。しかし、実際に中国で食べる麺は私を大いに失望させた。先ず麺に腰がない。それからスープに味がない。更に具が少ない。そんな中でここの〝肉絲湯麺〟は牛肉の醤油煮込みが乗せてあり、かすかにスープに味がついている。地方への出張前の慌しい気分の中ではするっと喉を通る。飛行機が離陸する十五分くらい前の最終搭乗案内の放送が聞こえてから、箸を置いて慌てて搭乗口に駆け出したものだ。まだまだ北京空港はのんびりとしていた。

この頃、中国人民解放軍海軍政治工作部文工団の歌手蘇小明の歌う〝軍港之夜〟が大ヒットした。「軍港の夜はひっそりと、波が戦艦を軽く揺らし、若い水兵は波を枕に幸せな夢を見ている……」（拙訳）という歌詞で、海軍文工隊だけに少し硬い内容だが、それ以前の政治思想優先の勇ましいプロパガンダ歌曲、行進曲とは大違いであった。また、歌唱法もそれまでのフォルテシモで始まってフォルテシモで終わるような絶唱型ではなく、軽く語りかけるようなタッチであった。抒情的な旋律とその歌唱法は、改革開放を象徴する歌の出現ということができる。〝軍港之夜〟以降、政治色のうすい抒情的な歌が増えていったと思う。

北京事務所の上司Y副所長はこの歌が大好きで、深夜仕事を終えた後の酒盛りでは、ウィスキーを片手に一緒になってつぶやくように歌ったものだ。

第一文学部中国文学専攻の同期で、中国語学習会をともに立ち上げ、互いに切磋琢磨していたT君はその後早稲田の教授になるが、この頃やはり中国文学を専攻していた奥様と一緒に北京大学に留学していた。宿舎の食事がまずくてかなわぬとのことだったので、一夕食事に招待した。

食事が終わってタクシーで北京大学構内の宿舎に送ったが、正門から宿舎まで結構時間がかかったように記憶している。初志を貫徹、唐詩の研究を続けているT君のことをつくづく羨ましく思った。その後、T君は愛知淑徳大学を経て母校の教授となった。愛知淑徳大学時代、私が中国のミッションにアテンドして名古屋に出張した時には、夜ホテルからよく電話を入れた。早稲田に帰ってからは、研究室を訪ねたり、大隈会館で食事をしたり、三年に一度くらいのペースで交流を続けている。

中国文学専攻の恩師長谷川良一先生が北京大学で交換教授をなさっていたのもこの前後で、宿舎の友誼賓館にお訪ねした。

私の後で北京駐在をした後輩のＩ君は食通で、民族飯店の中華レストランに対して毎日のように改善提案を出し、ついに〝Ｉ湯麺〟なるメニューを作らせた。麺自体に腰を持たせることはかなわなかったが、野菜と肉を炒めた豊富な具を乗せ、さらにスープの味を濃厚にすることに成功した。彼は一躍〝著名人士〟となり、われわれは当分の間その名前を冠した〝Ｉ湯麺〟のお世話になったものだ。その後一九九〇年頃まで駐在員は民族飯店に泊まることが多かったが、今この〝Ｉ湯麺〟はメニューに残っているだろうか。

中国の麺に対する不満を書き連ねてきたが、一九八〇年前後の北京の豊澤園の〝過橋麺〟、晋陽飯荘の〝刀削麺〟、北京飯店や前門飯店の〝担担麺〟、新僑飯店の〝炸醤麺〟は結構いけた。しかし、地方出張して美味しい麺に出会ったためしがなかった。

二〇一一年九月、初めて甘粛省蘭州に出張し、有名な〝蘭州牛肉麺〟を食べた。蘭州は古くからシルクロードの交通の要衝で漢族に次いで回族が多く住んでいる。黄河の流れのすぐそばの専門店で、回族のイスラム教徒の白い帽子をかぶったコックの作る〝蘭州牛肉麺〟をいただいたが、麺に腰があり、香辛料をたっぷり使った濃厚な味であった。〝細麺〟と〝寛麺〟の二種類を食べた。唐辛子油がたっぷり浮いていたので、用心をしてスープはほんの少し啜るにとどめた。

翌朝、地方政府の関係者がホテルに訪ねてこられ、朝食をとりながらの面談となった。驚いたことに蘭州の朝食は〝蘭州牛肉麺〟であった。ご馳走になるのに「あの、蘭州牛肉麺はこれで三日連続でして……」とも言えず、美味しそうにいただいた。案の定、その日の午後からひどい下痢に襲われた。前日ご馳走になった羊の頸の肉を手づかみ（〝手抓〟）で食べる地元の料理が犯人であったかも知れない。翌日帰国しても下痢はおさまらず、家内にうどんを作ってもらったが、食べ残してしまった。好物のうどんを食べ残すに至って、家内はやっと事の重大さに気が付いたようだ。

広島県呉市に生まれ育った私は、大のうどん好きだ。煮干（広島ではイリコと呼んでいた）、昆布或いは鰹節で出汁をとり、青葱を少々、更に薄っぺらい向こうが透けて見えるくらいの蒲鉾が一、二枚乗っていれば十分。スープの色は薄いから七味唐辛子をかけると七味がお椀の底に沈んでいるのが見える。広島の中でも呉のうどんは細麺である。戦前は海軍及び造船の町であっただけに、有事の際にはすぐに火がとおり、また食べやすい細麺としたとのこと。

広島では「うどん屋」という暖簾はよく見かけたが、「そば屋」という暖簾は少なかった。一九六九年、大学入学のために上京、学生食堂で一番安いのがカレーライス六十円、うどん六十円であった。うどんを注文してびっくりした。スープが真っ黒、麺の太いこと。大学の周辺には、「元大隈家御用、元近衛騎兵連隊御用」の看板を掛けた「三朝庵」、それから「長寿庵」とか、「金城庵」とか、東京には本当に「そば屋」が多いと思った。クラス、サークルのコンパ会場は大体この「そば屋」の二階であった。

(六) 一九八二年〜一九九八年頃

一九八二年三月二十四日、二回目の北京駐在から帰任したが、一週間も経たないうちに、またすぐ四十六日間の出張に出かけている。独身であったからこんな芸当ができたのだろう。その後年末まで五回中国に出張し、一九八二年は駐在が終わったとは言うものの、一年間の内二百日間、中国各地に出張していた。

陳舜臣氏のこと

北京に商談に来る外国人の数が激増し、ホテルはオーバーブッキングで、北京に来たが泊まるホテルがなくて右往左往という状態が出現した。少しでもホテル事情を緩和するため、一九八三年前後に北京に民族系のホテル燕京飯店が建設された。長安大街民族飯店の西側に出来たこの新しいホテルは安普請で必ずしも快適とはいかなかった。サービスも従来の国営ホテルと変わらず、食事もまずかったが、ホテル不足の折文句は言っていられなかった。わが社は一九八〇年代の中頃、一時期北京事務所をここに置いた。

ある時、燕京飯店の中華レストランで食事をしていて、作家の陳舜臣氏をお見かけした。レストランの片隅で、一人ぼっちで何か考え事をしながら箸を動かされていた。

もう一度陳舜臣氏をお見かけしたのは、北京西郊二里溝の、燕京飯店に少し遅れて建設された西苑飯店のレストランであった。この時も一人ぽつんと食事をされていた。陳氏は恐らく個人的な取材旅行であったとは思うが、陳氏ほどの人気作家でもホテルを選ぶことができなかった。チョイスのない時代であった。

中国出張の折、また中国国内を旅行する時、陳舜臣氏の『小説十八史略』、『中国畸人伝』や、中国に関するエッセイ集をよくアタッシュケースに忍ばせ、陳氏の作品はあらかた読んだ。中国人、中国語、中国の文化、歴史をよく理解する人の書いた中国に関する作品はどこか違う。陳氏は漢詩を読む時、日本式の漢文読み下し式ではなく中国語としてお読みになっておられるのではなかろうか。私は高校時代に習った漢文読み下し式で漢詩を読むが、最近中国語として読んでみると案外すんなりと理解できることに気が付いた。もちろん漢詩は現代語とはかけ離れているから発音できない難解な漢字も多い。しかし、分からない漢字は置いておいて中国語として読んでゆくと、漢文読み下し式とは随分違った味わいがある。

初期の推理小説も読んだが、陳舜臣氏の面目躍如はやはり『小説十八史略』全六冊（講談社文庫）等の中国歴史小説にあると思う。また、『中国畸人伝』、『中国傑物伝』、『中国美人伝』（いずれも中公文庫）等の歴史上の人物を生き生きと描いている人物伝も面白い。しかし、『阿片戦争』上中下三冊、『孫文』上下二冊となると、小説家というより歴史家としての視点に重きを置いて書かれたのか、史実の細部にこだわりすぎというか、私には少々退屈であった。

中国に関するエッセイ集には読むべきものが多い。手元にあるのは、集英社文庫の『紙の道（ペーパーロード）』（一九九七年一月第一刷）、『随縁護花』（一九九八年八月第一刷）、『雨過天青』（一九九九年第一刷）、『万邦の賓客―中国歴史紀行―』（二〇〇一年八月第一刷）、『曼陀羅の山―七福神の散歩道―』（二〇〇五年八月第一刷）。朝日文庫の『録外録』（一九九〇年十二月第一刷）、『含笑花の木』（一九九六年二月第一刷）。中公文庫の『元号の還暦―三燈随筆（一）』（一九九五年一月）。講談社文庫の『長安の夢』（一九九一年八月第一刷）……。

ほとんど文庫版の第一刷を買い求めている。おそらく中国出張中に読むために、成田空港の書店で携行に便利な文庫本を買ったのだと思う。

陳氏は終戦後直ぐ家業の貿易に従事されていた時期があるという。そういう意味からもなんとなく親近感を持つことができる。前にも書いたが芥川賞作家辻原登氏は私と同じ中国語研修学校の卒業で、同じ日中友好商社の業界で活躍された同業者だ。

その後一九九四年夏、病が嵩じて神田の三省堂書店で開かれた陳舜臣氏のサイン会に行列し、『耶律楚材』の扉にサインをいただいた。

父の死（一九八六年十二月）

父は肺気腫のため長期入院していた。ある時、かなり危険ということで東京から急ぎ帰省し、呉の国立病院に見舞ったことがあった。集中治療室のいろんなパイプを埋め込まれた父を見ると、手を握るどころか、声をかけるどころか、思わず後ずさりをしてしまう。兄や弟は大学を卒業すると短期間の修行をした後、家業を継いだ。私は一九六九年大学進学のために上京して以来、盆暮れに帰省することはあっても、基本的に十七年間父と離れて生活していたから、兄や弟のように手も出なければ声も出て来ない。

父の肺気腫は私の大学時代から進んでいた。少し早足で歩くとすぐに息切れがした。父が仕事の関係で上京の折、一度だけ大学のキャンパスを案内したことがあった。普段学生単独では利用できなかったが、事情を説明し大隈会館のレストランに入れてもらった。父はビールを注文し、私はコーヒーを飲んだ。その後、大隈庭園を廻り大隈講堂を仰いだ。学生運動のデモの隊列を避けながら、大隈侯の銅像の脇を通ってキャンパスを一周したが、肺気腫の息切れに何度か歩みを止めた。

大学に進学し、歴史の勉強をすることが夢であった父は、戦争のためにその夢を捨てざるを得なかった。その日、とても嬉しそうな父の顔があった。


一九八六年十二月、上海宝山製鋼所第二期工事の商談のためメーカーとともに上海に出張した。ホテルは現場に近い宝山賓館という宝山製鋼所の建てたホテル。

十二月十八日、風邪気味だった私は、昼食を終えると自室に引き上げ昼寝をした。昼寝から目が覚めると、部屋に暖房のスチームの音だけが響いていた。そのスチームの音を聞き、父の集中治療室の酸素吸入器のシューという音を思い起こした。宝山賓館の窓からは雨に煙る呉淞口が遠くに見えた。周囲には杭打ち機が林立しているだけだった。

そのうち部屋の電話が鳴った。会社の上海事務所長からの電話であった。父の死を知らせる電話だった。

商談を途中で投げ出すのは決まりが悪かったが、帰国することにした。翌朝一番の中国民航を予約してもらい、中国側の商談相手、メーカー、同僚にお別れの挨拶をした。

十二月十九日早朝、上海宝山から虹橋空港に向かうタクシーは学生のデモ隊の隊列に遭遇した。胡耀邦総書記を擁護・支持する学生のデモの隊列であった。私が中国で初めて目にしたデモの隊列であった。胡耀邦総書記は翌年一月総書記を辞任せざるを得なくなった。

大阪伊丹空港に到着すると、大阪支店の社員が来ていた。中国からの来日団の出迎えかと思い、ご苦労さんと声を掛けた。しかし、本社からの指示を受けて会社からの香典を渡すために、わざわざ私を出迎えてくれたのだった。

新大阪駅で新幹線に乗った。冬のことゆえ、窓の外はすぐに暗くなった。ウィスキーを飲みながら窓ガラスに映る自分の顔を見た。涙がポロポロ出て止まらなくなった。

呉の実家に着いたのは通夜が終わる直前であった。その夜はお寺の座敷のお棺の傍で朝までうつらうつらとした。

中国への出張ばかりで一向に結婚しないものだから、一九八〇年から技術提携関係にあった武漢の工場の人々は随分気をもんでくれた。一九八八年やっと結婚した時には武漢から祝電をいただいた。翌年来日された時には、子供を抱いた観音像の焼き物を持ってきてくださった。蓮の花に水を入れてしばらくすると観音様の手の先の壺から蓮の花の上に水が流れる仕組みになっている。当時中国にはしっかりした梱包材がなかったから、日本に持ってくる時は飛行機の中でずっと膝の上に抱いてきてくださったとのこと。その気持ちが嬉しかった。狭いわが家の玄関に飾って、ずっと大切にさせていただいている。

二〇一一年、十数年ぶりに武漢の工場を訪問した。一九八〇年からのライセンス契約はいまだに継続しているが、一九八〇年代から一九九〇年代にかけて一緒に仕事をした武漢の人達は皆例外なくリタイアされていた。何しろ日中双方の中で私が最年少であったから。

天安門事件

一九八九年六月四日は広島の家内の実家に帰省中で、終日暗澹たる気持ちでテレビのニュース番組を見ていた。五月十三日武漢に出張し、五月三十一日北京経由帰国したばかりであった。

メーカーと一緒に武漢出張中の五月十九日、中国のテレビは突然〝戒厳令〟が布告されたことを発表した。テレビ画面を見ながら中国語でも〝戒厳令〟(jièyánlìng)と言うんだと妙なことに感心したことを覚えている。武漢のホテルは東湖に面した閑静な東湖賓館だった。昔、毛沢東が別荘として使っていた。真夜中になってもデモ隊の声が遠くからうなり声のように部屋まで聞こえてきた。

数日後、われわれの乗ったマイクロバスは武漢長江大橋の真ん中で、デモ隊の隊列の中に立ち往生してしまった。

五月二十九日北京へ移動、二泊した後五月三十一日北京から帰国したが、その時の北京長安大街は地方から上京した学生も加わり、更に北京の職域の支援のデモ隊で溢れていた。

天安門事件後、一時期訪中商談もできない状態になった。私自身再度中国に出張したのは九ヶ月後の一九九〇年三月のことであった。天安門前の長安大街の通りには戦車の轍がまだ残っていて、私の乗った車のタイヤは小刻みな悲しい音をたてた。長安大街に面したマンションの外壁には銃弾の跡がまだ残っていた。晴れた日は気が付かないが、雨が降ると銃弾の跡が浮かび上がった。

来日ミッション

一九八〇年代中頃から一九九〇年代中頃にかけて来日ミッションが激増した。当時日本で一番のノッポビルは池袋のサンシャインビル六十階であったから、都内観光はこのサンシャインビル（〝陽光大厦〟）や東京タワー（〝東京鉄塔〟）に案内した。しかし、二〇〇〇年代に入り上海や北京の大都市にアジア一、二を争う高層ビルが出現してからは、〝陽光大厦〟や〝東京鉄塔〟の案内は取り止めた。もちろん新宿副都心の高層ビル街も案内することは少なくなった。その代わり浅草仲見世あたりにお連れすることが多くなった。

一九八〇年代の中頃は、来日団が個人的に自由にできるお小遣いも限られていたから、ショッピングは御徒町あたりの安売り店へアテンドするのが定番であった。

最近の来日ミッションのご希望は、銀座のデパートでの高級化粧品のお買い物。資生堂はじめ高級商品をまとめ買い。私も銀座のデパートへのショッピングにアテンド、通訳をしてあげるが、本当に中国は豊かになったと思う。

北海道札幌の駅ビルに入っているデパートには、「銀聯カードによるお買い物を歓迎！」という中国語の大きな垂れ幕が下がっていた。私がアテンドした中国の大学関係者は時間をかけて吟味することもなく、イクラの瓶詰め、鮭の燻製等高級食材をこの銀聯カードであっという間にお買い上げになった。

阪神・淡路大震災

一九九五年一月十七日、大震災発生のニュースを見て真っ先に頭に浮かんだのが技術提携関係にある武漢の工場の来日団のことだ。わが社の受け入れで来日されたミッションだ。わが社の受け入れの日程はすでに終了し、他社の視察に回っておられたが、わが社は身元保証会社だ。出勤後、会社から来日団にコンタクトしようとするが電話はなかなかつながらない。

帰宅すると来日団の日本語通訳H氏から自宅に電話があったという。家内が言うには大層不安がっておられたとのこと。夜やっと電話がつながり様子を聴くと、西明石のホテルで被災した。神戸、大阪を経由して関空から帰国したいが、神戸、大阪への電車は動いていないがどうしたらよいだろうかとの相談であった。新幹線も止まっており私自身が西明石に駆けつけることも出来ない。

翌日出勤すると電話はつながるようになっていた。大阪支店のOさんと相談し、Oさんに関空に見送ってもらうようお願いした。武漢に生活している人には地震に免疫がない。地震に慣れていないるわれわれ日本人には想像もつかない恐怖を感じたらしい。大阪支店Oさんが付き添うことにより、なんとか無事に関空から飛び立たれた。

親会社と合併

一九九三年（平成五年）十月、工業用繊維の取引を中心とする国内商社の親会社と合併した。もともと同じ社長のもと、同じビルで働く兄弟会社の間柄で、私自身は変わることなく引き続き日中貿易に携わることができた。

（七）香港支店（一九九八年十月～一九九九年七月）

羽田と北京との間に直航便が開通したのは一九七四年九月のことであった。それ以前訪中するためには羽田から香港まで飛び、それから列車で国境の町羅湖経由広州に向かう。広州からは、空路北京に向かうか、或いは三十九時間かけて鉄道で北京に向かうという二つの方法しかなかったらしい。らしいと言うのは、私には香港経由北京という経験がなかったからだ。初訪中は一九七四年十月、就航したばかりの羽田から北京への直航便であった。

広州では春秋それぞれ一ヶ月間の会期の広州交易会が開催されていた。広州交易会というのは中国の輸出入商談会で、一九七六年私が入社した当時、年商の約一〇％はこの広州交易会一回で決まっていたので、会社では交易団の結団式や帰国報告会を催すなど、きわめて重要な商談のチャンスであった。広州のホテルの相部屋で深夜二時、三時まで契約書のタイプをたたき、仮眠をして翌朝の商談にのぞむという生活を一ヶ月間過ごし、初めて一人前の商社マンに育っていく。トレードプランとカタログ資料の段ボールを両手に交易会場に一番乗りを果たした猛者の先輩もいたらしい。

私の配属されたプラント部という営業部は広州交易会と無縁であった。プラントの大型商談は北京二里溝の〝談判大楼〟で行う習わしとなっていた。そう言うわけで、私は一度も広州交易会に参加することはなかった。

従って私は香港経由中国に入る、或いは帰国するという経験がきわめて少なかった。最初は一九八〇年、福建省福州に出張するために香港に一泊した後、昔の啓徳空港からジェット機で広州に飛び、広州空港で飛行機を乗り継ぎ福州に向かった。何故そのようなルートをとったかというと、その前年北京から鉄道を利用して福州入りした時、二日間汽車に乗りっぱなしで、大変しんどい思いをしたからである。確か食堂車で五回食事をしたことを覚えている。香港から広州まではジェット機で三十分くらい。上昇したかと思うと水平飛行はほとんどなく下降に入る。あっと言う間であった。

当時、香港には事務所がなかったので、一緒に商談を追いかけていた伊藤忠商事の香港支店のお世話になった。とにかく、香港は危険であると刷り込まれていた。香港経由広州交易会に参加したこともない。また、得意の標準語も通じないので、情けないことに香港では伊藤忠商事の人の後にくっついて歩いた。

一九八九年頃だったろうか、上司とともに香港に出張した。コングロマリットの鉱山機械メーカーのアジア拠点が香港にあり、その打ち合わせのため香港に出張することになった。

上司は中国語はできなかったが英語は堪能、昔バグダッド支店勤務時代にイラク人に空手を教えていたという猛者で、社内の綽名は「ゴルゴサーティーン」。

今はない啓徳空港に到着するなり、青い眼の人の出迎え。出迎えに対する感謝を述べると、*This is my pleasure and duty.* という返事が返ってきた。西洋人も中国人とよく似ているなと思った。中国人は送迎に対する御礼をしっかりと言葉にして表現するが、日本人は気恥ずかしさが先行するのか、「どうも、どうも……」で済ませてしまう。また、自分自身を振り返り、日本人は感謝を表現するのがへただと、つくづく思った。

ホテルにチェックインすることもなくそのまま鉱山機械メーカーの事務所に向かい、商談。商談後日本料理のお店で会食。ホテルにチェックインしたのは夜十時頃であった。啓徳空港に到着して六時間ずっと不得意の英語漬けであった。おかげで部屋の洗面台の鏡を見ると眼の周りが黒ずんでいた。

上司から〝夜総会〟（キャバレー）に連れてってやるよとお誘いがあったが、あまりに疲れていたので丁重にお断りした。香港は危険なところといつの間にか刷り込まれていた。また、香港経由帰国する時は体力気力ともに消耗した後、その時に蒸し暑い雑踏を歩くと、食べ物屋の香港特有の匂いに体調が異変をきたしてしまう。

私は陳舜臣氏の書物の愛読者だが、氏の中国に関する歴史小説、随筆にたびたび出てくるのが「瘴癘《しょうれい》の地」、「酷暑、卑湿の地で、風土病は猖獗《しょうけつ》をきわめる」と言う表現である。左遷されて広東、雲南、ベトナムの地に島流しになる場合に、よくこの「瘴癘」とか「猖獗」と言う表現をお使いになるが、病垂《やまいだれ》であったり獣偏《けものへん》であったり、想像を絶するひどい環境と思える。標準語を学び、若き日の駐在員生活を乾燥した北京で過ごした私にとって、香港とはまさしく「瘴癘の地」であった。

この点私より数年上の世代は香港で語学研修を受けた後、中国に行き仕事をする人達が多かった。私の会社にも学生時代に香港の中文大学に留学していた人がいたし、一緒に仕事をさせていただいた三菱商事のM氏も入社後香港で語学研修を受けた後、中国との商売の第一線に投入されたとのことであった。今でこそ語学留学が当たり前となっているが、文化大革命の最中、中国には日本人語学留学生の受け入れはほとんど皆無といってよかった。留学して中国語を習得するためには、シンガポールの南洋大学か香港の中文大学に留学するくらいしか選択肢はなかったし、大手総合商社の商社マンも香港で語学研修を受ける人が多かった。

三菱商事のM氏とは一九七七年秋、吉林合成ゴムプラントで一緒に仕事をさせていただいたが、その時私に対して「おたくの会社は日中貿易の最大手ですから」と言われたことを思い出す。

私と同世代及び上の世代が香港という渡り廊下から竹のカーテンの中に入ったのとは異なり、私は日中直航便が就航した翌月一九七四年十月十六日に香港経由ではなく直接初訪中することとなった。そして北京で何度か若き日の駐在員生活を送った私にとって、香港とはまさしく免疫のない「瘴癘の地」であった。

そんな私が何のめぐりあわせか、香港支店に支店長として赴任することとなった。一九九八年十月、アジア通貨・金融危機の嵐の吹き荒れる香港に赴任した。

一九九九年二月十五日、春節前の香港の様子を「香港の大晦日」という一文にまとめ、「香港だより」として本社に送った。

「香港の大晦日」

一九九八年中国復帰二年目の香港にアジア通貨・金融危機の嵐が吹き荒れ、香港は未曾有の不況のまっただなかにある。一九九八年域内総生産（ＧＲＰ）成長率見通しはマイナス五％、一九九八年第４四半期の失業率は五．八％、一九九八年十月の小売売上高は前年同月比二〇％減、一九九八年十一月の消費者物価指数（ＣＰＩ）上昇率はマイナス〇．七％、香港にとって実に二十三年ぶりのデフレとなった。

どの数値をとってもこれまで香港が経験してこなかった、まさしく未曾有の状況が出来《しゅったい》している。

一九九八年十二月末、香港松坂屋に引続き大丸が撤退した。〝結業大減價〟（閉店セール）の大垂れ幕とともに、一九六〇年香港進出以来三十八年間の日系百貨店のシンボルとしての歴史の幕を閉じた。大丸のシャッターは閉じたままだが、「大丸行き」のミニバスは相変らずその名を冠して走っている。シャッターの降りた大丸の前を通ると、なんの脈絡もなく「夏草や兵《つはもの》どもが夢の跡」という句が思い浮ぶのは、日本人の感傷癖のなせるわざか……。

このような不況の中で、明日一九九九年二月十六日香港は春節（旧正月）を迎える。今日はさしずめ大晦日、支店の眼下にひろがるヴィクトリアパークには〝年宵花市〟がたち、花や玩具を売る特設屋台が並び、まるでアメ横のような活況を呈している。金柑、桃、水仙などの花が売られている。ちなみに金柑は金運が上向くという縁起かつぎだそうで、支店の入っているオフィスビルの玄関ホールにも一対の金柑の大きな鉢植が置かれている。この金柑の鉢植には「ライシー」という真っ赤な祝儀袋がクリスマスツリーのようにたくさん吊り下げられ、金柑の実の黄、葉の緑、「ライシー」の赤と、色彩的にいかにも香港チックであり、正月の願い事のまず第一が金運隆盛というのがなによりも香港らしい。

香港の街のいたる処に〝生意興隆〟、〝恭禧発財〟の赤い紙が貼られている。支店で〝生意興隆！恭禧発財〟（来年は商売繁盛！もうかりますように！）と声高に顧客と年末の挨拶を交わしている。こんな不景気にも拘らずお互いにその声は意外に明るい。

銅鑼湾の歩道には正月用品をしこたま買い込んだ人々が踵を接し、なかなか前に進めない。街行く人々の表情に不況の影はあまり感じられない。まるで、春節を楽しく迎え楽しく過ごせば、去年までの悪夢は雲散霧消してしまうかのように。

今朝、出勤前にマンションでゴミ出しをした。ピカピカのポリバケツに新調されていた。（高橋　俊隆　一九九九年二月十五日記）

香港から帰任する前、会社の仲間と山登りをした。

こういう時には面倒見の良いＩ君が必ず登場する。Ｉ君は自動車の商売で香港に長く駐在していたことがある。当時自動車メーカーが対中販売拠点を香港に置いていた関係から、定期的に香港に出張して来た。Ｉ君は多忙な生活の中、時間を見つけて映画館に通ったり、ハイキングを楽しんだり、また香港の状況を文章にして投稿したり、絶えず頭と体を動かしている。この時も出不精の私を気遣ってくれたのだろう。

九龍サイドの海抜二、三百メートルの低い山で、頂上に登ると香港島を見渡すことができた。九龍と香港島との狭い海峡を貨物船に混じって小型のジャンクも行き来していた。絶好の眺めであった。

この山登りで気が付いたことがある。狭い登山道に小さな木を渡して階段としているが、この階段の一段一段の段差が日本人の私には非常に大きい。登るにしても降りるにしても大変疲れてしまう。一般的に広東あたりの人は中肉中背の人が多い。この登山道の階段は誰が作ったのだろうと考えながら山道を登り、そして降りた。おそらく阿片戦争後香港に入ってきたイギリス人がハイキングを楽しむべくこの登山道を造ったに違いない。イギリス人の足の長さに合わせて階段としたに違いない。

杜甫に『登高』という七言律詩がある。中国には陰暦九月九日、重陽の節句に小高い丘などに登る習俗があったようだが、「瘴癘の地」香港にその習俗が残っていたとは思えない。イギリス人が自分の足の長さに合わせたと考えた方が合理的だ。

（八）総務部（一九九九年七月〜二〇〇一年十二月）

一九九九年七月、香港支店勤務から帰任すると管理本部総務部の配属となった。得意の中国から離れてまるっきり新しいことを勉強しなければならない毎日が始まった。

二〇〇〇年はミレニアム。コンピューターの二〇〇〇年問題対策が重要な課題で、本社ビルの多くのフロアーをお貸ししているテナントの会社の総務部の方とともに、大晦日から元旦にかけて本社ビルに泊り込んだ。午前零時を過ぎたところでエレベーター等の作動確認をしたが、大した支障はなく、外が明るくなってから退社した。

二〇〇〇年十一月、港区赤坂から千代田区四番町に本社事務所を移転する際、移転先の選定、移転準備、二日間にわたる引っ越し作業に携わった。

什器は単純に次から次へとトラックに詰め込めばよいわけではない。机・椅子、金庫等の重量物、電話、コピーマシン、コンピューター等を順序良く搬出、搬入しなければならない。それぞれの専門業者の力を借りなければならない。

総務部の仕事は森羅万象。相手は建設会社、不動産会社、保険会社、リース会社、清掃会社から文房具屋さんまで。警察署、消防署、裁判所に行くこともあれば、弁護士、司法書士、公認会計士と相談することもある。

警察の対応は非常に丁寧で、ある警察署では「大変申し訳ありません。応接室がふさがっておりまして、こちらへどうぞ」と通された部屋は、取調室であった。窓には鉄格子が嵌まっていて、よくテレビドラマに出てくるのとそっくり同じ部屋であった。

会社で集団検診を行う場合、会社の前にレントゲン車を止めるために最寄りの警察署に道路使用許可を申請しなければならない。これらの総務の仕事は営業時代想像も出来なかったが、キチンとやって当たり前、ミスは許されない。

総務部で中国に関連する業務は、日中経済団体、日中友好団体との連絡窓口であった。日本国際貿易促進協会、日中経済協会、日中友好協会等の会合に出席することであった。

中国語を勉強したいという女子社員がいて、短期間ではあったが、早朝中国語を教えた。会社の仕事に活かしてもらいたいと思ったが、本人はやがて退職して北京に留学するという道を選んだ。

以上が総務部在任中の二年半、中国に出張することはなかったが、なんらかの形で中国と関わり続けることができた。

(九) 二〇〇二年一月〜現在

二〇〇二年一月、営業に復帰した。二年半営業から遠ざかっていると、さすがに中国語の感覚を呼び戻すのに時間がかかった。

二〇〇二年三月は久し振りに中国に出張した。堰を切ったように一ヶ月のうちに三度も上海に出張したが、一九九八年以来四年振りの上海は大きく変わっていた。アジア一の高さを誇る東方明珠塔に登った。夜、外灘側から浦東の東方明珠塔のビル群を眺めると香港島以上のライトアップ。一九八〇年代までは外灘側から見えるのは背の低い工場建屋であった。夜見えるのはシャープだったか三洋だったか小さなネオンひとつだけであった。

同じく浦東新区の金茂大厦にも登った。陸家嘴の金融街にはアジアで一番、二番の高層ビルが立ち並び、高所恐怖症の私はクラクラし通しであった。一九七九年頃、浦東の滬東造船所を訪問する時は黄浦江の下の隧道を潜って浦東に上がり、黄浦江に沿って土煙をあげて三十分くらい走ったように記憶している。道路の両側には畑が広がり、向日葵の花の向こうにポツンポツンと農家が見えた。その浦東の光景は一九九九年に浦東空港が開港したこともあって、大きく変わった。

高層ビル、インフラが整備されただけではなく、人々の生活も格段に豊かになった。わが社の上海事務所のローカルスタッフの中には、株式に投資して儲けたり、両親がマンションを二室も購入したり、ついには自家用車で通勤するものまで現れ始めた。

村上春樹

二〇〇二年以降、上海淮海路の新華書店とか上海浦東空港の書店を覗くと村上春樹の翻訳本が目立つようになった。また、渡辺淳一や江國香織など名前は知っていても読んだことのない作家の翻訳本が多くなってきた。

村上春樹の『中国行きのスロウ・ボート』という短編小説は文庫本（中公文庫）で読んだことがあった。村上春樹の作品だからではなく、「中国」という文字がついているからなんとなく買った。「中国」という文字がついていれば、小説でも、エッセイでも、ノンフィクションでも、新書でも文庫でも衝動買いしてしまう癖がある。

一九九九年頃だったろうか、大学の同人雑誌仲間の一人N君の出版記念のお祝いを、同人雑誌の仲間四人でやった。私が幹事役を仰せつかったので、土曜日の午後赤坂見附のなじみの中華料理店の一室でやった。その時誰からともなく村上春樹の作品が話題に上った。社会人になってからの私の読書は「中国」というタイトルがついたものが中心になったから、村上春樹については『中国行きのスロウ・ボート』という短編小説くらいしか知識がなく、村上春樹も知らないのという目で見られた。

そんなことがあって中国出張の折書店を覗くと、村上春樹の翻訳本が相当数出版されてい

『挪威的森林』（『ノルウェイの森』）と『海辺的卡夫卡』（『海辺のカフカ』）

ることが分かった。出張のたびに『奇鳥行状録』（『ねじまき鳥クロニクル』、林少華訳、上海訳文出版社、二〇〇二年十一月第一版、定価三〇元）、『挪威的森林』（『ノルウェイの森』、林少華訳、上海訳文出版社、二〇〇七年七月第一版、定価二三元）、『海辺的卡夫卡』（『海辺のカフカ』、林少華訳、上海訳文出版社、二〇〇七年七月第一版、定価二七元）を買った。

『奇鳥行状録』（『ねじまき鳥クロニクル』）は最初の数十ページで挫折した。しかし、『挪威的森林』（『ノルウェイの森』）と『海辺的卡夫卡』（『海辺のカフカ』）は読了した。

読む時に基本的に辞書は引かない。気に入ったフレーズ、慣用句があると「これはいただき」と、蛍光ペンでマークする。意味不明の単語、文章もマークしておく。いわゆる流し読みだ。そんなこんなで日本語の原本を読むより三倍以上の時間はかかったと思う。

中国語の「村上春樹年譜」を見て分かったことだが、村上春樹は私より一年早く早稲田大学に入学し、一九七五年私と同じ年に文学部を卒業している。もしかすると文学部キャンパスのスロープですれ違っていたのかも知れない。『挪威的森林』（『ノルウェイの森』）には文学部のキャンパスの周辺と思わせる場所が何回も登場する。

読了して、私のきわめて少ない洋物読書歴の中から『ライ麦畑でつかまえて』（J・D・サリンジャー）、『長距離走者の孤独』（アラン・シリトー）を思い出した。二冊ともグリークラブの同期Y君が勧めてくれた本だ。

昔、中国語に翻訳された日本の文学作品は、小林多喜二の『蟹工船』に代表されるプロレタリア文学や、夏目漱石、志賀直哉、武者小路実篤等の一見「健康的」なもの、或いは社会性のあるものが多かったようだ。しかし、村上春樹作品は、過去の中国的な表現をすると「プチブル的な面」が濃厚で、また性的描写の部分がある。文革中であれば翻訳の許可が下りなかったと思う。それだけ経済の改革開放にともない、文化の開放も進んだということだ。

手元に二〇〇七年八月一日朝日新聞文化欄の記事の切抜きが残っている。編集委員・白石明彦氏の「村上春樹現象　中国のブーム、実証的に」と題する記事だ。筑波大学大学院に学ぶ中国人留学生王海藍さんの修士論文「中国における村上春樹の受容」を紹介している。王海藍さんは二〇〇五年、中国の五つの大学で学生三四六人を対象にアンケートを行い、九二％が村上春樹の名前を知っており、六六％が作品を読んでいるという数字を得た。読後感は「孤独と無力感に満ちている」、「社会システムや共同体を冷ややかに傍観」が多かったとのこと。

「作中に描かれた都市の風景に魅了され、漂う寂寥感と喪失感に共鳴してきた。村上の小説は中国の若者が抱えている心の空白を埋めてくれる。高度経済成長下の都会で豊かな消費文化を享受していながら、癒しようのない精神的な飢餓感を」と、王さんは書いているそうだ。

『村上春樹のなかの中国』（藤井省三著、朝日選書）という本がある。「本書は中国を手がかりに村上文学を読み解き、村上春樹を手がかりに現代中国の文化と社会を解明しようとする試みである」と、その「はしがき」に述べている。藤井省三氏が一本をなすほど、熱狂的な村上ブームが中国で続いている。私は中国が縁で村上春樹を読み始めることとなった。

大学時代、『雑魚』という同人雑誌を国語国文学科の同級生四人で発行した。当時の同人雑誌の多くがそうであったように二号までしか続かなかった。M君は『山茶花』という個人詩集を出したり、ビオラを演奏したり、英語の推理小説を日本語に翻訳したり、また小説を書いたりと、一番の芸術家肌であったが、突然の病気で妻と二人の子供を残して夭折した。N君は映画関係専門古書店を営む傍ら、『古本屋「シネブック」漫歩』（ワイズ出版）、『古本屋おやじ』（ちくま文庫）を上梓。N君の専門は日本映画、村上春樹作品によく出て来る欧米映画、演劇とは接点がないようだ。もう一人のN君は広告会社を辞めて父親の後を継いで入間で狭山茶を生産している。茶業組合の責任者として先日は狭山を舞台にしたテレビドラマの日本茶コーディネーターとして名前が出ていた。学生時代から文芸評論を書かせれば相当なものであった。今でも茶摘の節くれだった指で小説を書いたりしている。私の俳句修行をあたたかく見守ってくれているのも彼だ。

M君は亡くなってしまったが、二人のN君とはその後も二年に一度くらいの割合で会っている。次回会う時には、それとなく村上春樹を話題にして、「『ノルウェイの森』と『海辺のカフカ』、えーっと、あれは確か中国語版で読んだかな」とさりげなく言うつもりである。

会社における中国語

三十代の中頃まで、技術通訳、商談、宴会の通訳をするチャンスが多かった。大勢の技術者を前に日本のQC活動紹介の通訳をしたり、セレモニーでメーカーの責任者の挨拶の通訳をしたり、商社員の立場を離れて通訳に徹してやらねばならないケースが多かった。

さすがに三日間くらい連続の通訳となると、最後には頭が回らなくなり日本人に中国語で話しかけたりするようになる。二日酔いの疲れた頭では通訳などできるはずはなく、神経を集中させ頭の回転を速める必要がある。自らのテンションを上げるため商談の場に到着する前に、言葉遊びの駄洒落を言う癖がついてしまった。私自身通訳をする能力が一番高かったのは三十代の中頃までであったように思う。

やがて中間管理職になると通訳だけとはいかない。商談を自分で組み立てて自分で進めていかなければならない。ある時は日本側や中国側の通訳をしつつ、商社としての意見表明や調整を中国語でやらなければならない。通訳に徹している方が余程楽である。管理職になるに従って確実に通訳の能力は落ちたように思う。商業中国語について、昔は上司のチェックを受けて中国語の電報や書信を発信したから、随分鍛えられた。管理職になると作文を命じる、チェックをする立場になるから、中国語作文能力も若い時に比べて劣ってきたと思う。

最近の若手社員は留学経験者が多いこともあり、われわれの世代とは異なり話す力、書く力は相当なものだ。社内でも国際電話で流暢に中国語を話し、上司の事前チェックを受けることも無くのびのびと中国語メールで通信している。本当に彼らの中国語の能力に感心する。〝後生可畏〟（後生畏るべし）と思うことが多い。それに対して私の中国語は教科書や辞書の類が少なかった時代、中国に留学するチャンスもなく日本で悪戦苦闘して学習した中国語。彼らには敵わないと感じることが多い。

二〇一一年頃、上海で長期駐在をしている後輩四人と食事をした。若い時の語学留学の話題になったが、一番上は五十四歳で半年間の語学留学の経験がある。次が五十歳、一年間の留学。その次が三十九歳、二年間の語学留学。一番若い三十六歳は一年間の語学留学。時代を反映してか最年長の私だけが語学留学の経験がない。もちろん語学の力は留学期間に比例する訳ではない。留学する前にどれくらいの基礎があったかどうかにより、大きく左右される。また、個々人の資質によるところ大で、一概に言うことはできないが、特に日常会話においてて私が使うことのできない言い回しをさらっとやってのける彼らを羨ましく感じることが多い。

しかし、私は内容さえ理解していれば多くの聴衆を前にしても、臆せず、落ち着いて中国語を話す能力はあると密かに自負している。何故なら中国語を学ぶ者の少なかった時代から多くの優れた先生方の薫陶を得、また会社に入ってからは人民大会堂で通訳をする上司から指導を得て育ってきた。公式の場でどのような表現をすればよいか見よう見まねで教わってきた。数え切れないほど恥をかき、冷や汗をかきながら習得した中国語だから。

茶髪、刺青、ピアス

二〇〇〇年代に入り、上海、北京などの大都市を中心にこの三点セットの若者をよく見かけるようになった。三十代の人にもこのような人がいる。上海の大通りに面した商店街の一画には「ＴＡＴＴＯＯ」という看板を出したお店まである。

『礼記』王制篇に次のような記述がある。

「まず東方の人を夷といい、被髪文身（散らし髪で、身にいれずみ）、（中略）次に南方の人を蛮といい、彫題交趾（題（ひたい）にいれずみし、坐るときは両足の裏を合わせ、趾（おやゆび）を交える）……。」（『中国古典文学大系第三巻』「礼記」、竹内照夫訳、平凡社、昭和四十五年一月二〇日初版発行）。

『礼記』時代の中華思想からすれば、顔面や身体にいれずみをし、散らし髪というのは「東夷・西戎・北狄・南蛮」の野蛮な習俗であり、「これを改めさせるのは難しい」と考えていた。

『孝経』には、「身体髪膚これを父母に受く、あえて毀傷せざるは孝の始めなり」とあるが、刺青をし、顔面にピアスをすることは身体を毀傷することに他ならない。この親不孝者が！

茶髪、刺青、ピアスは日本のみならずアジア、欧米を含め世界的なファッションとなってしまった。中華思想の国も今や世界的なファッションの中に呑み込まれてしまったようだ。私が最初に接した中国の若者は人民服に人民帽、お下げ髪の画一的なファッションであったが……。

金のネックレス、数珠ブレスレット

二〇一二年六月、浙江省海寧の大きな新興民営化繊メーカーを訪問した。まだ四十代後半の〝副総経理〟（副社長）は金のネックレスに数珠ブレスレットで現れた。初対面の挨拶は抜きにしていきなり本題に入る。われわれとの打ち合わせ中も、矢継早に部下に指示を出している。想像していたとおりの現代風のやり手経営者で、私としては敬して遠ざけたい苦手なタイプだ。

工場視察と打ち合わせが終わって、夜の宴席で何かの拍子に日本蕎麦が話題となった。するとその若手経営者は懐かしそうに次のような話をしてくれた。

「一九九一年、当時はまだ国営企業の職員だったが、技術実習のため数ヶ月間日本に派遣された。当時中国はまだ貧しかったので、一日の食費も一人いくらという厳しい制限があった。十二月の寒い日、地方の駅のプラットホームの立食い蕎麦屋で一杯二六〇円の蕎麦を食べた。本当に美味しく、身体が温まってきたことを、今でも時々思い出す……。」

発展著しい中国経済に増長している民営大企業の経営者と勝手に想像していたが、この話を聞いて不明を恥じた。この会社は付き合って大丈夫だと思った。

日中国交正常化四十周年

二〇一二年八月、香港の活動家が尖閣諸島に上陸、その後北京で丹羽大使の乗った公用車の国旗が奪われるという事件が起きた。日本政府が尖閣諸島国有化を宣言した後、九月中旬から中国各地で反日デモや日系企業の焼き打ちが激しさを増し、九月十八日の柳条湖事件の記念日に向けてますますエスカレートしていった。

日本のメーカーは一時渡航禁止の措置を取った。私は九月十八日に上海入りし、メーカーの到着を待つつもりでいたが、上海浦東空港からホテルに向かう車の中で、メーカーが訪中を取り止める決定をしたとの知らせを受けた。

新聞、テレビの一連の報道を見て、これまでとは少し違うなと思っていた。もっと正直に言えば、中国に出張するのに初めて身の危険を感じていた。

この九月十八日の出張は一九七四年初訪中以来ちょうど二百回目の私にとって記念すべき訪中であった。これまで天安門事件やＳＡＲＳ等色んなことに出会ったが、外国人の私が中国で身の危険を感じたことは一度もなかった。

上海の瑞金路に面したある衣料品店の入り口には、「犬と日本人は入るべからず」という手書きの看板が出されていた。夜、事務所の日本人職員数名で会食をしたが、日本料理のレストランは避け、中国料理の店を選んだ。われわれの後に入って来て隣のテーブルに陣取った中国人の若いグループは、われわれのテーブルを睨みつけて〝小日本〟（日本人に対する蔑称）と囁いた。安全を考えて、食事が終わるとそそくさと退散することにした。

本社の指示もあり、急遽翌日のフライトで帰国した。訪中二百回目にして中国滞在僅か一泊二日という最短記録を作った。


一九七二年九月二十九日の日中国交正常化からちょうど四十年が経った。二〇一二年は国交正常化四十周年の記念式典、各種の記念行事が盛大に行われる予定であったが、そのほとんどが中止となった。

旧暦五月六日は唐招提寺開祖鑑真和尚の忌日で「鑑真忌」は夏の季語となっている。季節は違うが、「尖閣の諍ひかなし鑑真忌」という俳句とも何とも言えない句を作った。ただただ「かなしい」としか言いようがない。日中国交正常化四十周年にして、私個人にとっても節目の二百回目の訪中に、このような「かなしい」事態に会おうとは思いもしなかった。

重慶の合弁会社

一九九五年から重慶の合弁企業のパートナーとしてお付き合いをしているZ総経理は、中国の国営企業の出身だが、合弁会社の経営、規模拡大に目覚ましい貢献をされている。商売熱心な方だが、決して利益至上主義の我利我利亡者ではない。『論語』の考え方を、会社経営、社員教育に生かそうとしているし、自ら作詞した社歌にも仁徳の思想を取り入れている。

毎年重慶で開催される〝董事会〟(役員会)に出席しているが、二〇一四年四月Z総経理の発表した二〇一四年度の会社方針は、(一)〝攻堅克難，提高国際競争力——挑戦、創新、高効、共贏〟(拙訳：難関に挑み国際競争力を向上する——チャレンジ、イノベーション、高効率、ウィンウィン)、(二)「学而時習之」(学びて時に之れを習う)の二つであった。(一)の国際競争力を高めようというスローガンは会社方針として非常に分かりやすい。しかし、(二)の「学而時習之」(学びて時に之れを習う)は何故会社方針の一つにしているのか不思議に思った。
「学而時習之」（学びて時に之れを習う）は孔子の言葉で、次に「不亦説乎」（亦た説ばしからず乎）と続く。更にそのあとは「有朋自遠方来，不亦楽乎」（朋有り遠方より来る、亦た楽しからず乎）と続く、『論語』の開巻第一篇「学而第一」の冒頭に出て来る言葉である（『新訂中国古典選第二巻』「論語・上」、吉川幸次郎著、朝日新聞社、昭和四十年十二月一日第一刷）。

Z総経理の狙いは、企業の永続的な発展のためには競争力の向上とともに、従業員の素養を高める必要があるということを訴えることにある。具体的には社内に読書運動を展開し、レポートを提出させるようにしている。発展著しい中国社会では従業員の流動が激しく定着率が良くない。少しでも給料の高い会社に移るという傾向があり、従業員の会社に対する帰属意識は稀薄である。そんな中で従業員の素養を如何に高めるか、如何にやる気を起こさせるか……。『論語』を持ってくるとはZ総経理の面目躍如である。

工場の食堂で〝工作飯〟（ワーキングランチ）をいただきながら、「学而時習之，不亦説乎」（学びて時に之れを習う、亦た説ばしからず乎）を高校時代に漢文の授業で学んだこと、また私の解釈（誰からか教わったか、或いは何かの本で読んだのかもしれないが）を次のように開陳した。

「〝課堂〟（教室）で学習したことに、実社会或いは会社の仕事の中で遭遇することがある。「ああ、あの時先生が仰ったことは、こういうことだったんだ」という発見をすることがあるが、とても大きな喜びを感じるものである……。」

私の勝手な解釈に、Z総経理は「フォッ、フォッ、フォッ……」と顔を赤くして心から喜んでくれる。「肝胆相照らす」、「百年の知己」を遠く日本から得たかのように。

この合弁会社の筆頭株主で董事長を務める日本人T社長は、日本及び世界八ヶ国に三十五の自動車部品工場を経営する企業家である。初訪中は一九七七年、日本部品工業界代表団としての訪中で、文革が終息したとは言うものの中国が改革開放政策をとる前の、まだ重苦しい時代の中国を見ておられる。T氏の二回目の訪中は一九九四年、合弁会社のパートナーを探すために訪中され、私が上海市内の候補工場をご案内した。それ以来二十三年以上のお付き合いをさせていただいている。

T氏は教育にも熱心な方で自分の名を冠した奨学基金を日本で運営しておられる。また、中国の古典、論語等にも造詣が深い。日本人T董事長と中国人Z総経理の交流は一九九五年の合弁会社設立以来二十年あまりになる。お二人は冷徹な経営者としての視点を持ちながら、中国の古典や論語を通してお互いに信頼し、年に二度くらいしか会えないが、会うことが楽しくてしようがないというふうに見える。Z総経理にとってT董事長の重慶来訪は「有朋自遠方来，不亦楽乎」（朋有り遠方より来る、亦た楽しからず乎）に違いない。

ある時、T氏は「時には難しい話をしなければならないこともあったが、重慶に来てZ総経理にお会いして、いやな思いをしたことは一度もない」と、述懐された。

二〇一四年四月、董事会出席のため北京空港で重慶行きの飛行機に乗り換えた。北京空港で入国査証審査の順番を待つ間、天井の垂れ幕に目をやると、一番手前は「有朋自遠方来」（朋有り遠方より来る）であった。その後ろに、*Welcome my friends!*（英語）とか、「ようこそいらっしゃいませ」（日本語）とか、各国語の垂れ幕が続く。

私が初めて訪中した一九七四年は文革時代。中国は〝批林批孔〟（林彪批判、孔子批判）運動をやり、孔子を〝孔老二〟（孔家の次男坊）と呼び、〝孔孟之道〟を攻撃の対象にしていた。隔世の感あり。


二〇一七年三月、重慶での董事会の後、Z総経理が育成してきた次世代経営陣の中の一人Z副総経理の案内で杭州工場を視察した。杭州空港では重慶から同じ飛行機に乗り合わせていた八十歳すぎの老婆が親戚の出迎えと会えなくて困っている様子であった。するとZ副総経理はわれわれに「先に行ってください。お婆さんを出迎えの人に送り届けてきます」と言い残して、さっさと行ってしまった。

1995年合弁会社設立当時の重慶工場の外観。

現在の重慶本社工場の外観。現在では重慶に三工場、広州に二工場、長春に一工場、杭州に一工場を展開している。

われわれ一行は激しい雨の中マイクロバスで待機していると、「見つかりました。遅れてすいませんでした」と、大粒の雨に濡れて帰ってきた。Z総経理は良い人を育てているな、と思った。

重慶の日本語通訳Zさんは二十八歳の独身女性。日本留学の経験はないが、通訳としてのレベルはかなり高い。合弁会社にはZさんを中心に数名の優秀な通訳がそろっており、経営面、技術面の日中間の意思疎通に大きな役割を果たしている。

二〇一七年三月末、杭州工場視察の際、私が村上春樹の『ノルウェイの森』、『海辺のカフカ』を中国語版で読んだことを少し得意気に話した。するとZさんから村上春樹の小説は最近ほとんど日本語の原文で読んでいる。最近読んだ中では『騎士団長殺し』が面白かった、との返事が返ってきた。『騎士団長殺し』という長編小説は二〇一七年二月二十四日に日本で発売され、前夜の二月二十三日には発売準備の書店の様子、順番を待つ読者の姿がテレビに映し出され、テレビ、新聞のニュースで大きく取り上げられていた。

Zさんは発売から一ヶ月も経たない内に、『騎士団長殺し』上下二冊を入手し日本語版を読了していたのだ。三月と言えば董事会資料の翻訳に他の通訳とともに忙殺されていたはずだ。中国のハルキスト、畏るべし。

私の重慶出張の楽しみは、Z総経理を始めとする〝老朋友〟に会えること。また、真剣に日本語と取り組む若い日本語通訳と会い、その成長の手助けをすることだ。

山東省徳州の合弁会社

山東省徳州市陵県に出資している合弁会社があり、役員会に出席のため何度も出張した。徳州市は山東省北西部に位置する人口五五〇万人の市。徳州名物は〝徳州扒鶏〟。若鶏を高温で揚げその後長時間煮込んだ、中国の人なら誰でも知っている有名な料理である。合弁会社の所在地はこの徳州市の中にある陵県、人口は六十万人。別の章でも紹介したが、中国では市の下に県がある。

二〇一四年五月のある夜、合弁会社の中国人董事長は地元陵県人民政府の副県長を主人に据えてわれわれの歓迎宴を設けてくれた。名刺交換をすると、副県長の姓は孔子の孔さんであった。孔子の故郷は山東省曲阜であり、山東省は孔子の活躍した土地柄なので、半信半疑「孔子の子孫ですか?」と尋ねた。「そうです。第七十五代です。」という返事がサラッと返ってきた。

合弁会社のパートナーは山東方言が強くてなかなか話が続かない。その点この副県長は官僚としての教育を北京で受けたのか、きわめて明晰な標準語であった。

私は臆面もなく「子曰、吾十有五而志于学、三十而立、四十而不惑、五十而知天命、六十而耳順、七十而従心所欲、不踰矩（子曰く、吾れ十有五にして学に志ざす。三十にして立つ。四十にして惑わず。五十にして天命を知る。六十にして耳順ごう。七十にして心の欲する所に従がって、矩を踰えず。）」（前出『新訂中国古典選第二巻』「論語・上」、吉川幸次郎著）を諳んじて見せた。

七十五代目は大層喜んでくれ、茅台酒で乾杯の応酬と相成った。

孔子の生年は紀元前五五一年、春秋時代の後半であり、その頃の日本は縄文時代。卑弥呼が現れるまでまだ約八百年の時間を要した。

天津の合弁会社

天津市塘沽に中国と合弁で乗用車の販売会社を経営しており、董事に就任後、二〇一四年三月から天津市塘沽への出張が多くなった。北京南駅から塘沽駅（現在、于家堡駅まで延伸）まで高速鉄道でちょうど一時間、高速鉄道が出来てずいぶん便利になった。しかし、中国の高速鉄道の駅は日本の新幹線とは随分システムが異なる。日本では好きな時間に改札口を通って構内の待合室やプラットホームの待合室、或いはプラットホーム上で列車の出発を待つが、北京南駅の場合はプラットホーム毎に改札口があり、列車出発の二十分くらい前から改札を始める。従って、改札の始まる十五分くらい前からそれぞれの改札口の前に列をなして、改札の始まる時間を待つ。

こういう場合、日本人は整然と列を作るが、中国人は漫然と列をなすというか、割り込みもあったりして、日本人にはあまり気持ちの良い時間ではない。

北京南駅で改札を待つ列の中に並んでいると、女性駅員がやって来て、ぶっきらぼうに「ついて来い」と言う。連れて行ってくれたのは前方の改札口のすぐ脇で、他の乗客に先駆けて優先乗車をさせてやろうというのだ。

帰りの塘沽駅でも女性駅員が私をごった返した改札口ホールから救ってくれた。私が連れて行かれた改札口には〝愛心通道―老弱病残孕　旅客優先〟という看板が立てかけてあった。これを翻訳すると「愛の通路―老人・弱者・病人・身体障害者・妊婦　旅客優先」ということになろうか。

なんと私は「老人」という範疇に入れられてしまったのだ。どうやら私の頭髪が白いので、相当な高齢と見られたようだ。まだ六十代半ば、会社の第一線の仕事を任されているのに……。「優先乗車、嬉しくもあり、哀しくもあり」、なんとも複雑な心境だ。

この天津市塘沽の合弁会社のパートナーL董事長は、広州市を本拠に幅広く事業を展開している五十歳すぎの実業家だ。超多忙の毎日だが、定期的に休暇を取って香港の大学に通ってＭＢＡ（経営学修士）を取得すべく勉強中である。

そんなＬ氏が董事会出席のため天津に出張して来た折、中層幹部以上四十数名を集めて講演するので日本側董事である私にも出席して欲しいという。果たしてＬ氏の講演は、雁のＶ字編隊飛行に学んだ、チーム（〝団隊〟）とは何か、またチームワーク（〝団隊精神〟）の重要性を説くものだった。時に「アーアー」という雁の声音を発し、また図表、スライドを駆使した講演で、必ずしも高学歴ばかりではない従業員にとっても、分かりやすい内容であった。

中国が計画経済の時代は、「親方日の丸」ならぬ「親方五星紅旗」の精神主義が主流であった。改革開放が進むと今度は極端な儲け至上主義が蔓延《はびこ》った。中国がＷＴＯに加盟し、グローバリズム化が進む中で、如何に従業員のモチベーションを高めるか、Ｌ氏は科学的な手法で取り組もうとしている。最近ＭＢＡ（経営学修士）と名刺に刷り込んだ経営者が多くなった。

二〇一五年春、Ｌ氏に替わり今度は私が董事長に就任した。俄然天津への出張の回数が増えた。

空港の本屋さん

昔は一度中国に出張すると出張期間が結構長かったので、土、日を利用して中華書店という国営大規模書店に行くチャンスがあった。二〇〇〇年以降、一度の出張が三、四日と短くなると本屋を覗くのは空港の書店ぐらいしかできなくなってしまった。

時代を反映して本屋の入り口に並べてあるのは、企業経営に関する書籍、教育・英語関係の書籍が目立つ。また、論語、風水、仏教に関する本も多い。文革時代であれば、これらは間違いなく「禁書」であったはずだが。

企業経営に関する本では、松下幸之助の翻訳ものが多かったが、最近では稲盛和夫の著作の中国語訳、講演ビデオが目立つ。それを中国茶やパンダの玩具を売りつけるように女性店員が私に勧める。こういう場合、女性店員は私のことを中国人と思い込んでいる。

稲盛和夫は京都セラミックを設立、またKDDIの設立に参画、最近では日本航空をみごとに再建した経営者だ。二〇一四年八月、北京空港内の書店で『心法：稲盛和夫的哲学』（曹岫雲訳、東方出版社、二〇一四年五月第一版、三五元）を買った。この作品は二〇〇一年十一月PHP研究所より刊行された『稲盛和夫の哲学―人は何のために生きるのか』を曹岫雲という中国の企業経営者が中国語に翻訳したもので、冒頭の推薦序文で稲盛和夫のことを熱く語っている。

先ず、稲盛和夫を単なる成功した会社経営者の成功譚としてではなく、科学者、企業家、哲学者、宗教家、慈善家の五つの側面を持った人間として紹介している。

稲盛和夫の次の言葉を引用している。

〝資本主義的経済体制営造了当今社会的繁栄。但是，在這個体制中，′只要自己賺銭就好′的利己主義膨脹，正如在雷曼危機中表現出来的，那些強欲貪婪的資本家雲集一起，為了自己的私利，為了少数頭頭、少数資本家個人発財暴富，不択手段，帯来了世界性的災難。現在中国也出現了這種傾向，這様下去貧富差異越来越顕殊，社会也将愈加混乱。〟（拙訳：資本主義の経済体制が現代社会の繁栄を創り出した。しかし、この体制の中で、「自分が儲かりさえすればそれでよい」という利己主義が膨張し、リーマン危機の中に現れたように、強欲貪婪《どんらん》な資本家が雲のごとく集まり、私利私欲のため、少数のボス、少数の資本家個人が暴利を貪るために、手段を選ばず、世界的な災難をもたらした。現在の中国にもこの傾向が現れた。これが続くと貧富の差はますます顕著になり、社会もますます混乱するであろう）。

曹岫雲は自らの言葉で、〝科技進歩、経済発展与人的精神道徳的衰退，這是当今世界的一個尖鋭而深刻的矛盾。〟（拙訳：科学の進歩、経済の発展と人の精神道徳の衰退は、当今世界の尖鋭にして深刻な矛盾である）とし、この矛盾を解決するのが〝利他之心〟（利他の心）

であり、利他の心こそ稲盛哲学の革新であると述べている。

中国の急速な高度経済成長は実に大きな格差と多くの矛盾を生み出している。そんな中で稲盛氏の著作は次第に中国の人々に受容され始めたようだ。

ふたたび村上春樹

二〇一四年四月、北京空港内の本屋で村上春樹の翻訳本『没有色彩的多崎作和他的巡礼之年』（施小煒訳、南海出版公司、二〇一三年十月第一次印刷、三九・五元）を見つけて買った。原作の『色彩を持たない多崎つくると、彼の巡礼の年』は二〇一三年四月十二日に文藝春秋より出版されたばかりで、原作が発表されてからわずか半年も経たない内に中国語に翻訳、出版された。この作品は既に十数ヶ国語に翻訳されている。英語、フランス語、ドイツ語への翻訳出版は翌年の二〇一四年だが、中国語への翻訳出版は二〇一三年十月と、かなり早い。

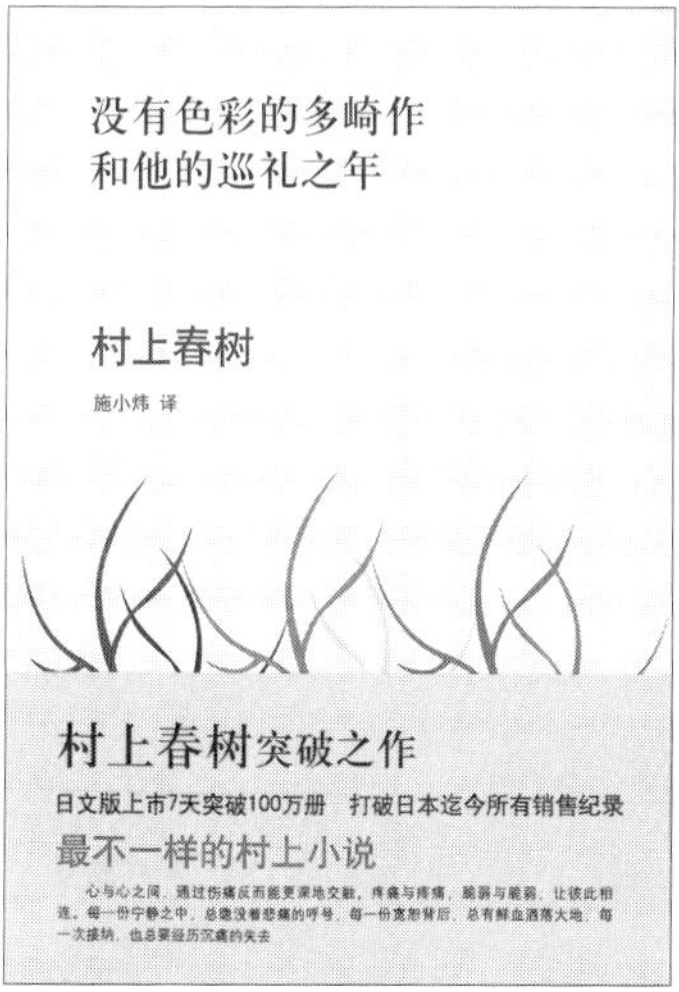

『没有色彩的多崎作和他的巡礼之年』
（『色彩を持たない多崎つくると、彼の巡礼の年』）

また、日本の装丁を真似たのか、中国で出版された本には珍しく帯がついており、帯には「日本語版は発売七日で百万冊を突破、日本のこれまでのあらゆる販売記録を打破した」（拙訳）と謳っている。

私は村上春樹の中国語版の愛読者となったが、毎年秋のノーベル文学賞発表の季節になると、大きく落胆し、来年こそは来年こそはと念じている。

中国人爆買い

二〇一四年の国慶節休暇を利用し、多くの中国人観光客が来日、秋葉原や銀座で家電製品、高級腕時計、高級化粧品、薬などを大量に買い込んでいる様子がテレビで映し出され、マスコミは「中国人爆買い」というフリップをつけて報道した。家電製品では日本製炊飯器が大人気、一人で二つ三つ買う人もある。一人当たり二十～三十万円使う人はザラであるとのこと。

仕事の関係で実に多くの中国人来日団を受け入れて来た。今から三十年以上前の来日団にはお土産を買う予算はなかった。来日団は官費でスーツをあつらえて来られた。二十年前の来日団は少し余裕が出て、安売り店を探し買い物にアテンドしたものだ。十年前の国営企業の来日団はホテル代、食費等一応の基準があるものの、かなり自由に買い物をされるようになった。今では〝銀聯卡〟（銀聯キャッシュカード）で、百貨店で高級化粧品を、家電量販店で電気炊飯器や高級腕時計をまとめ買いするようになった。有名ブランドの手提げ袋で銀座通りを闊歩する中国人が目立つ。銀座や新宿の百貨店では英語にならんで中国語、韓国語の案内放送が頻繁に繰り返され、〝銀聯卡〟歓迎の中国語表示がいたるところにある。家電量販店は多くの中国語の出来る店員を配して対応している。

中国人観光客へのビザ発給が緩和されたこともあり、観光と買い物を目的に来日する中国人が増えた。なによりも中流階級が増え、中国人が金持ちになった。わが社の中国現地法人ローカルスタッフの研修旅行先に日本を選ぶ事例が多くなった。また、わが社の現地法人のある女性管理職は証券会社に勤務するご主人と六回も観光旅行に来日し、東京、京都の他、北海道、北陸等を旅行している。日本に二年間語学留学した経験もあり、日本のことを随分気に入っている。日本料理が好きで、地方都市の佇《たたず》まい、自然が素晴らしいとのたまう、なかなかの日本通だ。飛騨高山とか白馬とか、私もまだ行ったことのないところを随分廻っている。中国の人達は本当に豊かになった。

一九七八年、私が北京で最初の駐在員生活をした頃、中国はまだまだ貧しかった。今日の経済発展を予想することはできなかった。同年十月、鄧小平が日中平和友好条約批准書交換のため初来日、東海道新幹線に乗り、日産自動車座間工場を視察した。同年十二月、中国政府は大きく舵を切り、改革開放政策を発表した。

その後、紆余曲折はあったものの、中国は着実に経済成長を続け、二〇〇八年北京オリンピック、二〇一〇年上海万博を経て、中国はますます国力を増強した。二〇〇九年、中国は自動車の生産台数、販売台数ともに世界第一位となった。二〇一〇年、中国のＧＤＰは日本を抜き世界第二位となった。今では日本を含む世界の企業を買収したり、海外の不動産に投資したり、大変なお金持ちに変貌した。

現在の中国語教材事情

第二章大学時代で、一九六九年大学入学当時、中国語教科書、中日辞典の種類が少なく、カセットテープに録音された語学教材もなかなか手に入らなかったことを書いた。今、新宿の紀伊国屋書店の外国語コーナーを覗くと、外国語の中で中国語教材は一等地に置かれている。

書棚には中国語の発音、文法、会話、作文の教科書があふれ、それぞれ初級、中級、上級に細分化されているものもある。ビジネス中国語の類の本が増え、「レター・メール表現集」などというかなり具体的な教材もある。上海、広州等へ赴任する人が増えたためか、上海語、広東語、台湾語の教科書も増えている。更に専門的な「中国語通訳実践講座」などが多数出版されている。そしてこれらにはCDが付いているものが多い。

これに加えて中国語に関するエッセイ集が並ぶ。中国語辞書の種類は多く、成語辞典もいくつか並んでいる。ざっと見たところ、中国語関係の書籍は数百種類を超えているように思える。

もうひとつの大きな特徴は「中国語検定」に関する書籍がうず高く積まれているということ。一九六九年大学入学当時は「中国語検定」そのものがまだ無かった。今はそれだけ中国語検定試験を受ける人が増えたということか。そういえばわが社を受験する学生の履歴書を見たことがあるが、英語のTOEICとともに「中国語検定」の成績が記入されていた。

ビジネス中国語では、『伊藤忠商事の一流ビジネスマンが教えるビジネス中国語』（主婦の友社、二〇一二年五月第一刷発行）という本を見つけた。著者張曄、監修仲畑尚敏とあり、仲畑氏の略歴として、「一九八一年―一九八五年北京駐在、経済発展の初期段階から中国ビジネスに携わっており、中国ビジネスに注力する伊藤忠商事の中でも特に中国通として知られる」と紹介してあった。私が二回目の北京駐在の時、貴陽アルミプラントプロジェクトで、北京で一緒に仕事をしたあの仲畑氏であった。仲畑氏は確か大阪外国語大学のご出身だった。私よりも若く、癖のないきちんとした中国語を話されていた。ページをめくっていると、耳の中にあの低音のゆったりとした中国語が甦ってきた。

教材の種類が増えただけではなく、中身が非常に豊富である。われわれの世代は文革の影響を受けた政治スローガン的な内容がほとんどであったが。こんな豊富な教材に囲まれた今の学生を本当に羨ましく思う。

私が学生時代に指導を受けた中国人の先生の中には、一九八〇年前後から中国語の教科書を編集発表された方が多い。今中国語の教科書を編集出版されているのは、その恩師のご子息であったりする。著者略歴と写真を見ると、学生時代恩師のご自宅に伺った時に会った、まだたどたどしい日本語の少年の面影が浮かんできた。日本の大学院を卒業し、今や押しも押されぬ大学教授となっている。時代が変わったのだとつくづく思った。

天津爆発事件

前に天津市で合弁で乗用車の販売会社を経営している事を紹介した。天津に出張して三日目の二〇一五年八月十二日の夕食後、中国側パートナーからマッサージでもとのお誘いがあったが、疲れていたのでお断りし、十時過ぎにはベッドに入った。深夜、大きな地震に目が覚めた。

しかし、地震にしては揺れている時間があまりにも短い。二百回以上出張しているにもかかわらず、中国で有感地震に出会ったことはなかったので、おかしいなとは思った。

一九七九年初めて天津に出張した時、一九七六年の唐山地震の後作った仮設のレンガ造りの家がまだ残っており、街のあちこちに白い消毒薬を散布した光景を思い出した。また、投宿したホテルの温水は地下一八〇〇メートルの温泉を汲み上げているのを売りにしていることを思い出し、地震だと納得してまた寝入ってしまった。

翌早朝、テレビのニュースを見て吃驚した。投宿したホテルは爆発現場から七キロメートルくらいしか離れていない。爆心地から十数キロ離れた合弁会社に出勤するとショールームの天井パネルが五～六ヶ所で垂れ下がっていた。大爆発の振動によるものだ。幸い従業員には負傷者は出なかった。しかし中国人総経理のマンションは爆心地から二キロの近距離で損傷が激しく、引っ越しせざるを得なくなった。

その日の午後から被災した車両が修理のため次々に搬入されてきた。フロントガラスが粉々になったもの、車体が大きくへこんだもの、ドアに銃弾が貫通したような穴が開いた車等……。被災車最優先で修理にあたった。

若い営業マン達は会社の許可を得て自主的に献血に行った。〝八〇後〟や〝九〇後〟の一人っ子世代を、私は新人類のような遠い存在に思っていたが、最近の中国の若者もたいしたものだと見直した。

ふたたび会社における中国語

年齢が六十歳半ばになると記憶力が衰えてくる。テレビに出てくる女優さんの名前が覚えられない。自分にとって新しい中国語が覚えられない。仕事の必要から中国語の単語帳を作って抗ってみるが、なかなか覚えられない。若い時分に習った中国語ははっきりと覚えているが、最近十年新たに覚えた言葉の定着率は非常に低い。

中国語の通訳をする時も、中国語の商業レターを作る時も、昔のようなキレがなくなったと感じる。そんな中で「まだ結構できるではないか」と思うのが中国語の日本語への翻訳である。ひとつには若い時に比べ経験が増えたこと、もうひとつにはどの程度の意訳が許されるか、またどの程度まで意訳すれば分かりやすくなるかというコツが呑み込めたからだ。

中国との合弁事業に携わっていると、二百名前後、時には二千名前後の中国人を前に中国語で挨拶をする機会がある。会社の立場を説明し、また自己表現する絶好のチャンスなので、十分に時間をかけて日本語原稿を作成し、事前に中国人通訳に中国語に翻訳していただく。

会社の会議室で、またホテルの部屋で、事前に実際に声に出して何度も読み上げてみる。

その過程で、翻訳してくれた中国人通訳には申し訳ないが、中国語原稿を手直しさせていただく。これをやると本番で上がってしまうことはまずない。また、気持ちの伝わる挨拶が出来るように思う。若い頃、グリークラブで培った声と舞台度胸が助けてくれる。

七 訪問した街

一九七四年日中学院別科に通っていた頃、H先生の中国語通訳のための私的な勉強会に参加した。中国語の通訳をするためには、語学だけではなく中国の歴史、政治、経済、文化、地理についても幅広い知識が必要だということで、香港で出版された中学校地理の教科書を使って、先ず中国の行政区分、山脈や河川の名前を覚えることから始めた。また、当時は文革中であったから、中国革命史についても勉強した。ピンポン外交よろしく、卓球やバドミントンのスポーツ交流はあったので、卓球、バドミントンなどのスポーツ専門用語についても勉強した。

その当時中国の一級行政区として〝三個直轄市、五個自治区、二十二個省〟（三直轄市、五自治区、二十二省）の名前を暗記した。〝二十二個省〟というのは台湾を省として勘定に入れている。北京市、天津市、上海市の三市が直轄市であったが、その後重慶市が昇格し四直轄市となった。自治区は五つのまま。省は海南省が増えて二十三省となった。また、香港とマカオはその後返還され一国二制度の特別行政区となった。現在中国の学校では〝四個直轄市、五個自治区、二十三個省、二個特別行政区〟（四直轄市、五自治区、二十三省、二特別行政区）と呼んでいるのだろうか。

行政単位として日本と異なるのは県と市の関係。日本は広島県呉市のように県の下に市があるが、中国は市の下に県がある。中国人が来日し、また日本人が訪中して戸惑うのはまずこの点だ。

一九七四年十月の初訪中以来、二五〇回近く訪中し、多くの街を訪れたが、泊まったことのある街をここに列記したい。

〔直轄市〕
北京市、天津市、上海市、重慶市

〔省〕
黒龍江省：ハルビン
吉林省：長春、吉林
遼寧省：瀋陽、撫順、大連
河北省：秦皇島、保定、定州、石家荘

山東省：青島、徳州
山西省：大同、太原
陝西省：西安、大興
甘粛省：蘭州
江蘇省：南京、無錫、蘇州
浙江省：杭州、寧波、余姚、台州、紹興、海寧
安徽省：蕪湖、銅陵
湖北省：武漢、雲夢、荊州、沙市、宜昌、枝江
湖南省：長沙、常徳
四川省：成都、江津、永川
雲南省：昆明
福建省：福州、莆田、漳州、厦門
広東省：広州、汕頭、深圳、珠海、江門
海南省：海口、三亜
〔特別行政区〕
香港、マカオ

初訪中以来四十有余年、北京市、上海市はそれぞれ一五〇回以上は訪問した。二つの技術移転プロジェクトのあった武漢には七十数回は通った。大連、広州などの工業都市、天津、重慶などわが社が合弁事業を展開している都市には二十回以上は訪問しているだろう。

西安には一九七九年に訪問して以来一度も再訪するチャンスはなかった。西安市内では大雁塔、小雁塔、華清池などを見た。始皇帝の陵墓を守る兵馬俑は一九七四年に一部発見されたらしいが、一九七九年に初めて訪問した時には秦俑博物館としてはまだ公開されていなかったので、兵馬俑は見たことが無い。この四十年近くの間に古都西安は大きく変貌したに違いない。

ハルビン、撫順、海口、三亜、雲夢、荊州、沙市、莆田、昆明などは一度しか訪問していない。

〝五個自治区〟の内蒙古自治区、寧夏回族自治区、新疆ウイグル自治区、チベット自治区、広西壮族自治区にはとうとう訪問の機会は来なかった。省では河南省、青海省、江西省、貴州省の四つの省も訪問の機会がなかった。高校時代に夢中になって読んだ井上靖の「西域三部作」の『敦煌』、『楼蘭』の地を訪問するチャンスはまだない。憧れの「西域」の地については、二〇一一年九月になってやっと甘粛省蘭州訪問がかなった。

山水画のような景色で有名な広西壮族自治区桂林、比較的最近開発された景勝地四川省九寨溝なども観光していない。砂漠や山水画の世界に商売の種がなかったので、残念なことではある。

わが社のO社長は、四直轄市、五自治区、二十三省、二特別行政区をすべて踏破している。北京駐在、広州駐在が長いと、業務以外に現地社員と一緒に中国国内の慰安旅行（われわれは研修旅行と称しているが）として、貴州省、雲南省、広西壮族自治区等の中国の景勝地を観光するチャンスが多かったらしい。

私は訪中回数こそ二五〇回近くと多いが、駐在員としては北京に二回、香港に一回。それも長期間の駐在ビザを発給してもらえない時代だったこともあり、駐在期間はそれぞれ半年から一年の間と短い。おまけに第一回北京駐在の一九七八年も第二回北京駐在の一九八一年もまだ現地職員を雇用することのできなかった時代、駐在員事務所雇員との研修旅行などできようはずはない。更に一九八二年頃までは、北京を離れるだけでも〝外国人旅行証〟が必要であった。また、受け入れ機関の紹介状がなければ飛行機の切符も汽車の切符も買うことができなかった。そもそも外国人に開放されていない地域も多かった。

従って、私がこれまで踏破したのは、四直轄市、十八省、二特別行政区ということになる。

鄧小平が改革開放政策を発表したのは一九七八年十二月だが、中国の一般の人々が豊かさを享受し自由に観光旅行に出かけるようになるまでには、まだまだ時間がかかった。一九七八年頃は業務の一環として中国技術進出口公司の担当と一緒に日本人技術者の北京観光によくアテンドした。さすがに季節の良い時期には、万里の長城の八達嶺、頤和園、故宮などは観光客が多かったが、現在のような芋の子を洗う状況には程遠かった。また、うるさい物売りなども皆無であった。冬が近づき閑散期になると、特に平日の日にはあの八達嶺や頤和園を独り占めすることが出来た。

一九七九年六月、西安郊外の乾陵を遊覧した時のことを次のように書いた。

「日曜日には工場の通勤バスを使って観光に連れて行ってくれた。六月の西安郊外はすでに真夏の暑さ。空調のない通勤バスは麦畑の中の凸凹道を砂煙をあげて行く。唐朝第三代皇帝高宗とその妻則天武后の陵墓乾陵の麓から乳房山を望む。首のない石像が並ぶ。文武百官の石像らしいが、文革で破壊されたそうだ。その中には阿倍仲麻呂と伝えられる石像もあった。」

乳房山の形が本当に乳房の形に似ているので、麓から写真に撮っていた。しかし、手元の写真には観光客の姿がほとんど写っていない。そういえばあの当時海外からの訪中代表団は別にして、純粋な観光旅行はまだ解禁されていなかったようだ。日本からの観光旅行団に遭遇したという記憶がほとんどない。

思いっきり歴史の中に遊ぶことが出来たように思う。首のない阿倍仲麻呂と伝えられる石像と、対話することが出来た。

わが社の現地事務所の中国国内研修旅行が始まったのは、一九九〇年以降ではなかろうか。中国国内の観光地は一巡してしまったようで、最近ではタイのバンコク、韓国済州島、日本の沖縄まで広がっているようだ。

先日同世代の旅行好きの人と話す機会があった。若い時分から世界各地を旅行し、中国は一九八三年以降十回余り旅したとのこと。印象に残ったところとしてカシュガル、ウルムチ、九寨溝、桂林などの名前があがった。私はこれらの地を訪れたことがなく、唯一三峡下りの経験で話を合わせることができたくらいである。

中原に鹿を逐う河南省の鄭州、洛陽、開封、あちこちに〝値得一看〟(一見すべき価値のある)の名所古跡が散らばっているはずだ。三国志ゆかりの襄樊、赤壁も訪ねてみたいものだ。

二〇一五年七月、メーカーの方と一緒に雲南省昆明に出張した。

わが社の同行者四名の中で、私以外の三名は駐在が長く複数回昆明に来たことがある。中国側から折角昆明まで来ていただいたので、昆明市郊外の西山龍門という道教石窟を案内したいとの申し出があった。昆明市自体の標高が一九〇〇メートル近くあるが、日本語の通訳は西山龍門には山の中腹までバスで登り、その先はケーブルカーに乗り換え二二〇〇メートルの山頂に登るという。

高所恐怖症の私は、一瞬嫌な予感に捕らわれたが、日本語通訳のケーブルカーという言葉に、ケーブルカーなら香港のビクトリアピークに登るとき何度か利用した、また箱根の強羅でも乗ったことがあり、「地に足がついているなら大丈夫」、「路面電車が急勾配の山肌をゆっくり登ると考えればよい」と自分を納得させた。

当日、バスを降りたあたりで、当地の専門ガイドが「次にロープウェイ（〝纜車〟）に乗り換えていただきます」と中国語で言う。冗談ではない、昨日日本語通訳は日本語でケーブルカーと言ったではないか。地上を行くケーブルカーと空中を行くロープウェイでは大違いだ。高血圧の持病のある私は、自分でも血圧が上がり始めるのが分かった。日本語通訳はロープウェイと訳すべきところを、ケーブルカーと間違って訳してしまったのだ。

ロープウェイ乗り場に到着するまでに私は考えた。日本のようなボックス型のロープウェイならば、外の景色を見ないでひたすら本でも読んでいれば、なんとかやり過ごせるのではなかろうか。順番待ちの列に並び、少しずつ前に進んでいると、眼前に現れたのはなんと二人乗りのリフトではないか。日本のスキー場でよく見かけるやつだ。

背中を押されるように乗り込んだ。乗り込むと安全パイプが下され、そのパイプを自分の足で踏むという構造で、シートベルトも何もない。また下には防護用ネットも何もない。心臓が高鳴り始めた。

リフトが上昇を始めると、最初の内は山肌から二〜三メートルの高さで、低灌木すれすれで、落ちても足を挫くくらいですむかと思った。しかし、その内二十〜三十メートルの渓谷越えのような箇所もあり、更に左側に目を転じると、遥かに下に大きな湖が広がっているではないか。

私の隣に乗ってくれたのは、メーカーの韓国籍の青年Hさん二十七歳。中国への出張は初めてで中国語はできないが、日本語が堪能で、日本文学が好きと言う好青年。私が高所恐怖症だと喋ったものだから、随分気をつかってくれて日本語でいろいろ話しかけてくれる。Hさんは日本文学の話題の延長線上で、村上春樹の作品に触れた。村上春樹の小説は韓国でもよく読まれ、彼は英語の勉強も兼ねて、英語版で読んだとのことである。

人間としての尊厳を失いかけていた私は、こういう時には思い切り自慢話でもするしかないと、村上春樹の小説は中国語版で読んだ、村上春樹とは同じ大学の文学部で同時期に在学していた、村上作品には大学キャンパスの周辺と思われる描写が多い、何年も何年もノーベル文学賞を与えないのはけしからん……、と熱弁をふるった。

二十分近く乗っていたであろうか、やっと海抜二二〇〇メートルの山頂に到着した。リフトから降りる時、掌は汗でべとべとであった。「手に汗握る」とはこう言うことか。

その乗降台には次のような人は乗らないでくださいという小さな注意書きが中国語で書いてあった。「高血圧」、「高所恐怖症」（中国語で〝恐高症〟という）、「神経衰弱」など、五つの病名が記載されていた。私など「高血圧」にして「高所恐怖症」、五つの内二つが該当しているではないか。

シートベルトがなかったり、乳幼児を同乗させる親がいたりするのを見て、Hさんは韓国は日本と比べて少し荒っぽいですが、今回初めて来た中国はもっと荒っぽいですねと言う。

帰国後、ケーブルカーとロープウェイを中国語でなんと言うか調べてみた。中国で出版された辞書『日漢・漢日双向辞典』（北京大学出版社、一九九五年八月第一版）によると、ケーブルカーは〝索道車〟、ロープウェイは〝架空索道〟としている。日本で出版された辞書『中日大辞典』(愛知大学中日大辞典編纂所、一九八七年二月増訂第二版)では、ケーブルカーは〝纜車、電纜車〟、ロープウェイは〝懸空纜車、空中纜車〟と訳している。

〝恐高症〟の人間として中国語の教師、学習者に呼びかけたい。ロープウェイの場合は、〝索道〟或いは〝纜車〟の前に、必ず〝架空〟、〝懸空〟或いは〝空中〟の二文字を加えることにしよう。

『広辞苑』でケーブルカーとロープウェイを引いてみた。ケーブルカーとは、「みずから動力を持たず鋼索によって運転する鉄道。急勾配に使用される。鋼索鉄道。」と説明し、ロープウェイとは「鋼索で運搬器を吊し、旅客・貨物・鉱石などを運搬する設備。主に山岳地方で用いる。」と説明している。『広辞苑』を読むと血圧が安定してくる。

文字を所有してから約三千年の歴史を持つ中国。文字を獲得しておおよそその半分の歴史しかない日本。日本の約十倍十三億の人口を持つ中国。日本の約二十六倍の国土を有する中国。中国語の学習を始めて四十八年が経過したが、まだまだ勉強しなければならないことがたくさん残っている。

第Ⅱ部

八　日本語と中国語

進水式

一九八一年九月、中国の造船所の進水式に招待された。二万七千トンの〝散貨輪〟（ばら積み船）〝長城号〟の進水式。中国にとって本格的な輸出船第一隻目の進水式ということもあり、時の経済担当国務院副総理谷牧、香港船主等著名人士が数多く出席した。この船の主要設備を一括納入したということでご招待を受けたわけだが、中国の習慣に従いお祝いの〝錦旗〟を東京で準備して持参した。赤い布地に〝祝進水〟という文字を金色の糸で刺繍した〝錦旗〟である。

贈呈する直前になって大変なことに気が付いた。中国語で進水のことは〝下水〟という。〝進水〟という漢字を見て、中国人は船に水が入ってくる、すなわち浸水という、とんでもない不吉なイメージを浮かべる。錦旗贈呈の際、汗だくになって弁明した。当時の写真が残っている。当惑したような工場長の顔、中国側出席者のほとんどは人民服を着用していた。もちろん谷牧副首相も人民服姿であった。

二万七千トンの貨物船が船台を滑り大連湾に下りてゆく様は壮観で感動的である。普通船尾から〝下水〟するが、造船所によっては舷側から、すなわち横方向に〝下水〟する場合があり、そのまま海に倒れて〝進水〟するという事故もあるそうだ。

進水式のあった一九八〇年代、日本は造船王国の名をほしいままにしていたが、今や世界一の座を中国に譲り渡し、更に韓国の後塵を拝している。

高校

上海交通大学の関係者と面談の際、〝高校〟(gāoxiào)という言葉が頻繁に出て来て、戸惑った。中国語では中学は〝初中〟(初級中学)、高校は〝高中〟(高級中学)と言う。何故大学関係者が〝大学〟、〝大学院〟と言わず、〝高校〟と言うのか聴いてみた。中国語で〝高校〟とは高等教育学校の略称で、〝大学専科〟(短期大学)以上を指すそうである。

因みに入試は〝考試〟と言うが、大学入試のことを〝高考〟、中学、高校入試のことは〝中考〟と言う。六月、ちょうど〝高考〟の季節に中国に出張したことがあるが、テレビ、ラジオ、新聞等で盛んに報道し、社会全体が受験モードでピリピリした感じであった。日本の大学センター試験以上の緊張感がある。中華人民共和国建国とともに、教育の機会を統治者から奪い取ったとは言うものの、中国はやはり〝科挙〟を生んだ国なのだ。

早稲田

一九七七年頃だったか中国技術進出口総公司の人達と吉林省吉林へ出張した。その折地元の方から「高橋先生の中国語はどこで勉強されたのですか?」と問われ、早稲田大学（中国語の発音記号ピンインで表記すると〝Zǎodàotián dàxué〟）と答えた。すると「ほう、農業大学ですか⁉」との言葉が返ってきた。中国人は〝Zǎodàotián〟という発音を聞くと、頭の中で瞬時に「早稲田」という漢字に置き換わる。「早稲の田んぼの大学」から農業大学を連想したのだ。北京から同行した中国技術進出口総公司の担当者が慌てて、「日本の私立の総合大学、中国共産党の創始者李大釗先生や中日友好協会会長廖承志先生が留学した大学」ととりなしてくれた。

創立者大隈重信の別邸が東京府南豊島郡早稲田村にあり、校舎もそのそばに建てたことから、早稲田の地名をとり早稲田大学と称したらしい。この早稲田という地名の由来について、神田川に近く、早稲の水稲の田んぼが多くあったことによると想像されるが、諸説あるようである。大学のホームページには稲穂に囲まれた開学当初の風景（油絵）が掲載されている。

一九七二年五月、早稲田大学グリークラブはアメリカ各地に演奏旅行をした。*Waseda University*を「ワセダ」と発音してくれる人はほとんどいなかった。ほとんどの米国人が「ワシィーダ」と発音した。

遺憾

一九八一年、二回目の北京駐在時代の上司である北京所長から、如何に腹が立っても中国の客先に対し〝遺憾〟という言葉を安易に使ってはならないと厳しく注意された。日本語の「遺憾」という言葉は官僚的な表現に使われ責任の所在を曖昧にしている。しかし、中国語の〝遺憾〟は責任は相手側にあると、相手を責める気分を濃厚に含んでいるというのである。日中間の政治的な緊張関係を経験してきた友好商社の先輩としての部下に対する指導であった。

この上司は海軍兵学校で終戦を迎え、その後東京外国語大学中国語科卒業という経歴であった。中国語の発音は学ぶところはなかったが、簡にして要を得た日本語の文章は相当なものであった。部下の指導には大変厳しい人で私の提出する中国語から日本語への訳文に厳しく朱を入れていただいた。会社を辞められてから、老舎の子息舒乙の著作『北京の父老舍』を日本語に翻訳、一九八八年作品社から出版されている。

〝我想了解一下〟

公式の場で、特に年長の人に対して質問をする時に、〝我想了解一下〟という表現方法を使う。詰問調ではなく、「ちょっと教えていただきたいのですが……」という礼儀正しく丁寧な表現となる。

この表現を頂戴したのは会社の上司E氏からである。一九七九年から約十年間、E氏の直接の部下として氏の薫陶を受けた。ある時、北京の中国船舶工業総公司の会議室で通訳を命じられた。部下を育成しようとの親心なのだろう。中国人と同レベルの上司の前で、汗だくになって通訳をした。しかし、私の通訳に我慢できなくなったのか、「高橋君、それは違う！」と日本語で遮って、それから中国側に対し中国語で「今高橋先生の通訳したとおりです。しかし、私から敢えて補足するならば……」と前置きして、私の三倍の時間をかけて補足説明した。

私はすっかり頭に血が上ってしまったが、今ではそういうチャンスを与えてくれた上司に大変感謝している。私が〝我想了解一下〟と喋る時、きまって中国船舶工業総公司の会議室の情景が頭を過ぎる。

車間のお師匠さん

工場視察の通訳で困ったのは〝車間〟という言葉である。〝鋳造車間〟とか〝機加工車間〟という言い方をする。日本語に訳せば「鋳造工場」、「機械加工工場」となる。工場全体の中の職場という風に理解すればよい。最初〝車間〟という中国語をどのように日本語に置き換えるべきか迷った。〝車間〟が「工場、職場」という概念であることを説明した上で、〝車間〟をそのまま日本語読みで訳した。日本から同行したメーカーの技術者は、なんとなく分かってくれたようである。彼らも「車間」という言葉を使い始めた。

ある時〝車間主任〟が現れた。日本語で「主任」というと、昔の会社組織では大体係長クラスの役職を指す。中国の〝主任〟はその部門の最高責任者を指す。当時の国家計画委員会の主任は大臣クラスである。従って〝車間主任〟とはさしずめ「工場長」と訳すべきである。この「主任」の概念について日本語との違いをひとくさり解説した。暫くすると関西出身のその若手技術者は、「そんなら車間主任ちゅうのは車間のお師匠さんちゅうわけやね……」。お互いに分かったような気持ちになった。

改行

商社に勤務する私に対して中国人から大学時代の専攻を聴かれ中国文学科を卒業したと答えると、よく〝你改行了〟(Nǐ gǎiháng le) と言われたものだ。中国語に〝銀行〟(yínháng)、〝行業〟(hángyè) という言葉があるように、〝行〟(háng) とは職業、商売のことで、〝改行〟とは商売替えをする、本来進むべき職業から転業するという意味。四十年前、われわれの商談相手はほとんどが対外貿易部 (対外貿易省) 傘下の国営輸出入公司の職員で、外貿学院、外語学院の卒業生が圧倒的に多かった。中国文学科を卒業すれば、教育者になるか、研究者になるか、マスコミに進むのが順当で、商社に入ったのは本来進むべき職業を変えたと見られたのであろう。

〝行〟は名詞として使う場合は〝háng〟と発音し、動詞として使う場合は〝xíng〟と発音する。

なお、日本語の「改行。行を変える」を、中国語では〝另起一行〟(lìngqǐ yì háng) という。

同志

一九八〇年頃まで、われわれ外国人がホテルの服務員、タクシーの運転手、デパートの店員を呼ぶ時、男女を問わず〝同志〟と呼びかけていた。ホテルの女子従業員に対して〝小姐〟（お嬢さん、お姐さん）という呼び方は女性を平等に取り扱っていない、社会主義の国では相応しくないとの風潮であった。しかし、一九八〇年代に入って香港の影響か徐々に〝小姐〟という呼び方が広まり、逆に〝同志〟という呼び方は淘汰された。スチュワーデスも〝空中小姐〟と呼ぶようになった。もちろんホテルの女子従業員に対しても〝小姐〟と呼ぶようになった。

ところが二〇〇〇年頃から〝小姐〟が使われなくなった。日本語の語感では「お嬢さん」、「お姐さん」のような使われ方であったが、水商売の女性に多用するようになって相応しくないと考えられたのか、〝服務員〟という呼び方をするようになった。キャビンアテンダントは〝空中服務員〟と言うようになった。過去四十年の間に、ホテルの女子従業員に対する呼び方は〝同志〟↓〝小姐〟↓〝服務員〟に変わった。どの国でも同じだが、言葉と言うものは時代の変化、社会の変化を受けて変質してゆくものである。

髪を梳く

日本の床屋でどんな髪型に刈ってもらうか、日本語で注文するのも難しい。それを中国の床屋で中国語で表現するとなるとなおさら難しい。頭髪の多い私は、多めに髪を梳いてもらわなければならない。これを〝剪薄一下〟と言うとなんとか通じた。

新僑飯店の一階にあった理髪店は多くて硬い私の髪を整髪するため、長時間丁寧にドライヤーをかけてくれる。しかし、熱心さのあまりちりちりと音がし、やがて頭から煙が出始めた。その次からドライヤーが始まりそうになると、〝我怕熱的！〟（私は熱いのが怖い！）と叫ぶことにした。

中国人の姓名

一九七九年上海で一緒に仕事をした中国側女性通訳の姓は「牛さん」だった。笑うと笑窪《えくぼ》のできる清楚な女性を「牛さん」と呼ぶと、百年の恋も一瞬にして冷めてしまいそうだった。また、「馬さん」は少数民族に多い姓で新疆ウイグル自治区に集中しているそうだ。「金さん」は朝鮮族の姓といった具合に、中国の場合はその姓からある程度漢族か少数民族か判断することが出来る。

また、危険の「危さん」、早い遅いの「遅さん」などという姓もある。渥美清の演じたフーテンの寅の口上「姓は車、名は寅次郎、人呼んでフーテンの寅と発します」にあるように、フーテンの寅の姓は「車さん」だ。中国にも「車さん」が随分いらっしゃる。二〇一五年十月、天津塘沽に出張した際、新華書店に立ち寄った。偶然『百家姓詞典』（華語教学出版社、二〇一五年三月第一版第一次印刷、定価四五元）という〝詞典〟を見つけ衝動買いしてしまい、重いのでトランクに詰めて持ち帰った。車姓の由来が諸説詳しく説明してあるが、車姓の総人口は五十四万人、中国で第一九一位の姓氏とのこと。思った以上に多い。

こういった中国の姓を珍しいだのおかしいだのと笑えたものではない。日本にもそれ以上に面白い姓があるのだから。

日本には我孫子《あびこ》という姓があるが、中国語で〝我孫子〟というと、「お前なんか私の孫のようなもの」と相手を軽蔑してののしる言葉である。〝我姓我孫子〟（私は我孫子と申します）と自己紹介すると、中国人は一瞬きょとんとして、それから噴き出すに違いない。

朝日新聞二〇一三年五月十一日付夕刊に「王さん最多九千五百万人」という記事があった（新華社通信の報道に拠った記事）。中国・台湾・香港・マカオの姓で最多は「王さん」の約九千五百万人、二位が「李さん」約九千三百万人、三位が「張さん」約九千万人。以上三つの姓が人口に占める割合は約二一％とのこと。

日本でも佐藤、鈴木、高橋、渡辺、田中という姓はかなり多いが、中国ほどには集中していない。世界的に見ても「王さん」という一つの姓の人が約九千五百万人も存在するという国や地域はない。人口比からここまで集中している国や地域はないと思う。

中国の姓は「張さん」、「王さん」、「李さん」、「趙さん」、「劉さん」など基本的に一文字（〝単姓〟）だが、きわめて少ないが「欧陽さん」、「司馬さん」のような二文字（〝複姓〟）もある。あの三国志の孔明の姓も「諸葛さん」という二文字（〝複姓〟）だ。

昔は姓が一文字、名が一文字という構成がほとんどであったらしい。ちなみに三国志に登場する姓名は、魏の曹操、呉の孫権、蜀の劉備というふうにほとんどこの構成だ。ところが中国の人口が増加するに従ってこの構成だと同姓同名が限りなく増えてくる。それを避けるためか名を二文字とする習慣が生まれたらしい。鄧小平、江沢民、胡錦濤、温家宝、習近平、李克強などがそうである。しかし、姓が一文字、名が一文字という構成もまだ残っている。陳雲、李鵬などがそうだ。残っていると表現したが適切ではない。実際にはかなり多い。

工会主席

〝工会〟とは日本で言う労働組合のこと。一九八五年会社の労働組合の委員長に選ばれ、武漢出張の折、長年の親しい人達に少し得意気に報告した。その時の反応は期待に反して、「そりゃ大変だね、忙しいね」というそっけないものであった。

当時の中国の〝工会〟は経営側に対し労働者の権利を要求するというものではなく、工場内の講堂で映画会を催すなど従業員の福利厚生の面倒を見る、といったもの。〝工会主席〟（労働組合の委員長）は映画会のチケットの配布に汗を流したり、やたら忙しいのだそうだ。現在では企業のあり方、社会の仕組みが大きく変わっている。また、外資企業も多くなったので、〝工会〟のあり方も随分変わった。

主任

昔は平社員から昇格して最初につく役職が「主任」であった。会社によっては係長と呼んだ。入社して十年が目安であったように思う。その後、副課長、課長、副部長、部長と昇進してゆく制度であったが、現在は大きく変わっている。

一方中国の〝主任〟は、〝国家発展改革委員会主任〟のように大臣クラスの職位であったり、〝車間主任〟のように職場の責任者であったりする。三十年前の私の〝主任〟という名刺を見て中国の人は戸惑ったに違いない。〝直昇飛機幹部〟（ヘリコプター幹部、一足飛びに昇進した幹部の意）と思ったかも知れない。

国字

高校、大学時代に一部の漢字は日本人が発明工夫したものであることは知識として知っていた。それを実際に思い知ったのは、「畑さん」とか「辻さん」と言った苗字の人を中国人に紹介する時である。これらの漢字は中国語にはない。「畑さん」は〝tián〟と発音し、〝火田〟（huǒtián）と説明した。「辻さん」は〝shí〟と発音し、〝十字路口的意思〟（十字路の意味）と説明した。

この国字のことを阿辻哲次氏は、「中国から伝わった漢字の作り方を真似て日本人が作った和製漢字を「国字」とよぶ」（『漢字道楽』、講談社学術文庫、二〇〇八年七月十日第一刷発行）と説明し、他に「榊」、「腺」、「働」などがあり、「腺」、「働」などは中国に逆輸出され、中国の漢字辞書に収録されたものもあると紹介している。

大島正二氏はその著書『漢字と日本人』（岩波新書、二〇〇六年十一月十五日第三刷発行）で、「上る」と「下る」に「山」偏をそえて「峠」を造った。他に「辻、裃、畑、凩、躾、匂い」などがある」と、国字について説明している。

魚の名前

中国の政治・経済・文化の中心は、長らく「中原に鹿を逐う」いわゆる黄河流域の内陸であった。沿海地区の漁民はごく一部の文化果つるところに住む人々で、海水魚を食べる人は圧倒的に少なかった。従って魚に関する漢字は周囲を海に囲まれた日本と違い少なかったらしい。日本の寿司屋の湯飲みに書かれている魚偏の多くの漢字は先に述べた「国字」で、大島正二氏の『漢字伝来』(岩波新書、二〇〇六年八月十八日第一刷発行)では、「海の幸に恵まれた日本列島を反映してであろう、魚偏の文字には国字が目立つ。雪国の深海に棲む「鱈」(タラ)、雷が鳴ると浅瀬に集まるといわれる「鱩」(ハタハタ)、冬の頃が旬の「鮗」(コノシロ)など、その巧みさには驚かされる」と説明している。

イワシについて、海中から揚げるとたやすく死んでしまう弱い魚なので「鰯」という国字を発明したらしい。『広辞苑』では「弱シの転か」と説明している。大学の授業では、高級魚ではなかった、大衆魚であったことから、「卑しい」、これが転じてイワシとなったと教わった。確か岩淵悦太郎教授或いはご子息岩淵匡先生の国語学の授業であった。また、ウナギは胸のところの色が少し黄色がかっている。胸が黄色、ムネキが転じてウナギとなった、と教わったものである。

中国人との宴会の席上、魚料理が出て来ると困ることが多かった。昔、北京や上海や武漢であれば宴会料理として出てくるのはほとんどが淡水魚であった。〝鯉魚〟とか〝桂魚〟とか〝時魚〟とか〝武昌魚〟とか、淡水魚の種類はそんなに多くはないのでなんとかなった。大連、厦門、汕頭、広州、香港等の沿海地区ではもともと海鮮料理が多かったが、飛行機等輸送手段や冷蔵設備の発達にともない北京、重慶などの内陸都市でも海の魚を食べる人が多くなった。また、最近は更に刺身やにぎり寿司を食べる人が多くなり、回転寿司屋まで登場する始末だ。

中国ではマグロを食べる人が多くなった。そのため日本では以前のように簡単にはマグロが手に入らなくなったそうである。私は瀬戸内海育ち、どちらかというと小型の淡泊な味の白身魚を食べて育ったせいか、大型の魚にそんなに執着はない。

重慶や武漢の〝老朋友〟（古い友人）は、刺身と思いっきり辛いワサビを準備して日本人の私を歓待してくれる。中国の輸送手段、冷蔵設備の目覚ましい発展は十分に理解しているが、瀬戸内海育ちの私にとって重慶や武漢で刺身に箸をつけることは、蛇や犬やアルマジロの肉を食べる事と同じくらいの勇気が要ることなのだ。

「三国志から見る邪馬台国」という副題のついた『魏志倭人伝の謎を解く』（渡邉義浩著、

中公新書、二〇一二年五月二十五日発行）を読んだ。三国時代を中心とする中国古代史や儒教などの中国思想史を専門とする著者が、中国学研究者としての立場から、『三国志』及びこれに先行する漢籍の記述から邪馬台国を眺めている非常にユニークな本だ。

渡邉氏は、陳寿の『三国志』「魏志倭人伝」の中の「男子は大小と無く、皆黥面文身す」の「黥面文身」（顔面と身体の入れ墨）という箇所の補注として、「魏志倭人伝」に先行する漢籍である『礼記』王制篇の「東方を夷と曰ふ、髪を被り身を文す。火食せざる者有り」を引用されている。私は「髪を被り身を文す」の後の「火食せざる者有り」という箇所を見てはたと膝を打った。

「東夷・西戎・北狄・南蛮」のひとつ、東夷の邪馬台国の倭人のことを「火を使って料理をせずに食べる者がある」と記述しているのである。「火を使って料理をせずに食べる」こと、すなわち生の魚を食べることを、きわめて危険な野蛮な振る舞いとしてずっと遠ざけてきた中国人は、二十一世紀に入って初めてその禁忌を破ったようである。

私の場合は日本で学習した中国語だから魚や野菜類に関する語彙は非常に貧弱で、通訳できなくて随分困った。最後の最後の手は、〝淡水魚〟（淡水魚）、〝海里的魚〟（海の魚）の区別をして逃げること。

中国で焼き魚を食べたことがない。刺身、焼き魚という魚の食べ方は中華民族にとっては加工度の低い、きわめて野蛮な食べ方だったのだろう。日本は四囲を海に囲まれ、新鮮な状態で素材の味を生かした調理法であったろうが、内陸に文明文化を形成した中華民族にとってはきわめて危険で野蛮に思えたのだろう。日本の箸は先端が尖っているが、これは焼き魚の肉を骨からより分けるに適している。中国の箸は先端が尖っていない。これは焼き魚の肉を骨からより分けることを想定していない。すなわち、口に運びやすいように調理加工したものを食べることを前提としているから、という話を聞いたことがある。

中国の箸は日本の箸に比べて長い。中国では家庭でも宴席でも大きなテーブルの上に皿を並べて料理を取り分けて食べるから箸は長い。またお客様に料理を取り分けて勧めるのがホストの役目だ。江戸時代の日本では箱膳が基本であったらしい。遠くの皿に箸を伸ばしたり、客人に料理を取り分ける必要がなかったから、中国の箸のように長い必要はない。

宴会の席順をどうするかを習得するのが、北京駐在員の第一歩であった。第一ホスト、第二ホスト、第一ゲスト、第二ゲスト、通訳の席をどうするか、テーブルが一つの場合、二つの場合……。序列を間違うと大変なことになるから神経を使ったものだ。第一主人（メインホスト）の右の席に第一ゲスト、左の席に第二ゲストというしきたりになっている。主人はまず右側の客人に料理を取り分け、その次に左側の客人に料理を取り分ける。乾杯をする時も、まず右側の客人からと決まっている。

中華料理店の円卓の上の料理を載せて回転するテーブルは日本人の発明によるものとか、ウソかホントか分からないが。電動で低速回転する大型テーブルで何度か食事をしたことがある。ある時、一緒に訪中した理系の役員の方から、「テーブルを回す時は時計回りと決まっているのですか?」という質問を受けた。私は、「そうです。第一ゲストは右に、第二ゲストは左に座っているのですから、右から左に、時計回りに回すのです」と、断定的に答えてしまったが、中国の人に確認をしたことはない。

現在ではこのような宴席のルールは余りうるさく言わなくなり、ゲスト、ホストともに自由に気楽に振る舞えるようになった。

古い人間と言われそうだが、昨今の中国の宴会のやり方は気に入らない。皆それぞれが勝手気ままに発言し、遠来の客人に対する気配り、思いやりに乏しい。また、いつ始まっていつ終わったかというメリハリが無い。私は昔風の宴会のやり方を懐かしく思う。

一九七八年七月、北京飯店の二階の宴会場で六卓約八十名の日本側主催の答礼宴会を行った。政府関係者も出席されたので席次については事前に中国側と打ち合わせをして決めた。

卓上の名札はすべて私が書いた。おかげで腱鞘炎になりそうであった。私は主催者側の最年少だったので、第六テーブルの末席に座った。末席でありながら、宴会の進行を見渡せる一番大事な席であった。

九　中国の外来語

中国の外来語に興味を持ったのは、大学時代〝可口可楽〟(*Coca-Cola*)、〝迷你裙〟(*miniskirt*)という「音訳と意訳をかねた」巧みな造語法に感心したこと、また〝哲学〟(*philosophy*)、〝経済〟(*economy*)、〝革命〟(*revolution*)という中国語が実は「日本語から吸収・借用したもの」であることを知ったことがその始まりである。

〝可口可楽〟(*Coca-Cola*)、〝迷你裙〟(*miniskirt*)という外来語は今でこそ中国で使われているが、文革中の中国には存在しなかった。おそらく香港或いは台湾で作られた外来語であろう。〝可口可楽〟(Kěkǒu kělè)という音訳と「口にすべし、楽しむべし」という意訳をかねたみごとな造語であり、中国が対外開放政策をとり始めるや爆発的に大陸に広まった。中国では一九九〇年代から一般の人々に飲まれるようになったのではなかろうか。私個人の経験を言うならば故郷の広島で初めてコカ・コーラを飲んだのは高校一年生一九六六年前後ではなかったか。何かしら薬のような味がしたことを思い出す。〝迷你裙〟(*miniskirt*)は

「ミニ」という発音に「貴兄を迷わす」という漢字を当てた少しエロティックな表現。
欧米の *philosophy* という概念を「哲学」という漢字に翻訳し、*economy* という概念を「経済」という漢字に翻訳し、*revolution* という概念を「革命」という漢字に翻訳したのは、江戸末期或いは明治初期の日本人であった。それを日本の書物から吸収・借用したのが中国人であった。〝革命〟のご本家に〝革命〟という外来語を逆輸出していたとは私にとって大きな驚きであった。

中国の外来語には、「意訳によるもの」、「純粋な音訳によるもの」、「音訳と意訳をかねたもの」、「半音半意訳によるもの」、それから「日本語から吸収・借用したもの」などがある。

「意訳によるもの」には、〝足球〟（*football*）、〝馬力〟（*horsepower*）などのように原語の意味を直訳したものとか、〝民主〟（*democracy*）、〝羽毛球〟（*badminton*）、〝塑料〟（*plastic*）、〝自行車〟（*bicycle*）などのように外来の概念や事物に名付けたものなどがある。

「純粋な音訳によるもの」には、〝巧克力〟（*chocolate*）、〝巴士〟（*bus*）、〝白蘭地〟（*brandy*）、〝英特納雄耐尔〟（*international*）などがある。また、〝馬克思〟（*Marx*）、〝白求恩〟（*Bethune*）、〝布什〟（*Bush*）、〝奥巴馬〟（*Obama*）、〝特朗普〟（*Trump*）などの外国の人名がある。更に〝加拿大〟（*Canada*）、〝巴基斯坦〟（*Pakistan*）、〝紐約〟（*New York*）な

どの外国の国名や地名の多くもこの音訳法によっている。

「音訳と意訳をかねたもの」には、冒頭に挙げた〝可口可楽〟（*Coca-Cola*）のほか、〝維他命〟（*vitamin*）、〝幽黙〟（*humor*）などがある。

「半音半意訳によるもの」には、〝托拉機〟（*tractor*）、〝芭蕾舞〟（*ballet*）、〝東亜〟（*East Asia*）などがあり、〝托拉＋機〟、〝芭蕾＋舞〟は音訳語の語尾に意訳字を加えたもの。〝東＋亜〟は語頭に意訳字を置いている。

この他に「日本語から吸収・借用したもの」が相当数ある。〝哲学〟、〝経済〟、〝科学〟、〝倶楽部〟、〝淋巴〟、〝手続〟、〝場合〟などがそれである。

外来事物を純粋に音訳する場合、翻訳する人によって色んな中国語を当てはめたらしい。*chocolate* について、〝巧克力〟、〝巧古力〟、〝巧格力〟、〝朱古力〟、〝朱古律〟、〝査古律〟、〝査古列〟、〝諸古力〟など八種類の訳語が生れた。現在では〝巧克力〟にほぼ統一されている。*golf* も〝高尔夫〟、〝高而福〟、〝果尔夫〟、〝考而夫〟などのように表記法はばらばらであったようだ。現在では〝高尔夫球〟に統一されている。〝高尔夫＋球〟だから、正確には「純粋な音訳によるもの」ではなく「半音半意訳によるもの」に分類すべきか。

ゴルフは中国では資本主義のスポーツと見做されていた。特にキャディーを引き連れてコースを回るところなど、中国での普及はあり得ないと思われていた。そんな環境の中でわが社の先輩達は一九八七年北京市内に北京朝陽ゴルフクラブを設立した。中国で初めてのゴルフ場だ。確か趙紫陽総理が名誉会員に名を連ねていた。今では中国各地にゴルフ場が建設され、外国駐在員のみならず、中国の政府高官、企業人まで幅広く普及した。またプロの選手まで現れている。

brandy について、〝白蘭地〟、〝勃蘭地〟が使われたらしいが、現在ホテルやレストランのメニューを見る限り、〝白蘭地〟に統一されている。*penicillin* について、〝盤尼西林〟、〝配尼西林〟と音訳されたらしいが、現在では〝盤尼西林〟の方が使われ、同時に〝青霉素〟という意訳も使われている。傾向としては〝盤尼西林〟という音訳語が衰退し、〝青霉素〟という意訳語の方が多用されているように思える。一度中国の医薬関係者に確かめてみたい。

外来語の中に外国語の原音と中国語の音訳語との発音の落差が大きいものがある。アメリカのハワイ *Hawaii* は中国語で〝夏威夷〟（Xiàwēiyí）と翻訳されたが、現在の〝普通話〟で発音すると英語の原音との落差が大きい。落差が大きいと言うよりも、似ているのはハワイの「イ」という発音のみ。広州に出張した時、広州のローカルスタッフに〝夏威夷〟を広東語で発音してもらったところ、「ハワイ」と言う。日本語のカタカナ表記の発音とほぼ同じ。アクセントは真ん中の「ワ」に置いており、英語の *Hawaii* の発音にそっくりである。この〝夏威夷〟の音訳は最初に広東或いは広東語でなされたのではあるまいか。

このハワイと中国との関連で思い出すのは、中国革命の父孫文が少年時代、一八七九年兄を頼ってハワイに渡り、留学していたという事実である。当時のハワイの「華人の人口は六〇四五人、全人口に占める華人の率は一〇・四パーセントだった」(陳舜臣著、『孫文・上』、中公文庫)。日本がハワイやアメリカ本土に移民を送り出す以前に、広東、福建などの中国南方からすでに多くの人々がハワイやアメリカ本土に渡っていたようだ。

アメリカの首都 *Washington* は中国語で〝華盛頓〟(Huáshèngdùn) と音訳された。これも〝夏威夷〟と同様、広東語で発音すると驚くほど、*Washington* の原音に似ている。

一九七九年頃、上海のある工場で通訳をした際、機械加工の〝加工〟(jiāgōng) という上海人の発音が私には〝普通話〟の「ジィヤゴン」ではなく、「ガーゴン」と聞こえた。〝加〟(jiā) という漢字は〝普通話〟では「ジィヤ」と発音されるが上海語では「ガー」と発音されるようだ。国名 *Canada* を中国語では〝加拿大〟(Jiānádà) と音訳しているが、最初に〝加拿大〟と音訳したのは北京人ではなく上海人ではなかったか。上海語で発音した方がより原音に近くなる。上海の方言音により上海人により音訳されたものと勝手に想像している。

清末、欧米列強はアヘン戦争を皮切りに中国への侵略を開始、香港、広州、上海の南方から徐々に北上して行った。中国の外来語は、先ず香港、広州、上海で中国語に音訳されることが多かったのであろう。その土地土地の方言により音訳されたことにより、結果的に外国語の原音と現在の〝普通話〟の発音に落差が生れたのであろう。

『英語姓名訳名手册』（辛華編、商務印書館、一九七三年、定価〇・九七元）というハンドブックがある。〝翻訳参考資料〟という文字が見えるから、いわゆる中国の当時の翻訳者、研究者の〝工具書〟だ。この本をめくっていて一人の人名が目に留まった。*Hepburn* 〝赫伯恩〟だ。

Hepburn という英語の綴りから、日本人は映画『ローマの休日』の女優オードリー・ヘプバーン（*Audrey Hepburn*）を想起する。しかし、中国語の音訳は〝奥黛麗・赫伯恩〟（Àodàilì Hèbó'ēn）となっている。発音をカタカナ表記すると「オードリー・ヘボン」だ。日本人が〝赫伯恩〟（Hèbó'ēn）という中国語の発音から思い浮かべるのは、ヘボン式ローマ字綴りの創始者ヘボン（*James Curtis Hepburn*）だ。アメリカ人宣教師、医師、語学者にして明治学院大学の創設者（一八一五年～一九一一年）だ。

女優ヘプバーンもヘボン式ローマ字綴りの創始者ヘボンも英語の綴りは同じ *Hepburn*。

英和辞典の*Hepburn*の発音は、ここでは英語の発音記号を記すことは出来ないが、カタカナ表記にすると「ヘボン」と「ヘプバーン」の二通りの発音が記載されている。『ローマの休日』、『ティファニーで朝食を』、『マイ・フェア・レディ』の我らが*Hepburn*はやはりヘプバーンと呼びたい。もっと言えばヘップバーンと呼ばせていただきたい。

最初に*club*という英語に〝倶楽部〟という漢字を当てたのは日本人だ。クラブという英語の発音に「ともに楽しむ」という漢字を当てた、日本語による「音訳と意訳をかねた」日本人の素晴らしい名訳ということができる。清末の中国人はこれを更にうまく「日本語から吸収・借用」した。私はてっきり中国のオリジナルと思い込んでいた。

〝手続〟、〝場合〟という中国語は学生時代習ったことがなかった。会社に入り中国に出張するようになり、仕事の中で耳にすることが多くなった言葉である。自分で使いこなせるようになって、中国人の発想で中国語を考える習慣が身につくと、これがもとは日本語であることにすぐ気が付いた。中国の人は老いも若きも〝手続〟という言葉を使っている。今では中国人にとって「日本語から吸収・借用」した外来語としての意識が希薄になっているのではないかと思う。しかし、〝場合〟の場合はどうだろう。私が聞いたのは同世代以上の中国人の口からだが、今の若い人はどうなのだろうか。中国語として自然に使っているのだろうか。それとも少し翻訳臭を帯びた言葉と認識しているのだろうか。

また、〝手持〟という中国語も「日本語から吸収・借用」した外来語と思われる。造船業界の景況を示す三大指標に〝造船完工量〟（造船竣工量）、〝新承接訂単量〟（新造船受注量）、〝手持訂単量〟（手持ち工事量）があるが、この〝手持訂単量〟（手持ち工事量）の〝手持〟は「日本語から吸収・借用」した外来語と想像する。

〝哲学〟、〝経済〟、〝科学〟も「日本語から吸収・借用したもの」だ。〝幹部〟もそうだ。この「日本語から吸収・借用」したことを「中国は日本製の漢字語彙の大量輸入国」と一章を立てて著述しているのが、劉徳有氏の『日本語と中国語』（講談社、二〇〇六年四月十日第一刷発行）だ。劉徳有氏は中国文化部副部長（次官）を歴任。芥川龍之介、有吉佐和子等の作品の翻訳、日本に関する著書多数。新華社通信の首席記者として十五年間日本に滞在した日本通である。劉徳有氏は日中関係者の間では有名人で、私が日中学院、中国語研修学校で中国語を学んでいた一九七〇年代前半、学校の文化祭や新華社代表団のレセプション等いろんな場所でお会いしたことがある。

これまで述べてきたように、私は中国の外来語に興味を持つとともに、中国の外来語についてかなりの自信を持っていたが、その自信が音を立てて崩れ始めたのはインターネット時代の到来だ。私が会社で部長職を命じられた頃、社内でワードやエクセルの講習会が行われ、それから数年たって一人一台パソコンが支給された。しかし、当時は部長としての管理、営業の仕事に追われ、また中国への出張も多く、パソコン、インターネットの勉強は後回しとせざるを得なかった。その後遺症か、ノートブック・パソコンを〝筆記本電脳〟、ホームページを〝網頁〟、サイトを〝網站〟、インターネットカフェを〝網吧〟ということを知るのに随分時間がかかってしまった。今でもＩＴ関連の中国の外来語は大の苦手だ。

第一文学部中国文学専攻の卒業論文は『現代中国語における外来語の研究』というテーマにした。今回この章を書くについて、自分の卒業論文を読み返したが、穴があったら入りたいという気持ちにさせられる。しかし、中国の外来語に関する文献が非常に少なかった当時、知りたいという好奇心だけは旺盛であったようだ。

中国の外来語の前に日本の外来語表記の混乱不統一に疑問を感じ、霞が関の文部省（現在の文部科学省）に調べに行ったりもした。

日本における外来語表記も中国語ほどではないが、混乱不統一な面が多かった。例えば、普通名詞では *violin* は「バイオリン」とか「ヴァイオリン」という表記が混在していた。*building* は「ビルディング」、「ビルジング」、「ビルヂング」。外国の国名 *Italia* は、「イタリア」、「イタリヤ」。*Paraguay* は、「パラグアイ」、「パラグヮイ」。外国の地名 *Los Angeles* は「ロサンゼルス」、「ロサンジェルス」。*Venezia* は「ベネチア」、「ヴェネチア」。外国の人名 *Einstein* は「アインシュタイン」、「アインスタイン」。*Schopenhauer* は「ショーペンハウアー」、「ショーペンハウエル」……。

卒業論文の参考文献として『中国語と英語』（中国語研究学習双書十四、大原信一著、光生館、一九七三年）を挙げている。この章で書いた「音訳と意訳をかねたもの」、「日本語から吸収・借用したもの」などの中国の外来語の類型は、主にこの『中国語と英語』に拠っていることをお断りして置かねばならない。

十　中国の方言

日本語の標準語に相当する言葉を中国では〝普通話〟という。発音は北京語音を標準音とし、語彙は北方方言を標準語彙として、中華人民共和国成立後、一九五〇年代に制定された。学校教育、テレビ、ラジオはこの〝普通話〟に統一されているが、学校教育を受けていない高齢者には〝普通話〟を喋れない人がまだ多い。

〝普通話〟は普及したとは言うものの、北京人同士では北京語で、上海人同士は上海語でというのが現状。われわれ外国人が方言を少し勉強しておくと、その土地の人々が打ち解けてくれること受け合い。

北京語

北京語の特徴はなんと言っても捲舌音である。相当な徹底した巻き舌である。北京市内のアイスキャンディー売りのお婆さんは〝氷棍児〟（ビングゥール）と語尾を長く伸ばす。バスの車掌の〝没票買票〟（メイピィアオマイピィアオ）（切符を持っていない人は買ってください）という言葉は恐ろしく早口で、北京の友人に教えてもらって初めて意味が分かった。一九七八年、初めて北京に駐在した頃、〝盖了帽了〟（ガイラマオラ）とか〝没治了〟（メイジィルラ）（日本語で「最高！」という意味）という方言が若者の間に流行していた。〝普通話〟は北京語を基礎としているが、安心してはならない。特に年長者の〝老北京〟の言葉は分かりにくい。東京の江戸っ子の発音も随分巻き舌だが、長い間一国の首都に住み慣れると捲舌音になるという法則でもあるのか。

大学時代の章で触れた第一文学部中国文学専攻の同級生S君の著作『北京に吹く風』（阿部出版、二〇〇五年一月）は、その副題「北京っ子ことばで知る、中国人の心情」のとおり、北京語を通して中国人を語っていて面白い。

上海語

一九七四年夏、上海雑技団が東京、横浜、名古屋、大阪、博多等で五十日間の訪日公演をした際、私はアテンド通訳の見習いのようなことをした。五十日間上海の人と生活をともにして上海語は耳慣れていた。上海語には北京語のような捲舌音がなく、〝普通話〟のように必要以上に舌や口の周りの筋肉を動員することもなく、どちらかと言うと口先だけで発音することが出来る。上海語は日本人には真似がしやすい。

上海語の「王さん」（Wáng）と「黄さん」（Huáng）の発音は、日本人にはその区別がつきにくい。同じように聞こえる。

一九八〇年頃、上海人の「黄さん」（Huáng）という人と一緒に仕事をした。定年前の、礼儀正しい寡黙な人だった。ある日、上海黄浦江の〝輪渡〟（渡し船）で二人きりになった時、「私の父は日本軍に殺された。私は高橋先生のことは好きだが、日本人は嫌いだ」と、まるで自分の子供のような年格好の私に対して呟かれた。私は返す言葉もなく、黄浦江の水面を見つめているばかりだった。

黄浦江を跨ぐ大橋ができるのは一九九〇年代に入ってからである。黄浦江を渡るには隧道を潜るか、渡し船に乗るしかなかった。

当時、仕事の関係で接した中国の人々は、自分の父親が日本軍に殺されたというような話をされることはまずなかった。日中平和友好条約を締結し、中国政府も改革開放政策を取り始めたばかり、過去のことよりも先ず日中友好、経済発展という雰囲気で、中国の新聞論調どおりの建前的な話が多く、個人的な話をされることは非常に少なかった。私のことを信頼してくださったからこそ話していただいたのだと思うが、少なからずショックであった。また、日本との関わりの中で黄さんと同じような心の痛みを背負った人が大変な数おられるに違いないと思った。

上海語は〝四〟(sì)と〝十〟(shí)との区別が曖昧である。中国語研修学校では〝十四是十四、四十是四十〟の発音練習を随分やった。会社に入り上海人と商談をし、契約金額或いは数量を確認する際、〝四〟は〝両個二〟(2が二つ)、〝十〟は〝両個五〟(5が二つ)と言い直し念押しをした。

理髪店で洗髪をすることを、上海語では「ダートゥ」と発音するらしい、それを〝打頭〟と聞き取った北京人が上海の床屋では頭を殴られると勘違いしたという〝相声〟(漫才)をやっていた。この〝相声〟は上海錦江飯店の理髪店でちょうどかがんで髪を洗ってもらっている時ラジオで聞いて噴き出しそうになった。

武漢語

武漢には技術移転プロジェクトが二つあり、一九七九年以来七十回以上は出張したと思う。当時は一回の出張で一週間は滞在していた。また、その武漢の工場の人達が研修、商談で来日の際にはフルアテンドした。最初武漢語には随分泣かされた。しかし、慣れとは不思議なもので付き合いが深まると段々と分かるようになる。宴会の席で興がのって武漢語の真似をすると拍手喝采を浴びる。〝武漢通〟という称号をいただいた。日本人が〝普通話〟ではなく、ご当地の武漢弁を話してくれる、その日本人に大変近しい感情を抱いていただけたのだと思う。大阪弁を喋るイーデス・ハンソンさんという人がいる。山形弁を流暢に操るダニエル・カールさんが活躍しているが、日本人、とりわけ関西や山形の人にとっては「変な外国人」ではなく、心許せる人なのである。

武漢語の発音の特徴は四声が〝普通話〟と大きくかけ離れている。例えば〝普通話〟で〝大〟(dà)は第四声だが、武漢語では第二声で発音される。〝普通話〟の〝可以〟(kěyǐ)は武漢語では第一声+軽声で発音され、〝可〟(kě)も〝普通話〟の喉の奥から出す発音とは異なる。また、武漢人同士が話していると四声が出鱈目で全体に抑揚が激しくおまけに声が大きいので、まるで喧嘩しているように聞こえる。

長江を更に溯ると重慶に達するが、重慶の言葉は武漢語によく似ている。しかし、武漢の湖北省に隣接する湖南省に行くと、また言葉が大きく変わってくる。洞庭湖という大きな湖の北が湖北省、南が湖南省。地理的要因が大きい。

山東語

山東省は比較的北京に近いが、山東省の方言はとても分かりにくい。〝今天〟(jīntiān)がギンティエンと聞こえる。〝去不去〟(qù bu qù)がキュイブキュイに聞こえる。〝関於〟

（guānyú）がグゥアンギュィと聞こえる。〝餃子〟（jiǎozi）がギャォズに聞こえる。〝餃子〟について〝普通話〟の発音ジィァオズと日本語の発音ギョーザとの乖離をかねがね疑問に思ってきたが、日本語のギョーザはこの山東語の影響ではないか？　或いは山東語の影響を受けた東北方言から来ているのか？　戦後日本人はこの発音を〝餃子〟とともに日本に持ち帰ったのではないか？

山東省は貧しい土地であった。貧しさを逃れて東北地方遼寧省に難民が流入したそうだ。〝山東大漢〟という言葉がある。山東地区には背の高い頑健な身体の人が多い。そう言えば取引のあった大連造船廠の歴代の工場長は皆背が高く大柄であった。

東北方言

瀋陽で技術交流をして、瀋陽の土地の人々の言葉を観察した。〝今天很熱〟の〝熱〟（rè）はイェ、〝人民日報〟（Rénmín rìbào）はイェンミンイバァォ、〝問題很容易〟（wèntí hěn róngyì）の〝容易〟（róngyì）はヨォンイ、〝肉〟（ròu）はヨウと発音する。ひとつの法則を見つけ出すことができる。

また、〝什麼呢〟（shénme ne）の最後のナをニと発音する。戦前中国の東北地方で生活し、引き揚げてこられた多くの日本人にこの発音がよく見られる。日本語には言葉の最後はナ行音が多く使われる。標準語では「そうだなぁー」、広島弁では「そうじゃのー」といった具合に。これは高校時代に国語の教師に聞いた話だが、ある時日本の方言を採集するために大型のテープレコーダーを担いで地方の校長先生のご自宅を訪問し、「こちらでは言葉の最後に「にぃー」とつけられるそうですね」と問うたところ、その校長先生は奥様を振り返り「そんなことは言わん「にぃー」」と同意を求めたそうだ。中国の東北地方の多くの人も自分がナをニと発音していることに気付いていない。

北京語と上海語との違いからすると、北京語と東北方言は随分近いはずだが、ハルビンの人々の捲舌音は半端ではない。生粋の北京っ子の捲舌音も相当なものだが、私から言わせるとハルビンの捲舌音には敵わない。ハルビンの捲舌音に気を取られ、通訳をしていて何の話かいつの間にか分からなくなってしまったことが何度もある。

福建語

一九七九年、当時の軽工業部（軽工業省）のお役人と福建省福州に出張した。北京からの飛行機がなく列車で北京から四十時間弱の旅であった。列車の食堂車で五回食事をした記憶がある。福州からはマイクロバスで海岸沿いに、莆田、漳州、厦門と南下した。車窓に大きな茘枝《れいし》の木が見えた。ここからどのようなルートで長安の楊貴妃のもとに茘枝を届けたのだろう。マイクロバスの中で台湾のラジオ放送が響いていた。

出張の目的は莆田という田舎町にある製紙工場を視察しプラント輸出に関する技術交流を行うこと。一九七九年当時莆田には外国人の宿泊できるようなホテルはなく、やむなく莆田の役所の招待所に泊まった。文革は終わったのにどういうわけか莆田革命委員会招待所という看板が掲げられていた。部屋には洗面所もトイレもなく、朝地元のお役人が琺瑯びきの洗面器に水を張って持って来てくれた。確か部屋代として一・五元（当時のレートで日本円に換算すると二四〇円くらい）支払った。

二度目の技術交流は翌年一九八〇年、今度は香港経由広州から飛行機で福州に入った。当時の中国には高速道路はまだ一本もなかった。莆田までマイクロバスで悪路を南下するのは大変ということで、莆田から福州に出向いて来てもらい、福建省の省都福州で技術交流を行った。福州のホテルからは閩江の流れが見えた。清流である。長江、黄河、珠江のような濁流ではなく、「百年河清を待つ」必要はない。中国に来て初めて日本と同じような川を見ることが出来てなにやらホッとした。福建省は平野が少ない。地元の人が〝八山、一水、一分田〟と福建のことを紹介した。八割が山岳地帯、一割が河川湖沼、一割が田畑という意味らしい。

山が海に迫り、耕作地は猫の額。私の育った瀬戸内海に地勢、川の流れがよく似ている。

昔から耕作地が少なくまた産業の発展からも遅れたが、天然の良港には恵まれていた。そういう背景があって華僑の故郷となったのであろう。海外に雄飛するしかなかったのであろう。

山や川で人々の交流が妨げられた結果、山を越えただけで、河を隔てただけで、言葉が大きく変わったのであろう。福建省には閩南語、閩北語とかたくさんの方言がある。

天津語

天津の地名は明の永楽帝時代の〝天子衛〟(天子の渡し)に由来する。永楽帝の時代に城壁が修築され、天津という名前が使われ始めたそうだ。「津」とは港の意味。私の生まれ育った広島県にも安芸津とか三津とか「津」のつく地名がある。「津々浦々」という言葉があるように「浦」も港を指し、呉市は昔呉浦と言った。近くには吉浦、安浦、小屋浦などという港町がある。琵琶湖畔には大津という地名がある。三重県にはそれこそ津という市があり県庁所在地となっている。日本を含め欧米列強はこの天津に上陸し、ここにまず租界を形成し運河をのぼって北京に入った。

日本の対中円借款プロジェクトの第一号は京津塘高速道路(北京―天津―塘沽)の建設であった。この高速道路に乗ると北京から天津までは約一時間半で到着する。北京から天津までの距離は約一三〇キロ、広大な中国からすると「指呼の間」。言葉は北京語と近しいはずだが、どっこい天津語はどうも分かりにくい。北京語と同じように相当な捲舌音だが、北京語とはまた少し違う。私はその違いをうまく説明できないが、とにかく明晰ではない。

高速鉄道が開通して天津出張は格段に楽になった。北京南駅からわずか三十分で天津駅に到着する。さらに三十分乗ると終点の塘沽だ。しかし、天津語が分かりにくいので天津に出張する時、私は身構えてしまう。

広東語

一九九八年、アジア通貨危機の最中に香港支店に約一年間勤務した。香港が中国に返還(中国語では〝回帰〟という)されたのは一九九七年七月、当時の香港には〝普通話〟を学ぼうとする人は増えつつあったが、一部のエリートを除き庶民の多くは〝普通話〟を話せなかった。赴任して間も無くマンションの自室の台所で使う三角コーナーを探しに日系スーパーに出かけた。三角コーナーの中国語が思い浮かばなくて女店員に〝普通話〟で三角コーナーのことを説明した。形状、材質、機能を説明したが私の〝普通話〟を理解できないらしい。その内二、三人の店員に囲まれたが要領を得ない。最後に三角コーナーの絵を書いて、やっとそのスーパーには売ってないことが判明した。

旧正月の連休を一人香港で過ごすこととなった。いつも利用している地下鉄やトラムを利用して旧正月の香港の街を歩いた。夕暮れの近づいた香港、「違う道通って帰ろう日脚伸ぶ」と、バスに挑戦することとした。しかし、マンションのあるタイクーシン（太古城）行きのバスがなかなか見つからない。ええいままよとやって来たバスに飛び乗り運転手に我がマンションの町の名を連呼したが、運転手の喋る広東語が少しも理解できない。町の名を英語風に発音したり、広東語風に発音したり、大汗をかいたが無駄であった。

香港支店は日本人二人、香港のローカルスタッフ五人計七人の小さな支店であった。勤務中香港の女性ローカルスタッフ二人がしきりに小声で「ガオチョ」と言う発音を繰り返している。私の高橋という姓は〝普通話〟で「ガァオチィァオ」と発音する。ひょっとして彼女たち二人は私に関する内緒話を広東語でやっているのではないかと、疑心暗鬼となった。後で分かったことだが、広東語で「ガオチョ」と発音するのは、〝搞錯〟（〝普通話〟で「ガァオツゥオ」と発音）。すなわち「間違ってしまった」、「ミスをしてしまった」という意味であった。ほんとうに聞き間違えてしまった。

北京語で「おはようございます」を〝早上好！〟と言うが、広東語では〝早晨！〟（ゾウサン）と発音する。赴任した当初「象さん、象さん、お鼻が長いのね」の象さんと聞こえてしようがなかった。

香港では単身赴任であったから休みの日には、よく一人でビクトリアピークに登ったりしたものだ。展望台は多くの観光客で溢れ込み合っていた。一才か二才の子を抱いたお母さんが哺乳瓶で水分を子供にとらせようと話しかけている。「ヤム!ヤム!」。ああそうか、「ヤムチャ(飲茶)」の「ヤム」だ。「飲みなさい」という意味だ。

十一　中国の成語

中国人は俗語、諺の類が大好きだ。とりわけ高位高官のお年寄りとの会見の席上、〝中国有一句話説……〟（中国にはこんな諺がありまして……）が始まると、通訳をする私は〝満頭大汗〟（汗びっしょり）になってしまう。更に悪いことに当時の高位高官のお年寄りにきれいな標準語を話す人はまずいなかった。どういうわけか陝西省や山西省出身で方言が強く、普通に話す言葉も十分に聴き取れない。ましてや俗語、成語を通訳できるはずがない。随分苦労した。

〝前事不忘，後事之師〟

一九七二年九月二十五日、北京を訪問した田中首相の歓迎宴の席上、周恩来総理が挨拶の中で引用した成語だ。直後すぐに出版された中国外文出版社『中日関係史の新たな一章』と題するパンフレットでは、「前の事を忘れることなく、後の戒めとする」と翻訳している。

直接相手を責める表現にはなっていないが、政治的に十分計算された引用で、中国は言葉の国だなと感心したものだ。周恩来総理にお目にかかる機会はなかったが、このスピーチを録音テープで何度も聴いたので、浙江訛りの周恩来がこの成語をどのように発音したか今でも記憶に残っている。

〝飯後百歩走，活到九十九〟

北京駐在時代は宴席で通訳をすることが多かった。日本側も中国側も責任者は高齢の方が多いので、自然話題は健康談義に及ぶことがあり、よくこの成語が出て来た。「毎食後百歩ほど歩くと九十九歳まで長生きできますよ」という意味。

中国語の〝走〟は「歩く」という意味。日本語の「走る」は中国語で〝跑〟と書く。ちなみに長距離走は〝長跑〟という。

〝有銭難買老来痩〟

これも健康談義。直訳すると「お金がいくらあっても老いて痩せることを購うことはできない」となる。メタボのお腹を撫でながら、同病相哀れむといったところ。宴席でこのような自分にとって新しい成語に出会うと、箸袋や手帳にそっとメモした。

〝夜長夢多〟

最初は当社が優勢であったが他社との価格比較等で中国側がなかなか結論を出さない。こういう時、中国帰りの先輩がこの成語を呟いた。翻訳するまでもないが、夜が長いとあれこれいろんな夢を見るものだ、ということ。

いずれの国でも同じだが購入する時は数社から相見積もりを取り、価格・仕様・納期等を比較検討する。中国語では〝貨比三家〟と表現する。

なかなか決まらず、このような状態が続いた場合、よい結果を得られないことが多い。「ああ、やっぱり。後の祭りだ」と嘆くことになる。中国語では〝馬後炮〟という。〝中国象棋〟（中国将棋）から出た成語だ。中国将棋の駒は大きな円柱形で〝馬〟とか〝炮〟の文字が彫られている。

〝馬不停蹄〟

直訳すると「馬が蹄を止めることはない」となる。出張の連続で休む間もない、大変忙しそうですね、と言う時によく使う。とても趣のある成語。日本人の私が口にすると、中国人はきまってニコリとする。

〝走馬観花〟

直訳すると「馬を走らせて花を見る」となる。「ざっと見る」という意味で、工場視察の折など「この工場は広いのでざっと見ても小一時間はかかります」という時に使う。〝走馬看花〟も同じ意味。

これと反対の概念を表す喩に〝下馬観花〟、〝下馬看花〟があり、「下馬して花を見る」と言う意味で「徹底的に調査研究すること」と、愛知大学編纂の『中日大辞典』は説明している。しかし、私自身は中国の人から〝下馬観花〟の方は聞いたことはない。それにしても中国の成語には〝馬〟が多く登場する。

〝情人眼里出西施〟

直訳すると「恋をしている人の眼に西施が現れる」となる。西施というのはご存じ中国の四大美女の一人、代表的な中国美人と言われている。すなわち恋は盲目、あばたも笑窪ということ。冷静に観察しなければならない時があるようです。どこの国の諺か忘れてしまったが、地下鉄の車内広告に「結婚する前は両目を大きく開けて見なさい。結婚したら片目をつぶりなさい」というのがあった。

〝有眼不識泰山〟

これも〝眼〟が出てくる成語。〝泰山〟は日本で言えば富士山に相当する山。眼がありながら泰山を見てもそれと分からない。能力のあることを分からないで大変失礼しました、という相手を褒める時に使う。お見逸れしましたというちょっとユーモラスな表現。

〝心中有数〟

『中日大辞典』には、「物事に対し確信があること。心にはよくわかっている。心におもわく・打算があること」と説明している。心積もりがある、という意味だ。

〝胸有成竹〟

手元にある『漢語成語小詞典』（商務印書館出版、一九七三年五月北京第三十四次印刷、定価〇・七元）には右の〝心中有数〟とともにこの〝胸有成竹〟が集録されているが、中国語の解説を翻訳すると、「宋朝に竹を描くことに優れた人がいた。蘇軾は彼が竹を描くことに優れているのは、筆を下ろす前に彼の胸中にはすでに竹の全貌があるからだ。事をなす前に心には全面的な考えが出来上がっていることを比喩する。また〝成竹在胸〟とも言う」

と。成算があることを意味し、〝心中有数〟と同様の使い方をする。中国の人に対してこのような成語を使うと、お互いの距離がぐっと近づいた気持ちになる。

〝同舟共済〟

「同じ立場に置かれた者同士が互いに助け合い、困難に打ち勝つ」と言う意味。この成語を初めて聞いたのは、測定器の売り込みで上海の名門同済大学を訪問した時である。同済という大学の名前は〝同舟共済〟という成語から取ったそうだ。同済大学の起源は一九〇七年ドイツ人医師によって創立された医学校で、ドイツ人と中国人が〝同舟共済〟(互いに団結し、互いに助け合う)することから校名を同済大学としたとのことである。

〝車水馬龍,水泄不通〟

一番最初に中国人からこの成語を聞いたのは、一九七四年頃東京都内の大渋滞の車の中であった。最初の北京駐在の一九七八年頃、北京市内の道路に自動車の渋滞はまだなかった。出勤、退勤時は自転車が切れ目無く流れ、難儀することはあったが、渋滞に閉じ込められてアポイントの時間に遅刻するというようなことはなかった。一九七八年以降毎年のように北京に出張したが、二環路、三環路、四環路と道路整備が進み、いつ行っても北京は道路建設の土ぼこり中で、クレーンが林立していた。地下鉄も〝四通八達〟（四方八方に通じる）、交通インフラは中国の首都に相応しくりっぱに整備された。しかし、同時に自動車生産台数、販売台数ともに世界一となり、東京以上の大渋滞が出現した。まさしく〝車水馬龍，水泄不通〟（馬車の往来が盛んで、水も漏れないほどぎっしり詰まっている）。

〝虚心使人進歩，驕傲使人落後〟

文革時代の若者はわれわれ外国人に対してはきわめて礼儀正しく接して来た。個人的な意見を述べることは少なく、毛沢東語録を数多く引用し、建前を述べることが多かった。直訳すると「謙虚は人をして進歩させ、自惚れは人をして落伍させる」ということになろう。

〝堅持数年，必有好処〟（頑張り続ければ、必ず益するところあり）、〝世上無難事，只怕有心人〟（志を持っていれば世の中に難しいことはない）、〝少壮不努力，老大徒傷悲〟（若い時に努力をしないと、老いて徒《いたずら》に悲しむことになる）……、私は日本語を一生懸命勉強して、中日友好のために貢献したいと決意表明する青年、いわゆる優等生的発言をする青年ばかりが目立った。

中国が文革中に日本で中国語を学習したわれわれの世代には、現在のような豊富な教材はなかった。当時の教材には毛沢東語録を引用したものが多かったから、毛沢東語録を随分暗誦したものだ。正しくは『毛主席語録』と言う。この『毛主席語録』の中国語版（人民出版社出版、新華書店発行、一九七二年四月印刷、〇・四〇元）と日本語版（外文出版社出版、中国国際書店発行、一九七二年第四版発行）が手元に残っている。ポケットに入る手帳ほどのサイズで、赤いビニールカバーに金文字で『毛主席語録』と刷り込まれている。

その語録の中から〝世界是你們的，也是我們的，但是帰根結底是你們的。你們青年人朝気蓬勃，正在興旺時期，好像早晨八、九点鐘的太陽。希望寄托在你們身上。〟を暗記した。定訳は「世界はきみたちのものであり、また、われわれのものでもある。しかし、結局はきみたちのものである。きみたち青年は、午前八時、九時の太陽のように、生気はつらつとしており、まさに、旺盛な時期にある。希望はきみたちにかけられている。（モスクワでわが国の留学生、実習生と会見したときの談話。一九五七年十一月十七日。）」となっている。

今でも昔話が出た時にこの語録の言葉を暗唱してみせると、特に年配の方から大拍手を受けることがある。しかし、一九八〇年代に生まれたいわゆる〝八〇後〟の世代は知らない人が多い。また、文革時代のことをあまり思い出したくないという人々も大勢いる。

毛沢東の〝老三篇〟と称される著作のひとつ〝為人民服務〟（人民に奉仕する）は、日中学院時代の教科書に収録されており教材として暗唱した。その中に〝来自五湖四海〟（中国各地から来る）という成語が使われている。中国から代表団を受け入れ、団員が中国各地の人で構成されている時など、「皆さんは五湖四海からいらっしゃったのですね」と言うと、高齢の方は必ずニコッとされる。

〝劉備借荊州〟

一九七九年六月、武漢から十七人乗りの小型飛行機で宜昌に移動した。一九八九年五月、武漢から宜昌に移動する時はマイクロバスを使った。当時、高速道路はまだ整備されていなかったので時間がかかった。途中沙市という街に一泊した。翌日、荊州古城を観光してから宜昌に向かったが、この荊州古城の城壁は趣があった。昔の中国の城郭都市の様子を偲ぶことができた。城郭の中の道路は狭かったが、道の両脇にはスズカケの並木が続いていた。そんな中に古びた関帝廟があった。

沙市出身の工場長は〝劉備借荊州〟（劉備が荊州を借りる）という成語を教えてくれた。「人から借りたものを返さない」、という意味だそうだ。三国志の故事にちなんだ成語である。

三人寄れば文殊の知恵という成語は中国語では〝合成諸葛亮〟（合わせて諸葛亮となす）という。数人の知恵を持ち寄れば諸葛亮孔明のような素晴しい知恵が生まれるという意味なのだろう。「うわさをすれば影」という意味の〝説着曹操，曹操就到〟（曹操の話をすれば必ず曹操がやって来る）もよく使う。英語では *Talk of the Devil, and he is bound to appear.* と言う。曹操は悪魔のように恐れられていたのだろうか。三国志演義を題材にした成語はもっともっとたくさんあるに違いないが、私が使いこなせるのはこれくらいしかない。

"露了馬脚了"

文字通り「馬脚を現す」、「化けの皮がはがれる」、「ぼろが出る」という意味。芝居や映画の台詞などでよく耳にする。

以上が実際に私が使いこなせそうな成語。これ以上書くと私は馬脚を現すことになるので、成語はここまでとする。

第Ⅲ部

十二 漢詩

武漢には本当によく出張した。武漢には技術移転契約のプロジェクトが二つあって、一九七九年から今まで七十回以上は出張しただろうか。武漢は武漢三鎮と言い、漢口、漢陽、武昌の三つの地域からなっている。一九七〇年代末から一九八〇年代にかけて武漢には外国人の泊まれるホテルは限られており、大抵漢口に集中していた。確か武漢市政府の近くに勝利賓館というのがあった。江畔路には璇宮飯店という古式豊かなホテルがあり、泊まったことがある。

二つのプロジェクトの工場は漢口・漢陽側から長江の武漢大橋を渡った武昌側にあった。一つの工場は更に東湖に沿って三十分ばかり行った青山区にあった。一九七〇年代末に武昌側には外国人の宿泊できるホテルはなかったので、武漢鋼鉄廠や武漢鍛造廠の招待所に泊めていただいた。武漢鋼鉄廠第四招待所は一時期ドイツや日本の技術者を泊めていたが、周囲は畑に背の高い樹木の並木道が続き、畑の向こうには長江に浮かぶ中洲、天興島という大きな島が見えた。

一週間のハードネゴの結果、双方ともに少し不満足ではあったが一応の折り合いは着いた。明日は武漢を離れ北京に戻る。その夜、工場長初め関係者が歓送会を開いてくれる。会場は東湖の湖畔にある一時期毛沢東の別荘となっていた東湖賓館であったり、長江を見下ろす晴川飯店（現在の武漢晴川假日飯店）であったりした。商談では顔を赤くして激論した相手も今宵は爽やかな表情をしている。土地の強い白酒（確か〝白雲辺〟という名前であった）で乾杯の応酬をする。料理が出終わった頃を見計らって、私から乾杯を提議する。「勧君更尽一杯酒」（君に勧む　更に尽くせ　一杯の酒）とやると皆さん総立ちになって喜んでくれる。「西出陽関無故人」（西のかた陽関を出づれば故人無からん）と唱和してくれる人もいる。これは王維の『送元二使安西』である。

送元二使安西　　　元二の安西に使するを送る　　　王　維

渭城朝雨浥軽塵　　渭城の朝雨　軽塵を浥《うるお》し
客舎青青柳色新　　客舎青青　柳色新たなり
勧君更尽一杯酒　　君に勧む　更に尽くせ　一杯の酒

西出陽関無故人　　西のかた陽関を出づれば故人無からん

また一年もすれば相互訪問することになる。「西のかた陽関を出づれば故人無からん」ほど深刻なものではないが、顔を赤くして激論した相手にお礼とお別れの挨拶をし、乾杯の応酬をするには相応しい漢詩だ。

涼州詞　　涼州の詞　　王翰

葡萄美酒夜光杯　　葡萄の美酒　夜光の杯
欲飲琵琶馬上催　　飲まんと欲すれば　琵琶　馬上に催《うなが》す
酔臥沙場君莫笑　　酔うて沙場に臥すとも　君笑うこと莫《なか》れ
古来征戦幾人回　　古来　征戦　幾人か回《かえ》る

宴会が盛り上がったかどうかのバロメーターとして、ホストの話題に対して客が如何に反応したか？　客が歓を尽くしてくれたか？　ということがある。宴たけなわとなって、歌が出たり乾杯の応酬があればしめたもの。中国側ホストの乾杯の催促に対して、「私はあまり飲めないけれども、今日のご接待には大変感激したので、ご主人の杯をお借りして乾杯を提議します」と前置きして、「酔臥沙場君莫笑」（酔うて沙場に臥すとも　君笑うこと莫れ）とやると、皆立ち上がって「古来征戦幾人回」（古来　征戦　幾人か回る）を合唱、愉快に乾杯となった。

北京の友誼商店などの外国人相手の商店にはよくこの夜光杯が陳列されていたが、赤葡萄酒の色を楽しむには中国の少し小振りの透明なワイングラスの方がよいように思う。いずれにせよ王翰の時代、中国人にとって「葡萄美酒夜光杯」（葡萄の美酒　夜光の杯）というのはたいそうエキゾチックなものだったのだろう。

最近中国は豊かになったこともあり、葡萄酒をよく飲むようになった。それも外国の高級ワインを一気飲みする人もいる。最近のレストランには大振りの本格的なワイングラスがそろっている。

工場視察の折など、工場案内の人から工場全体のレイアウトを俯瞰していただくため、ご苦労さんですがこの事務所棟をもう一階上に上がりましょうと言われることがある。こんなとき間髪を入れず「欲窮千里目　更上一層楼」（千里の目を窮めんと欲し　更に上る　一層の楼）とやるとドッと沸く。これは高校時代に習った王之渙の『登鸛鵲楼』である。

登鸛鵲楼　　　　　　鸛鵲楼に登る　　　　　　王　之渙

白日依山尽　　白日　山に依りて尽き
黄河入海流　　黄河　海に入りて流る
欲窮千里目　　千里の目を窮めんと欲し
更上一層楼　　更に上る　一層の楼

この五言絶句の壮大な空間的な広がりは、与謝蕪村の「菜の花や月は東に日は西に」を彷彿とさせる。いや与謝蕪村の方が中国の漢詩や山水画から大きな影響を受けてこのような俳句の世界を創り出したに違いない。

与謝蕪村の「菜の花や月は東に日は西に」という句にめぐり会った時、私は王之渙のこの『鸛鵲楼に登る』を想起したが、俳句の本には柿本人麻呂の「東の野にかぎろひの立つ見えてかへり見すれば月かたぶきぬ」の本歌取りと説明している。

北京或いは上海から武漢のような地方都市に出張する場合、今では一泊二日が通常であるが、一九八〇年頃は通信、交通機関の問題もあり、出張期間が一週間というのがザラであった。その分だけその土地の名所旧跡を案内いただくことが多かった。武漢市は三国時代から

武漢の合作工場の方と黄鶴楼で（1983年頃）。

の交通の要衝ではあっても、観光すべきところはきわめて乏しい。市内には黄鶴楼、帰元禅寺の五百羅漢、湖北省博物館、武昌起義軍政府旧址、東湖ぐらいのものか。少し足を伸ばして文赤壁。

黄鶴楼はよく登った。今の鉄筋コンクリート造り、エレベーター完備の黄鶴楼が再建されたのは一九八一年。私は再建前の一九七九年から武漢に通っている。工事のための竹の足場が組んであったのを今でも思い出す。黄鶴楼に登ると漢口、漢陽、武昌の武漢三鎮を一望することが出来る。武昌蛇山の上に聳える黄鶴楼から望むと長江は左から右にゆったりと流れ、流れの先は見渡すことが出来ない。まさしく「長江天際流」（長江の天際に流るるを）である。

黄鶴楼送孟浩然之広陵　黄鶴楼にて孟浩然の広陵に之くを送る　李　白

故人西辞黄鶴楼　故人　西のかた黄鶴楼を辞し

煙花三月下揚州　　煙花　三月　揚州に下る
孤帆遠影碧空尽　　孤帆の遠影　碧空に尽き
唯見長江天際流　　唯だ見る　長江の天際に流るるを

この李白の詩は、高校時代漢文の授業で習い伝統的な訓読法で暗誦していたが、中国語で暗誦できるようになったのはもちろん実際に黄鶴楼に登ってからである。暗誦したいと思わせるだけのすごい作品である。

この李白の『黄鶴楼送孟浩然之広陵』の冒頭に「故人」が出てくる。王維の『送元二使安西』の最後の一句にも「故人」が出てくる。「故人」とは死んでしまった人ではない。ふるくからの友人の意。

王之渙の『登鸛鵲楼』の第一句「白日依山尽」の最後は「尽」、第二句「黄河入海流」の最後は「流」となっているが、この李白の『黄鶴楼送孟浩然之広陵』の第三句「孤帆遠影碧空尽」の最後も「尽」、第四句「唯見長江天際流」の最後も「流」となっている。

ちなみに王之渙の『登鸛鵲楼』は黄河、李白の『黄鶴楼送孟浩然之広陵』は長江が舞台となっている。漢詩はほんとうにスケールが大きい。この黄河の「河」と長江の「江」の漢字の成り立ちを、中国文学専攻時代に藤堂明保教授から教わった。

黄河の河畔に下り、その水を手に掬《すく》ったのは標高一千五百メートルの蘭州であった。長江では、三峡下りと言えるかどうか、武昌から巫山の間を船で上り下りした。長江の水に手を浸したのは更に下流の武漢であった。黄河も長江もいずれも百年河清を俟《ま》ってもかなわない黄色の川だが、黄河の方がより粒子の小さな泥水で、水の色が長江より少し明るい茶褐色に感じた。また、標高一千五百メートルの蘭州あたりの黄河は流れが速く、河畔に立っていると吸い込まれそうな恐怖を覚えた。それに対し武漢あたりの長江は、黄鶴楼から見てもどちらが上流かどちらが下流か判然としない。滔々とした緩やかな流れだ。もちろん海抜、地形により様子は大きく異なるとは思うが。

李白の『黄鶴楼送孟浩然之広陵』第二句「煙花三月下揚州」(煙花　三月　揚州に下る)の「三月」は「さんがつ」と読み、「霞に花々の煙る春三月」の意である。それに対して杜甫の『春望』第五句「烽火連三月」(烽火　三月に連なり)の「三月」は「さんげつ」と読み、「戦火は既に数ヶ月にも及んでいる」との意である。この「さんげつ」という読み方を、高校時代漢文教師に教わり、未だに忘れないでいる。

この黄鶴楼には四方に四枚の扁額が掛かっている。その内の一枚には「極目楚天」というのがある。この「極目」と王之渙『登鸛鵲楼』「欲窮千里目」(千里の目を窮めんと欲し)の

「窮日」は同義に考えればよいのだろうか、黄鶴楼に登るたびにこの疑問が湧いてくる。

もう一つ黄鶴楼を詠んだ作品に崔顥の『黄鶴楼』がある。

黄鶴楼

昔人已乗黄鶴去
此地空餘黄鶴楼
黄鶴一去不復返
白雲千載空悠悠
晴川歴歴漢陽樹
芳草萋萋鸚鵡洲
日暮郷関何処是
烟波江上使人愁

黄鶴楼　　　　　　崔《さい》　顥《こう》

昔人　已に黄鶴に乗って去り
此の地　空しく余す　黄鶴楼
黄鶴一とたび去って復《ま》た返らず
白雲千載　空しく悠悠
晴川歴歴たり　漢陽の樹
芳草萋萋《せいせい》たり　鸚鵡洲
日暮　郷関　何れの処か是れなる
烟波《えんぱ》　江上　人をして愁え使む

一九八〇年代半ば、漢陽側に晴川飯店というホテルが完成してから不便な招待所生活に別れを告げ、少し寛げるようになった。ホテルは長江の堤防の上に立っており、ホテルのすぐ下は上海と重慶を結ぶ遊覧船の船着場になっていた。すぐ近くには武漢大橋があり、ベッドに横になっているとこの武漢大橋を渡る鉄道列車の音と遊覧船の汽笛の音が聞こえてきた。この晴川飯店という名前を見てすぐに崔顥の『黄鶴楼』「晴川歴歴たり　漢陽の樹」を想起した。現在では改装して武漢晴川假日飯店という合弁ホテルになっている。

地図を見ると鸚鵡洲というのは黄鶴楼より上流側で、現在ここに鸚鵡洲長江大橋が建設中とのこと。一九七九年初めて武漢を訪問した時、武漢で長江をまたぐ橋は武漢長江大橋一本しかなかった。一九五五年～一九五七年ソ連の技術援助を受けて建設、上は車両、下は鉄道の二層になった橋梁で、中国で最初に長江を跨いだ橋梁である。その後重慶、南京にも建設されたが、南京長江大橋は中ソ関係が悪化した後、一九六八年に完成した中国自己設計によるものである。武漢大橋、南京大橋も同じ一九七九年に訪問したが、交通の要衝ということで人民解放軍の兵士が立哨していて、写真を撮ることも許されなかった。一九八九年五月、武漢を訪問した時は、天安門事件前の騒然とした時期で、われわれの乗ったマイクロバスは武漢長江大橋の上でデモの隊列の中に立ち往生してしまった。

今ではその武漢に何本かの斜張橋が出来、更に新たに橋を渡すべく建設中のようで、これらを合わせると武漢地区の長江を跨ぐ橋は八本になるらしい。また、まだ通ったことはないが、長江の底をくぐる隧道も完成したらしい。一九九〇年代の中頃から武漢のインフラ建設は加速した。

「日暮郷関何処是」（日暮　郷関　何れの処か是れなる）の「郷関」とは、「ふるさと」、「郷里」の意味である。しかし、私は「郷関」を「故郷と他国との境」というふうに考えていた。それで「第一章　高校時代」で、「男子志を立て郷関を出ず……（中略）……の郷関、これが私にとっては休山なのかも知れない」と書いた。極端な表現をすると「郷関」を故郷を出る時の関所のようなものと考えていた。

中国の辞書『漢語大詞典』（漢語大詞典編輯委員会 漢語大詞典編纂処編纂、一九九二年十二月第一版）で「郷関」を調べると、「故郷」と説明し、例句の一つとしてこの崔顥『黄鶴楼』詩「日暮郷関何処是，烟波江上使人愁」（日暮　郷関　何れの処か是れなる　烟波江上　人をして愁え使む）を挙げている。

愛知大学中日大辞典編纂処『中日大辞典』等、日本で出版されている中日辞典を調べてみると、ほとんど「ふるさと」と説明している。

日本で出版されている漢和辞典はどうか。『大漢和辞典』は、「ふるさと。くにもと。」と解説し、例句の一つとしてこの崔顥の句を挙げている。『角川漢和中辞典』は、「ふるさと。国もと。」と解説し、例句としてこの崔顥の句と、月性・『題壁』詩「男児立志出郷関」を挙げている。

しかし、日本の国語辞典を調べると次のような解説をしている。

『大辞林』　故郷と他国との境。また、ふるさと。故郷。

「青雲の志を抱いて郷関を出る」

『広辞苑』　故郷のさかい。転じて、ふるさと。郷里。

「男子志を立てて郷関を出づ」

『言泉』　故郷のさかい。転じて、ふるさと。

「志を立てて郷関を出づ」

日本の国語辞典は、おおむね「故郷と他国との境。転じて、ふるさと。故郷」と解説している。日本の幕末の勤皇僧釈月性の「男子志を立て郷関を出ず、学若し成らざれば死すとも還らず。骨を埋む豈に墳墓の地を期せんや、人間至る処に青山あり。」（『将東遊題壁』）を鑑賞するには、「郷関」を「故郷と他国との境」と解釈した方が、悲壮感が増して良いような気がする。当然、釈月性には、王維の「西のかた陽関を出づれば　故人無からん」（『元二の安西に使するを送る』）の句が頭の中にあっただろう。

武漢には〝白雲辺〟という名前の地元の白酒があり、大抵この〝白雲辺〟で乾杯の応酬をした。この名前は崔顥『黄鶴楼』の「白雲千載　空しく悠悠」あたりから取っているのではなかろうか。或いは仙人が鶴に跨り白い雲に乗って行ったという伝説あたりから〝起名〟（名付ける）しているのではなかろうか。

私と一緒に出張したメーカーの多くの人達はこの〝白雲辺〟にやられて、白い雲から落ちてしまった。

春望

国破山河在
城春草木深
感時花濺涙
恨別鳥驚心
烽火連三月
家書抵萬金
白頭掻更短
渾欲不勝簪

春望　　杜甫

国破れて山河在り
城春にして草木深し
時に感じては花にも涙を濺ぎ
別れを恨んでは鳥にも心を驚かす
烽火　三月に連なり
家書　万金に抵《あた》る
白頭掻《か》けば更に短く
渾《す》べて簪《しん》に勝《た》えざらんと欲す

漢詩と言えば、日本人は先ずこの杜甫の『春望』を思い出す。日本人の好きな漢詩、知っている漢詩のベストテンの一位か二位を占めるのではなかろうか？　松尾芭蕉を始め日本人には杜甫贔屓が多い。しかし、私が接した範囲の中国人から推し量るに、杜甫は中国人の好きな漢詩人ベストテンでは九位か十位というところではなかろうか？　これは何の根拠もない私の勝手な想像でしかないが。

高校時代は伝統的な訓読法で暗誦したが、大学で中国語を学習してから中国語で声に出して読むと、また格別の味わいがある。中国語を学習して四十数年になろうとしているが、この『春望』の中で未だに発音を覚えられない文字は「簪」の一字である。また、四声があやしいのが「濺」、「掻」の二字である。

本章で引用した漢詩の訓読は、その多くは恩師松浦友久先生の『漢詩―美の在りか―』（岩波新書、二〇〇二年一月十八日第一刷）に拠った。

十三 俳句

夏草や兵《つはもの》どもが夢の跡

芭蕉の『奥の細道』のこの句の前書きは漢文調の名調子。「国破れて山河あり、城春にして草青みたり」と、杜甫の『春望』の本歌取りであることを示している。本歌取りたり得るのは、盛唐の詩人杜甫の詩が江戸の教養人には必須の教養としてよく知られ、人口に膾炙《かいしゃ》していたことの証左であろう。

杜甫の「城春草木深」の「城」とは「長安の城（まち）」のことであり城郭都市を指す。しかし、芭蕉の前書き「さても義臣すぐって此の城にこもり、功名一時の叢《くさむら》となる。「国破れて山河あり、城春にして草青みたり」と」の「此の城」とは秀衡が跡、泰衡等が旧跡を指す。すなわち「まち」の意味ではなく、城楼、城郭、日本語の「お城」の意味で使っていると思われる。

第二章「大学時代」で、コロンビア大学にドナルド・キーン氏を訪ねた時のことを書いた。ドナルド・キーン氏に『奥の細道』の英訳、『英文収録おくのほそ道』（講談社学術文庫、二〇〇七年四月第一刷発行）という著作がある。この「国破れて山河あり、城春にして草青みたり」の部分を次のように英訳されている。

Countries may fall, but their rivers and mountains remain; when spring comes to the ruined castle, the grass is green again.

「城」は *castle* という言葉に翻訳されている。芭蕉の作品の英訳だから、ドナルド・キーン氏は日本語の概念に忠実に「城」を *castle* と翻訳されている。

杜甫『春望』の「国破山河在，城春草木深」の箇所をある中国人は次のように英訳している（許淵冲著『漢英対照唐詩三百首』、高等教育出版社、二〇〇〇年八月第一版。この本は、早稲田大学中央図書館の司書に相談し、初めて地下二階の研究書庫に潜り、見つけ出した）。

On war-torn land streams flow and mountains stand;
In vernal town grass and weeds are o'ergrown.

許淵冲という著者がどのような研究者か不勉強で知らないが、中国人の著者は当然のことながら、「城」を中国語の字義に基づき *town* と翻訳している。

二〇一七年四月、北京空港の書店で偶然『杜甫詩選"DU FU SELECTED POEMS"』（路易・艾黎英訳、外文出版社、二〇一六年一月第一版）という本に巡り会った。「国破山河在，城春草木深」の箇所を次のように翻訳している。

Even though a state is crushed
Its hills and streams remain;
Now inside the walls of Chang'an
Grasses rise high among unpruned trees;

英訳者路易・艾黎という人がどんな方かこの書物には紹介されていないが、「城」を *inside the walls of Chang'an* と具体的に丁寧に翻訳されている。「城」を「長安の城郭の内側」、すなわち城郭都市「長安の城（まち）」と翻訳している。

芭蕉に「城」という漢字の中国語と日本語の概念の違いについて認識があったのだろうか。一九七〇年代の中国語日常会話の教科書に「今日は日曜日なので町に買い物に行きます」というフレーズに〝進城〟という言葉を使っていた。中国では郊外から町に行くのを今でも〝進城〟と言うのか知らん。

ちなみに現代中国語を対象にした『中日大辞典・第三版』（愛知大学中日大辞典編纂所）

では、〝城〟を「①城壁.［長～］（万里の）長城.②城壁で囲まれた範囲.〈転〉都市.町なか.」と解釈している。

俳句には杜甫の『春望』にある「濺涙」とか「恨別」という表現は相応しくないようである。芭蕉は前書きでは「時のうつるまで泪を落とし侍りぬ」と激しているが、「夏草や兵どもが夢の跡」の句の中ではいささかも感情に類した直接的な言葉は使ってはいない。ちなみにドナルド・キーン氏は「夏草や兵どもが夢の跡」を次のように英訳されている。

natsukusa ya　　　　*The summer grasses —*
tsuwamono domo ga　　*Of brave soldiers' dreams*
yume no ato　　　　　*The aftermath.*

古池や蛙飛びこむ水の音

会社は中国人の先生をお招きして始業前と終業後に中国語の授業を設けてくれた。先生は中国語の教科書を多数出されている張乃方先生で、授業中は原則的に日本語は使ってはいけないことになっていた。ある日授業の終わった後の飲み会で、会社の俳句部の仲間と日本の俳句について中国語で説明することになった。

芭蕉の「古池や蛙飛びこむ水の音」の大意を中国語で説明した。大学時代の講義で教わった「時おり、ポチャッと水面に音を立てて蛙が飛び込むと、一瞬静寂が破られ、すぐまたもとの静寂に帰る。自然を見閑寂の詩境をとらえた即興句の傑作」（宮本三郎・今栄蔵著、桜楓社俳句シリーズ人と作品『松尾芭蕉』）との大意をながながと中国語で説明したが、張先生の反応は今ひとつ。いつもは懇切丁寧、冷静に辛抱強く中国語でお話になるのに、「それがいったい何なのよ。それがどうしたのよ」と日本語で叫ばれた。いつもは低音の落ち着いた声だが、この時は声が裏返っていた。少しおねえ言葉になっていた。

中国の漢詩は「起・承・転・結」というきちんとした構成がとられているが、先生にしてみると俳句は「結」のない詩、或いは「承・転・結」のない詩と映ったのではないか？　杜甫の『春望』を例に挙げれば、「国破山河在，城春草木深」の第一聯を提起されただけで、後の「承・転・結」がない。それで「それがいったい何なのよ。それがどうしたのよ」という発言になったのではないか？

全部言い切ってしまったら意味がない。余韻もない。省略こそ大事、と芭蕉は言っているらしい。フーテンの寅さんの啖呵を借りれば、「それを言っちゃおしまいよ」なのだ。

フーテンの寅さんを演じた俳優渥美清の俳号は「風天」。

土筆これからどうするひとりぽつんと
貸しぶとん運ぶ踊り子悲しい
好きだから強くぶつけた雪合戦

小沢昭一は、「やや破調ですが、温かみとペーソスの漂う句ばかり」（『散りぎわの花』、文春文庫）と絶賛している。森英介という人が『風天　渥美清のうた』（文春文庫）という本を書いている。

横道にそれてしまった。

引用した宮本三郎・今栄蔵著『松尾芭蕉』は、大学三年の時の教科書。一年間松尾芭蕉について学んだ。引用した解釈が「古池や蛙飛びこむ水の音」のいわゆる定番となっていた。これに異を唱えるのが長谷川櫂氏。「「古池に蛙が飛びこんで水の音がした」という意味ではなかった。（中略）古池の句は詠まれてから三百年間、誤解されてきた名句」（長谷川櫂著、『「奥の細道」をよむ』、ちくま新書）と断定し、「この句は「どこからともなく聞こえてくる蛙が飛び込む水の音を聞いているうちに心の中に古池の面影が浮かび上がった」といっているのである」（長谷川櫂著、『俳句的生活』、中公新書）と解釈している。

象潟や雨に西施がねぶの花

「雨に西施が」とくると、これは蘇東坡の「西湖」の本歌取り。ご存じ西施は中国四大美人の一人。西湖は杭州にある中国十大風景名勝のひとつ、蘇東坡が西湖の美しさを春秋戦国時代の美女西施にたとえた。この西施（Xīshī）という中国語の発音は日本人にはとても難しい。

中国の人は蘇州と杭州の美しさを〝上有天堂，下有蘇杭〟（天には天国があり、地には蘇州・杭州がある）と言う。私は睡蓮の花の咲く頃、西湖に舟遊びをし、夜は湖畔のレストラン〝楼外楼〟に登り、月を愛《め》でながら名物のこじき鶏を食べたが、中国の景のあまりの大きさに一句ものすることが出来ずに終わった。

一九七八年の初めての北京駐在員生活は崇文門の新僑飯店。たまの日曜日、一人散歩するのは東単公園、それから台基廠大街を通って長安大街に出るコース。台基廠大街の両側には背の高い厚い壁が続いていて、高い壁の塀の内側には北京市人民政府、中日友好協会など政府機関の建物が続き、背の高い樹に覆われている。台基廠は長安大街を渡るとすぐ王府井という北京の中心ではあるが、車や人通りの少ない閑静な一郭である。その背の高い厚い壁から合歓の花が顔をのぞかせていた。

一九八一年の二回目の北京駐在員生活は西単のちょっと西側の民族飯店。長安大街に面したホテルで、ちょうど十字路にあったから、〝南北紅灯，東西走一走〟（南北の信号は赤、東西は渡ってよろしい）と、〝交警〟（交通警察）のマイクが騒々しい。すぐ隣は民族文化宮。槐樹《えんじゅ》の並木の下ではアイスキャンディー売りのおばさんが北京語で〝氷棍児〟（ビィングゥール）と巻き舌でながながと叫ぶ。その民族飯店の正面玄関の右側に合歓の木があった。ホテル一階の中華レストランからも食事をしながら淡紅色の合歓の花を眺めることが出来た。

俳句を始めるまでは花や樹に興味がなかったから、合歓の花という名前は知っていてもどんな花か想像もつかなかった。実際、故郷の広島でも、また上京後も目にしたことはなかったように思う。二十八歳、三十一歳の、異郷での単身生活、私にとって合歓の花は異土にあることを思い知らされる、なぜか郷愁を誘う花であった。

閑かさや岩にしみ入る蝉の声

この句の前書きも「山形領に立石寺と云ふ山寺あり」という漢文調で始まる。声に出して読むと調子がよく、高校時代に暗誦してしまった。特に私のお気に入りは「岩に巖《いはお》を重ねて山とし、松柏年旧《としふ》り、土石老いて苔滑らかに、岩上の院々扉を閉ぢて、物の音きこえず」というところ。この前書きは中国の山水画を彷彿とさせる。

「清閑の地」、「岩に巌を重ねて山とし」、「物の音きこえず」、「岩を這ひて」、「佳景寂寞として心すみ行くのみおぼゆ」と、これでもかこれでもかとたたみかけ、最後に一気に「閑かさや岩にしみ入る蝉の声」と来る。大変巧妙でしたたかな道具立て。講釈師のように引き込んでゆく。

二〇〇三年二月、上海のミッションに随行して東京から山形へ山形新幹線で日帰り出張した。仕事とは言え初めての東北出張、東京駅を出発する前から一人ひそかに『奥の細道』気分。なんとか一句をものにしてやろうと企んでいた。しかし、工場視察二時間ですぐに新幹線でまた引き返すという強行軍。

工場視察は無事に終わった。工場サイドでは会食も観光もなんの接待もなくお返しするのは申し訳ないと、急遽車で山寺に寄り、山寺の向かい側にある展望台から十分ほど雪景色の山寺を眺めた。降り積もった雪を見たことのない上海人は子供のようにはしゃいでしまって、なかなか立ち去ろうとはしない。山形新幹線さくらんぼ東根駅の帰りの時間ばかり気にしていて、結局一句も出来なかった。

次は中国出張の時の作。

一九九二年頃だったろうか、メーカーの技術者と二人で武漢から車で一時間あまりの雲夢《うんぼう》県に向かった。田畑に囲まれた小さな田舎町で、商談相手の大豆蛋白の生産工場は畑のど真ん中に立っていた。工場の正門には大豆の絞り粕すなわちおからを運ぶ馬車が並んでいた。外国人が泊まれるようなホテルなどあろうはずはない。県政府の招待所に泊まることになったが、部屋にテレビはなく、暖房器具もない。これは一風呂浴びてそうそうにベッドにもぐりこみ本でも読むしかあるまいと考えていたが、歓迎宴が撥《は》ねるとカラオケのお誘いがあった。場所は招待所付属の講堂のような大きな施設。われわれの前を氷雨の中を傘をさし黒いゴム長靴を履いた女性が入って行った。服務員のご出勤だなと思った。われわれの他に客はなく、がらんとしていた。

「北国之春」をとさかんにリクエストされるが、カラオケは大の苦手、聞き役に徹していると、今度はこの女性と踊れと女性を連れて来られた。その女性は先ほど私達の前を黒いゴム長靴を履いて入って行った女性であった。由緒正しいソシアルダンスの女性の指は軽くそっていた。その手をそっと握り、振り回されるように踊った。

湖北省古澤雲夢の夜総会にて

着ぶくれの舞姫の指軽くそり

前書きに「湖北省古澤雲夢の夜総会にて」とした。〝夜総会〟とは日本語で言えばキャバレーとでも訳すべきか。到底キャバレーとは言えないカラオケだけの貧弱な施設であったが、敢えて〝夜総会〟という言葉を使った。

ところで雲夢という地名は、中国の地名には珍しく随分ロマンチックな名前である。雲夢の町の入り口には「古澤雲夢」という看板が立ててあった。ある時唐詩を読んでいて「気は蒸す雲夢澤」という一句に出くわした。孟浩然の『臨洞庭』（洞庭に臨む）だ。ちなみにこの洞庭湖の北が湖北省、南が湖南省だ。

商談のことを中国語では〝談判〟とか〝商務談判〟と言う。内陸の武漢は中国の三大ボイラーのひとつと言われ、重慶、南京と並び夏は耐え難い蒸し暑さだ。地元の気象台が四十度以上と発表すると工場は休みとなる習わし。しかし、三九.七度とか三九.五度とか、どういうわけかなかなか四十度を超えたとは発表されない。その炎熱の中、工場の応接室の窓を開け放って扇風機を強にしてハードネゴを行う。テーブルを叩きこそしないが、かなりの激論となる。しかし、工場が退勤時となり静けさを取り戻し双方へとへととなった頃、やっと妥協点を見つけ出すこととなる。覚書にサインをし工場を後にする時、初めて蝉時雨に気がついた。

楚国武漢三鎮武昌にて
談判のはねて楚天に蝉しぐれ

キャビンアテンダントを〝空中小姐〟と呼んだ時期があったが、現在は〝小姐〟という呼び方はされなくなった。現在は〝空中服務員〟と呼ぶ。

広州白雲空港にて
春爛《た》けて空中小姐大欠伸

一九七八年の夏、北京での初めての駐在員生活。既に時効が成立していると思うが、ある日二里溝での商談が終わった後、そのまま事務所の新僑飯店に帰る気持ちになれず、一人天壇公園に向かった。何度かメーカーの人を案内して観光したことはあるが一人で行くのは初めてであった。駐在員生活にやっと慣れ始めた頃、別に仕事のことで思い悩んでいたわけではないが、ただ一人になりたかった。

北京は六月から七月にかけて夕方になるときまってスコールのような大雨となる。「大夕立」という言葉が相応しい。その時、天壇公園で出会った大雨に、草野心平の詩「富士山」

の中で出合った「大驟雨」という言葉を想い起こした。

夏空が急に暗くなり、黒い厚い雲がだんだんと押し寄せて来る。その黒い厚い雲の先端から大雨の大カーテンが下りる。目に見える形で大雨の大カーテンが近づいて来る。馬の背を分けるような大雨だ。草野心平の大驟雨だ。

草野心平の「富士山」という詩の中に、「作品第弐拾壱（宇宙線富士）」と題した作品がある。


平野すれすれ。

雨雲屏風おもたくとざし。

その絶端に。

いきなりガッと。

夕映えの。

富士。

降りそそぐそそぐ。
翠藍《すいらん》ガラスの。
大驟雨。

早稲田大学グリークラブ時代、この草野心平の詩に多田武彦が作曲した男声合唱組曲「富士山」を歌った。四十年以上経った今でもこの歌詞を忘れないでいるのはメロディーがついているからであろう。特にメロディー的には「降りそそぐそそぐ、翠藍ガラスの、大驟雨」というところが気に入っていた。
この詩は『日本詩人全集二十四　金子光晴・草野心平』（新潮社、昭和四十二年八月十日発行）に所収されているが、その「草野心平年譜」を読んでいて、草野心平と中国との関わりについて、面白いことを発見した。

大正九年（一九二〇年）　十七歳
昼は正則英語学校、夜は善隣書院へ通って熱心に英語と北京語を学び……。
大正十年（一九二一年）　十八歳
父の友人を頼って中国広州に渡る。嶺南大学（現中山大学）に入学。

大正十一年（一九二二年）　十九歳
　広東省韶関に孫文を訪問。
昭和十三年（一九三八年）　三十五歳
　帝都日日新聞の記者として約二ヵ月、中国各地を廻る。
昭和十五年（一九四〇年）　三十七歳
　南京の汪精衛政権の宣伝部顧問として中国に渡る。
昭和十九年（一九四四年）　四十一歳
　上海で詩誌『亜細亜』を創刊。
昭和三十一年（一九五六年）　五十三歳
　日本文化人中国訪問団副団長として中国へ赴き、三十一年ぶりで母校嶺南大学を訪ねる。

自分が不勉強であっただけなのだが、大正九年十七歳で東京の善隣書院で中国語を学習し、大正十年十八歳で中国広州に留学していた人がいたのだ。その後の草野心平の経歴を見ても、草野心平の中国語力が相当なレベルであったことが容易に想像できる。
私は広州に二十回以上出張した。広州の夏のスコールは凄まじい。積乱雲が見る見る内にニョキニョキ、モコモコ力強く成長してゆく。やがて肌に痛いほどの大粒の雨になって降り注ぐ。北方北京のスコール以上に凄まじい。「雨雲屏風おもたくとざし」、「降りそそぐそそぐ、翠藍ガラスの、大驟雨」という詩の原体験は若き日の広州留学時代にあったのではないかと、勝手に想像する。話が随分横道にそれてしまった。

天壇の青、緑、黄の瑠璃《るり》瓦は大驟雨に埃を払われ、生気を甦らせる。やがて天壇の瑠璃瓦の向こうに北京の夏空が戻って来る。打ち水の後のような一時の涼風。しかし、やがて熱風に変わる。

北京天壇公園
驟雨去り瑠璃の瓦の生き返る

上海市淮海中路錦江飯店近くの信号で上海女性とすれ違った。淮海路にはモダンな商店が建ち並ぶ。上海の女性は色白で背が高いというのが私の印象。

上海淮海中路
ノースリーブの腕《かいな》まぶしく梅雨明ける

『ぶんきょう俳壇』

結婚するので文京区大塚のアパートに引っ越した。文京区と言っても豊島区との境界のあたりで、丸の内線新大塚駅の荻窪方面行き改札には豊島区の区報が置いてあり、池袋方面行き改札には文京区の区報が置いてあった。赤坂見附の会社に出勤するには朝は豊島区の改札を利用し、帰りは文京区の改札を利用することになる。

文京区の区報を見ると三ヶ月に一度文京区教育委員会主催の『ぶんきょう俳壇』作品募集のお知らせがあった。長い間朝日新聞や『俳句朝日』に投句していたがかすりもしない。それで平成六年くらいから『ぶんきょう俳壇』への投句を始めた。ある晩、残業の帰りに新大塚駅の改札口で文京区の区報を手に取った。そこには生まれて初めて活字になった自分の俳句があった。

平成七年度第二回『ぶんきょう俳壇』第三席

新しき角を曲がれば立葵

選者松澤昭氏の講評「日常性にもとづく着眼のよさがあって趣向に富む。新しく開発された住宅街での光景と見てよいが、常にこの人は好奇心を燃やしているのであろう。立葵の描写の効果が大変新鮮なのである。」
小走りに大塚公園を通り抜け、家に帰った。
文京区の人口は約十五万人、『ぶんきょう俳壇』への投句は一回当たり百句前後と多くは無かったから、下手な句でも選に入る可能性はあった。それでも嬉しかった。翌年は第一席となった。

平成八年度第二回『ぶんきょう俳壇』第一席
　夏至の朝六時の鐘の間延して
選者松澤昭氏の講評「今年の夏至は六月二十二日であったが、爽快な季節感に溢れて凌ぎやすい頃である。第一句は、そんな季節感のうつろいを大変巧みに描き出して出色である。特に「六時の鐘」などと少々ラフながらも実感がよくこもっているところなかなかに手練のわざである。また、何がし初夏の倦怠感をさそうムードもあって新鮮さにも富んでいる。」

平成八年度第三回『ぶんきょう俳壇』第二席
　聞きそびれ言ひだせぬまま蚯蚓鳴く
選者石原八束氏の講評「みみずが鳴くと俳句で言うのはケラの鳴くのを言うのだが、それを聞きそびれたため、「おや今みみずが鳴いた」とは言いだしかねている心理を詠んだととるのが直訳。人間関係の大切なことを聞きそびれたときの心理を《みみず鳴く》と裏意していると受取ると更に面白い。」

「裏意していると受取ると」などと丁寧に解説いただき恐悦至極、ただただ素直にありがたい。松澤昭氏、石原八束氏ともに文京区在住の俳人でいらっしゃったので、謦咳に接することはかなわなかったものの、ありがたくも講評をいただくことが出来た。

短歌のほう『ぶんきょう歌壇』の選者は窪田章一郎氏、近藤芳美氏という豪華な布陣。さすが文京区である。窪田章一郎氏は窪田空穂氏のご子息、早稲田で一年間授業を受けた。

杉並区俳句大会

平成十年（一九九八年）、杉並区に引っ越した。杉並区教育委員会、杉並区俳句連盟等が主催する年に一度の杉並区俳句大会というのを見つけ早速投句を始めた。杉並区の人口は五十万人、おまけにチャンスは年に一度しかない。何年か挑戦したがかすりもしない。しかし、平成十九年度の第五十三大会でついに杉並区俳句連盟賞をいただいた。

杉並区俳句大会　平成十九年度　第五十三大会　杉並区俳句連盟賞

鬼瓦にこりともせぬ大暑かな

九百十句中第七位。神蔵器先生、渡辺恭子先生、坊城俊樹先生、小島健先生四氏の選に入る。東京都俳句連盟会長中谷静雄先生に、「炎天の中にあって周りの人間はふうふう言っているが、鬼瓦は建てられた時のまま、どっしりとしている。なかなかの着眼。普段からものを観る心がけがないと、このような句は出来ない。感度良好。」という講評をいただいた。賞状だけでなく記念の楯までいただいて、天にも昇る気持ちになった。

『俳句朝日』

『俳句朝日』は朝日新聞社が発行していた俳句専門月刊誌である。「発行していた」と過去形で書いたのはすでに廃刊となっているからである。発刊当初から熱心に投句した。「佳作」に入った句は記録しているが、最初が一九九七年十月号石原八束先生に採っていただいた「新緑の中や地蔵の赤幟《のぼ》り」、最後は二〇〇四年十月号倉田紘文先生に採っていただいた「あめんぼの輪のひろがりを見てをりぬ」。

『俳句朝日』の選者は、石原八束、神蔵器、稲畑汀子、鷹羽狩行、有馬朗人、福田甲子雄、倉田紘文等々、当代一流の俳人であり、「佳作」といえどもこれらの俳人に拾っていただいたことは大変な励みになった。

一九九六年頃、北京空港で有馬朗人氏をお見かけしたことがある。有馬朗人氏は東京大学総長、文部大臣を歴任した俳人である。北京空港のイミグレーションの長い列にならび、足でバッグを前に押しやりながら、俳句の選をしておられるようであった。私はすぐ隣の列からそれを眺めていた。

この有馬朗人氏のご母堂が俳人有馬籌子女史、『同人』主宰をされていた。有馬籌子女史の前の『同人』主宰は、わが社の創業者であった。その関係でわが社のビルの一室を『同人』事務所としてお貸しし、また会議室を句会に使っていただく等の便宜をはかっていた。そういったご縁で、会社の俳句部の作品を『同人』に掲載していただいたりもした。有馬籌子女史には、赤坂見附駅から会社への青山通りの坂道で、或いは会社のエレベーターの中でよくお見かけしたものである。

ある日マスクをした部下M君ともどもエレベーターに乗り合わせた。エレベーターを降りる時、有馬籌子女史が「美男子の半分隠す大マスク」と呟かれた。

もう一つ『俳句朝日』を熱心に講読した理由は、小沢昭一氏の俳句に関するエッセイが連載されていたからである。ご存じのとおり小沢昭一氏は俳優として、舞台、映画、テレビ、ラジオに活躍されていた。一方日本の芸能の歴史をよく研究されていた。大学時代全国で初めて落研を作ったそうだ。俳句をよくし、俳号は「変哲」。エッセイは『俳句朝日』一九九五年五・六月号〜一九九六年十二月号に連載され、一九九七年三月『句あれば楽あり』として朝日文庫より単行本として出版された。

ある年の十二月、この「変哲」さんに地下鉄丸ノ内線の車内でばったり出会った。銀座駅で乗り込んで来られた。「変哲がぬっと出てくる師走かな」。

「佳作」ばかりでは可哀相と、二度だけ「秀逸」に拾っていただいた。いずれも福田甲子雄先生だ。

二〇〇三年一月号　秀逸

　父のくせ思ひ起こしつ墓洗ふ

選者福田甲子雄先生評「盆を迎え墓の掃除をして墓石を洗い拭く。そのときに父のくせを思い出したのは、石に刻まれている文字のためか。」

二〇〇三年十一月号　秀逸

　万緑の迎賓館をおほひけり

選者福田甲子雄先生評「迎賓館は外国要人を接待する場所。四方が緑におおわれた中に建っている。迎賓館と万緑が静寂さを漂わせる。」

ＮＨＫ全国俳句大会

一九九九年香港支店から帰任後、管理本部総務部に配属となった。二年半の総務部在任中中国への出張は皆無となった。月に一度の会社の句会には出られるようになったが、なんとかマンネリを打ち破りたいという気持ちからＮＨＫテレビのテキスト『ＮＨＫ俳句』を買い込みテレビ俳句講座を視聴することにした。二〇〇〇年（平成十二年）頃から「ＮＨＫ全国俳句大会」への年に一度の投句を始め、二〇〇二年（平成十四年）くらいから入選に入るようになった。皆さん投句料を払っての真剣な投句で、五万句の投句の中から一万句弱が入選に選ばれる。かなりのレベルだ。二〇〇六年（平成十八年）、ついに金子兜太選で秀作の筆頭に選ばれた。

平成十八年度　ＮＨＫ全国俳句大会　金子兜太選　秀作

　湯たんぽの波なぞりをり足の裏

もう一席上に上がれば特選で金子兜太先生の講評をいただくことができたのに。いずれにせよ素直に詠んだ句を尊敬する金子兜太先生に選んでいただいたことに興奮した。

入選作を列挙する。

平成十四年度　入選
息つめて吾子《あこ》と茅《ち》の輪をくぐりけり

平成十五年度　入選
寒鯉を見ている人も動かざり

平成十六年度　入選
いつまでも水かけている原爆忌

平成十七年度　落選
校庭の鶏舎のにほひ秋暑し

平成十八年度　秀作　金子兜太選
湯たんぽの波なぞりをり足の裏

平成一九年度　入選
奥歯より酢海鼠《すなまこ》するり逃げにけり
自販機に声かけられて夏至の朝

平成二十年度　入選
遠山を近くひきよせ秋の風
松立つやイエズス会の門柱に
平成二十一年度　入選
半跏思惟ほほえみかすか水仙花
閉けさや浅蜊水吐く妻の留守
平成二十二年度　入選
酔芙蓉傷つくことを恐れざり
炎熱や開けし鴉の口赤し
平成二十三年度　入選
風船を逃がしてみたき空のあり
平成二十四年度　入選
薫風やタカラジェンヌと待つ電車
冬晴れの音の先行く機影かな
冴ゆる夜や電話の声の近きこと
平成二十五年度　落選

平成二十六年度　入選

鬼瓦あくびしたるや目借時

金子兜太先生の選に入ったことを書いたが、先生は一九一九年のお生まれで終戦はトラック島で迎えられ、引き揚げる時に「水脈《みお》の果炎天の墓碑を置きて去る」という有名な句をお作りになっている。一九二〇年生まれの私の父も同じトラック島で終戦を迎えている。その父がトラック諸島の現地の言葉で、現地の人達とともに防空壕掘りをする時の労働歌を作ったそうだ。

パクパクヌー
ボゴボゴヌー
モンツォンフーリー防空壕
ワーヌクヌクヌ　パクパクヌー

戦前の日本の歌曲にのせた父の自作らしいが、その真偽のほどは今では検証する術がない。晩年酒を飲むとよく歌っていた。もし金子兜太先生の作と言われると、とてもしっくりするのだが。

また、夜間立哨の時、南十字星が大きく見えたと、何度も何度も話してくれた。

金子兜太先生は日本銀行でのサラリーマン人生を全うしながら、俳句をやってこられた方。また、日本銀行の労働組合でも活躍されたらしい。

城山三郎の『部長の大晩年』(朝日新聞社、一九九八年九月第一刷発行)という作品に描かれているのは、三菱製紙を五十五歳で定年退職し一九九七年九十七歳で大往生をとげた俳人永田耕衣である。有馬朗人氏は前にも述べたように東京大学総長、文部大臣を歴任した物理学者である。このように俳句の世界では職業俳人というのはきわめて稀で、政治家、学者、医者、経済人から普通のサラリーマン、農民、漁師、商店主、主婦まであらゆる階層に親しまれている文芸である点が面白い。また、句会の席では、職業、会社における上司部下の関係から解き放たれて平等・公平を大切にしているのがよい。

会社の俳句部

今時、俳句部のある会社はそうはあるまい。前述したように会社の創業者が『同人』の主宰であったから、歴代の会社幹部はなかば強制的に俳句部に入れられたという経緯があるのかも知れない。一九九二年、私も当時の社長の鶴の一声で有無を言わさず俳句部に入部させられてしまった。

大学の国語国文学科時代はクラスメートと同人雑誌『雑魚《ざこ》』を出版したり、いわゆる文学青年の端くれであったが、俳句というのは古い形式の文学ということで敬して遠ざけていた。大学は伝統的に歌舞伎、落語、俳句を含めた江戸文学が盛んで暉峻康隆、興津要等錚々たる教授がおられ、芭蕉や蕪村に関する授業も受けたことがあり、強制的に俳句部に入部させられてしまったが、心中軽い軽いと俳句を侮っていた。ところが実際に会社の句会に参加してみると、陳腐な句しか出来ない。点が少しも入らない。こんなはずではなかったと、打ちのめされた気持ちになった。

句会も回を重ね、また郊外に吟行に行くようになって、少しずつ面白さが分かるようになってきた。先輩の励まし教育にうまく乗せられてしまった。そのうち俳句部の幹事を仰せつかって、吟行の準備、句会記録の整理などをしているうちに、だんだん面白くなってきた。しかし、『同人』選者であり会社の俳句部句会の主宰であった関谷狭山さんが高齢で句会に出席できなくなり、主宰不在の合評方式で句会を運営せざるを得なくなった。俳句の上達には良き師の指導が不可欠。それを補うために早くから他流試合に挑むこととなった。それが『ぶんきょう俳壇』、「杉並区俳句大会」、『俳句朝日』、「NHK全国俳句大会」である。

毎年一月下旬に渋谷NHKホールで行われる「NHK全国俳句大会」に、俳句部の一路、青虹、久水氏を誘って勉強のために出かけたものだ。寒風の中、開場前に列をなしているのは七十歳前後の方が中心で、会社勤めの現役は少数派、洟垂れ小僧というところ。

中国に出張に行く時は歳時記と俳句手帳をバッグに忍ばせる。成田空港が近づくにつれ車窓に広がる新緑や、稲穂波から詩心が湧いてくるが、いったん中国に着くとなかなか句にならない。それは中国と日本では季節の移ろいと景が違いすぎるからなのだろう。香港支店勤務の折は香港からファックスで本社に投句したが、香港時代は不作の時であった。「香港の歩調なじまず年暮るる」、「唐人も国姓爺が好き近松忌」、「半袖も外套もをり銅鑼湾《どうらわん》」……。

俳句をやっていますと言うと、決まって「それはよい趣味をお持ちで」と返ってくるが、月に一度とはいえ会社の句会に出るのはかなりしんどい。仕事が忙しく、特に仕事上の問題が発生した時など、俳句を作る気持ちになれない、酒でも飲んで気分を変えたほうがよいと思うことさえある。と言いながら、会社の俳句部に参加して二十数年、中国出張にぶつからない限り出席するようにしている。

しかし、会社の俳句部も高齢化が進み、一人減り二人減り、句会を成立させるに必要な最低人数六名を割り込むことが多くなり、二〇一四年八月とうとう休部に追い込まれた。秘かにお家の再興を願っているのだが……。

二〇〇七年五月、グリークラブの同期M君が第十八回奏楽堂日本歌曲コンクールで中田喜直賞優秀賞を受賞した。卒業後故郷の名古屋に帰り、自営業のかたわらずっと合唱活動を続け、また作曲活動を続けてきた。職業音楽家ではないM君が五十七歳で作曲部門優秀賞を受賞したことは大快挙！　時は五月、私は名古屋のM君に次の句をメールで贈った。

ひとつことうまずたゆまず遅桜

月並みで陳腐な挨拶句、少し恥ずかしい気持ちであったが、素直にすぐに出来上がった。同じくグリークラブ同期の神戸出身のM君は、グリークラブOB会の新聞『稲グリ新聞』にこの快挙を寄稿し、私の「ひとつことうまずたゆまず遅桜」を引用し、「再度、おめでとう。これからやで。」と受賞したM君にエールを送った。この神戸育ちのM君は音楽関係の会社役員をしていたが、早めに職を辞し悠々自適の生活に入った。しかし二〇一〇年、ある上場企業の社長に就任し、われわれを驚かせた。

十四 和歌

第六章で中国で観た月のことについて触れた。一九七八年九月、人民大会堂で行われた日中平和友好条約締結記念の大宴会に出席した後、大きな歴史の流れに居合わせたことに興奮しながら仰いだ北京の月。もうひとつは一九七九年六月、西安市大興県の麦畑の中の招待所から仰いだ西安郊外の月だ。

たいへん月並みだがいずれの時も次の和歌を想い起こした。

天の原ふりさけ見れば春日なる三笠の山にいでし月かも

「唐土《もろこし》にて月を見てよみける」という詞書のついた阿倍仲麻呂の歌だ。『古今和歌集』「巻第九・羇旅歌《きりょか》」の巻頭に出て来る望郷の念を歌った和歌だ。『百人一首』にも採られており、高校の古典の授業で必ず習う、あまりにも有名な和歌だ。私が興味を持っているのは作品自体よりも、その作者である阿倍仲麻呂についてである。

二〇一三年六月、加藤隆三木氏が『中国の美意識・日本の美意識』（小学館スクウェア、二〇一三年二月十日初版第一刷発行）という本を出されたと聞いて、神田の東方書店で買い求めた。

加藤氏は元重電メーカーにお勤めで、中国向け輸出プロジェクトでわが社と取引関係があり、同僚とその本社に伺ったことがある。当社にも何度か打ち合わせに来られた。また、上海の展示会で偶然お会いして立ち話をしたこともあった。私は直接の担当ではなかったので、会食をしたり、個人的な趣味の話をするチャンスはなかったが、すごい中国語の使い手、サラリーマンらしくない人ということを聞いていた。その加藤氏が定年まで数年を残して会社を辞め、中国関係の本を出版されたということを知って神田まで本を求めに行ったわけだ。

守備範囲の広い著作で、その博学多才に圧倒された。早速読後感を手紙にし書き送った。「幼少期から大学、会社員生活、それも中国と日本との生活を通した相当の蓄積がなければ書き得ないもの」との私の感想に、あっさりとそれを肯定する返事が来た。

『中国の美意識・日本の美意識』の中で知り得る、加藤氏の中国語との関わりに関する箇所を列記する。

「（父親は）東京大学で英文言語学の修士号を取った後、……（中略）……中国・日本・台湾の大学で教職に就き、生涯言語学を研究した。」

「私は、東京に生まれたが、当時では珍しく幼いころから家で中国語と英語の教育を受けた。」

「大学では父と同じく英語を学び、その後は大学院で人文学を専攻した。短期間ではあるが英語・日本語・中国語をそれぞれ教えたことがあり、同時通訳もしたことがある。」

「生活・勉学、そして仕事上の出張と駐在を含めると、通算で中国にいた日数と日本にいた日数がほぼ半々になった。それぞれ約三十年経った。」


著者略歴欄に、近作に阿倍仲麻呂に関する伝記があり、どうやら直接中国語で書かれ中国で出版されているようなので、東京ではどこで手に入れることができるか問い合わせのメールを差し上げた。すると間髪を置かず、『唐風和月―阿倍仲麻呂伝』（上海文芸出版社、二〇一二年一月第一版）と『薫風濤声（短歌型和歌漢訳と漢歌）』（小学館スクウェア、二〇一三年六月二十日初版第一刷発行）の二冊が送られてきた。

『唐風和月―阿倍仲麻呂伝』は阿倍仲麻呂の一生を直接中国語で書かれた歴史小説で四百

ページの大作である。通勤の電車の中を含めて一週間くらいで一気に読み終えることが出来た。

日本人が直接中国語で阿倍仲麻呂の歴史小説を書き上げる語学力は何処から生まれたのか？　幼少にして家庭で中国語の教育を受け、生活・勉学、そして仕事上の出張と駐在を含めると、通算で中国に約三十年滞在した筆者の特異な語学環境がなければ成し得なかったであろう。大学及び大学院での言語学、文学、歴史学等の勉学・研究の幅広い蓄積があればこそ、また、日本の和歌、中国の漢詩等に関する深い造詣があればこそ、成し得た事である。

加藤氏は〝後記〟（あとがき）の中で次のように述べている。

〝這部小説，最初是想用日文来写，然後訳成中文，但一転念，阿倍仲麻呂的大量活動是在唐朝，有関的史料大多是中文的，為了節省翻訳的時間，譲小説早日与読者見面，我最終決定先用中文書写，将来有機会再訳成日文，或改写成日文版。〟（拙訳：この小説を最初は日本語で書き、その後で中国語に翻訳したいと考えていた。しかし考えてみれば、阿倍仲麻呂の活動の多くは唐朝におけるものであり、関係歴史資料の大部分は中国語によるものだ。翻訳の時間を節約し、一日も早くこの小説を読者にお届けするために、先ず中国語で書き、将来機会があれば日本語に翻訳するか、或いは日本語版を改めて書くことに決めた。）

加藤氏は偶然阿倍仲麻呂という人物に出会ってからというもの、数十年間歴史の海の中に尋ね回り、倦むことを知らず。〝一年多前我開始下筆，一気呵成。〟（拙訳：一年余り前筆を執り、一気呵成。）すなわち、一年余りの短時日に、この四百ページにも及ぶ歴史小説を直接中国語で書き上げたという。

後日、加藤氏との手紙のやり取りで知ったことだが、資料収集と現地調査には実に約三十年の歳月を要した。各地の図書館、博物館を廻って資料を集め、阿倍仲麻呂の生地である奈良県桜井市をはじめ、中国の揚州、蘇州、寧波、洛陽、西安等を訪問したとのことである。

阿倍仲麻呂（六九八〜七七〇年）は、十九歳遣唐留学生の一員として唐に渡り、国子監に学び、やがて科挙進士に及第。玄宗皇帝に仕え、その才幹を認められ晁衡という名を賜る。詩才卓越、李白、王維等と交際。文人官僚として玄宗皇帝の恩寵を得て、外国人ながら高位高官に登りつめる。しかし、望郷の念絶ちがたく、玄宗皇帝の許可を得て日本に帰国しようと試みるが、その夢はかなわず、七七〇年長安に客死した（生年等は上野誠著『遣唐使阿倍仲麻呂の夢』角川選書に拠った）。

十九歳で渡唐し、科挙進士に及第。玄宗皇帝の恩寵を得、また李白、王維等と親しく交際した阿倍仲麻呂という人は、天才、異能の士と言わざるを得ない。また、その生涯を歴史小説として直接中国語で書き中国で出版した加藤氏も、私にとっては量り難い異才の人だ。

凡庸な私が阿倍仲麻呂に興味を持つのは何故なのだろうか？　一つには私が二十八歳で北京に常駐した頃、北京の日本人常駐者はきわめて少数で、数百名くらいしか居なかった。日本航空の直航便も週二、三便、国際電話を申し込んでも一時間も二時間も待たないと繋がらない時代であった。その電話の声も遠くて聴き取りにくかった。日本の新聞も、テレビ番組も見ることが出来なかった。日本料理屋もなければ、日本の煙草も売っていない。

外国人立ち入り禁止の地域が設定され、地方に行く時には外国人旅行証を公安局で取得しなければならなかった。一方多くの制約を受けながらも、われわれには〝常駐代表〟としてのステータスを与えられていた。「遣唐使」に与えられたのと同様のステータスとは決して言わないが、それと似通ったような雰囲気にさせられる時代背景があった。

加藤氏は『唐風和月―阿倍仲麻呂伝』の中で、「天の原ふりさけ見れば春日なる三笠の山にいでし月かも」を次のように漢訳している。

蒼蒼天上原，挙頭仰望思故郷，神往春日辺。
今宵三笠山頂上，又是明月掛中天。

和歌の五七五七七の定型に沿って、漢字五七五七七に漢訳している。

その著『薫風濤声（短歌型和歌漢訳と漢歌）』の中で、和歌漢訳の形を「漢詩型」、「自由型」、「短歌型」と「準短歌型」の四つに分類している。右の加藤氏の漢訳は漢字五七五七七による「短歌型」である。

和歌漢訳で一番多いのが「漢詩型」で、和歌の中ではこの阿倍仲麻呂の和歌が最も多く漢訳されているとのこと。五言絶句に翻訳した次の例を冒頭に挙げている。

翹首望東天，神馳奈良辺，
三笠山頂上，想又皎月円。　（王暁秋訳）

また、「準短歌型」として多くの中国人の漢訳の最後に、唯一日本人の漢訳作品として、私の早稲田の恩師松浦友久教授の漢訳を挙げている。

天蒼茫　仰首遥望　奈良辺
三笠山頭　旧時明月　（松浦友久訳）

加藤氏は『薫風濤声（短歌型和歌漢訳と漢歌）』の中で、自作の和歌漢訳を多く発表している。菅原道真、藤原定家から近現代の与謝野晶子、佐佐木幸綱、俵万智まで。少し毛色の変わったところで、俵万智さんの短歌の漢訳を紹介したい。

［原文］

四万十に　光の粒を　まきながら
川面をなでる　風の手のひら

［出典］『かぜのてのひら』

俵万智　短歌漢訳一首　清流

清流四万十
撒下粒粒光珠璣
閃閃随風移
斯是誰家玉繊手
軽払水面起漣漪

漢訳の後には中国語のピンイン発音表記が付されている。

また、同著には自作の「漢歌」二十首が紹介されている。加藤氏によれば、「漢歌とは、短歌から生まれ、漢字五七五七七計三十一文字で書いた定型詩」である。敦煌を訪れた時の漢歌「敦煌」や、唐招提寺に鑑真和上を拝観した時の「御影堂」、果てはゴダイゴのコンサートを聴きに行った時の漢歌「後醍醐」というように守備範囲は広い。

もう一人、直接中国語でエッセイを書いている日本人を紹介したい。新井一二三さんという女性が書いた『桜花寓言』（江西教育出版社、二〇〇七年七月第一版、二二元）という本を偶然上海淮海中路の新華書店で見つけて買った。

新井一二三さんは、一九八一年四月早稲田大学政治経済学部入学後、第二外国語として中国語の学習を始めた。中国語の勉強が面白くなったので週二回の授業に飽き足らず、半年後中国語専門学校である日中学院夜間部に通い始める。一九八四年北京外国語学院に留学、その後広州中山大学でも学んだ。

早稲田を卒業後、朝日新聞で半年間新聞記者として働いたが、一九八七年にカナダに移住、「多倫多星報」等に中国語の文章を発表した。一九九四年には香港に移住し、現地の中国語新聞である「明報」、「星島日報」、「苹果日報」等に中国語のエッセイを発表した。

大学の第二外国語の授業では飽き足らず夜は日中学院に通うというのは私が通って来た道

と同じだが、彼女と私を大きく隔てたのは、彼女が学生時代に北京外国語学院や広州中山大学に留学できたことであろう。卒業後もカナダ、香港に移住し、ジャーナリストとして直接中国語で華字紙にコラムを書くことができたからであろう。

新井一二三さんの書いた中国語は比較的平易であり、辞書を引かねば読み進めないということはない。しかし、大学入学後に初めて中国語を学び直接中国語で華字紙にコラムを書くまでになるのは相当の才能と言わねばならない。私など到底真似できることではない。

新井一二三さんの日本語の著書に『中国語はおもしろい』（講談社現代新書、二〇〇四年十一月二十日第一刷発行）がある。その「まえがき」に、「「外国語は幼少時から勉強しなければ身につかない」という考えは迷信です。私は十九歳でこの美しい言葉と出会って心を奪われました。以来、中国や世界各地の華人社会で暮らすうち、中国語で文章を書くコラムニストになって十冊あまりの本を上梓し、今日に至っています。」と書いている。また、中国語に対する情熱を、「大人になってから、恋をするように外国語に入れ込んで……」と表現している。

中国語の語学力だけでなく、ジャーナリストとしての、若い日本人女性としての視点があればこそ、読むに堪えうる作品として中国語で出版されたのだと思う。

二〇〇四年十月、「井真成《せいしんせい》墓誌」の発見が大きく報道された。『遣唐使の見た中国と日本―新発見「井真成墓誌」から何がわかるか』（専修大学・西北大学共同プロジェクト編、朝日選書、二〇〇五年七月二十五日第一刷発行）によると、井真成（六九九～七三四年）は十九歳で阿倍仲麻呂、吉備真備、僧玄昉等とともに入唐し、三十六歳の若さで西安に客死したらしい。おそらく留学生のまま、阿倍仲麻呂のように科挙進士に合格することもなければ、仕官することもなく。吉備真備や僧玄昉のように日本の土を踏むこともなく、異土に死んだ。

二〇〇五年八月、上野公園東京国立博物館平成館の「遣唐使と唐の美術」展に陳列された「井真成墓誌」を見た。その墓誌の最後には「哀きは茲れ遠方なること。形は既に異土に埋もれ、魂は故郷に帰らんことを庶《こいねが》うと。」とあった。阿倍仲麻呂、吉備真備等は赫々たる業績を上げ、後世にその名を残すことができたが、井真成は無名と言ってもよい遣唐留学生。分かっていることは非常に少ない。観終わって蝉しぐれの中、博物館前のなだらかなスロープを下りながら、井真成は千三百年ぶりにやっと帰国を果たしたのだと思った。

加藤氏は二〇一二年に発表した『唐風和月―阿倍仲麻呂伝』の中で、井真成を「井上真成」という日本名で登場させている。加藤氏は中国語小説阿倍仲麻呂伝ではなく、将来別の形でふたたび阿倍仲麻呂の一生を描かれると思うが、その時には更に想像力を発揮し井真成をもっともっとふくらませて描かれるのではないかと、勝手に想像している。

あとがき

私の中国語との最初の出会いは一九六九年大学一年の春だった。第二外国語として中国語の学習を始めた。日中国交正常化は三年半後の一九七二年秋、おまけに中国は文化大革命の嵐の真っただ中でなかば鎖国状態、中国は「竹のカーテン」の向こうにあった。日中間の政治、経済、文化の交流は限られ、中国への語学留学など夢にも考えられないような時代であった。

一九七二年夏の終わり、本格的に中国語の勉強を始めた。

中国語の教科書、辞書の種類は少なく、中国語会話の録音テープも簡単には手に入らなかった。昼間の大学の授業だけでは物足りなくなり、夜は神田の中国語専門学校に通った。今振り返っても不思議なくらい、何かに憑《と》りつかれたように中国語の学習に没頭して行った。しかし、当時中国語を学ぶことは趣味としての勉強では済まされない雰囲気があった。中国語専門学校では「中国語を学習する前に何故中国語を学ぶのか討議しよう」と言い出す学生もいたし、中国からの代表団の見習い通訳をした時、われわれ一行には警察の護衛がついた。

中国のことを学ぶにつれ、興味深い中国のことを少しでも多くの人に伝えられたら、それを自分の仕事にすることができたら、と思うようになった。なんとかして中国に行ってみたい、中国と関わりのある仕事に就きたいとの気持ちが強くなり、一九七六年、随分迷った挙句、日中貿易専門商社に就職した。

爾来四十一年、二五〇回近く中国に出張した。

その中で最も印象深いのは、一九七八年夏から秋にかけて半年間の初めての北京駐在だ。北京駐在中の八月、日中平和友好条約が締結された。九月一日、私も〝常駐代表〟の一人として人民大会堂の祝賀パーティーに招待された。秋には日中平和友好条約批准書交換のため鄧小平が日本を訪問、新幹線や日産自動車座間工場等の視察を精力的にこなし、帰国するや中国は「改革開放政策」に大きく舵を切った。日中両国の関係は好転、日中貿易も第一次のフィーバーの時期を迎えることになった。

わずか半年間の北京駐在であった。分からないことだらけで体力勝負の疾風怒濤の毎日だったが、朝起きて夜寝るまで中国語漬けの毎日で、留学以上の経験をさせていただいた。

私にとって初めての海外旅行は、一九七二年世界大学合唱祭参加のための早稲田大学グリークラブの演奏旅行だ。ワシントンではホワイトハウスを表敬、その前庭でニクソン大統領夫人に接見、一人一人握手していただいた。ホワイトハウスの内部を見学、その広い前庭の芝生の上で歌った。グリークラブの活動のおかげだ。

一九七五年五月、中国語研修学校の学生だった私は、新華社社長を団長とする中国報道界代表団の随行員の一人に加わり、首相官邸に三木首相を表敬、国会議事堂に前尾繁三郎衆議院議長を表敬訪問した。当時中国語を学ぶ学生はまだ少なかったから、二十四歳の若造にもこのようなチャンスが到来した。

一九七八年九月、人民大会堂で行われた日中平和友好条約締結の記念祝賀会に日中友好商社の北京常駐代表の一人として招待され、日中間の大きな歴史の流れの中に居合わせたことに興奮した。

趣味の男声合唱が縁でホワイトハウスに、中国語学習が縁で首相官邸、国会議事堂に、日中友好商社に入社したことが縁で人民大会堂に入った。通常政治或いはマスコミの世界に身を置いていないと、このようなチャンスはないはずだが、中国語を学習する人がまだまだ少なかった時代であったればこそ、私のような人間もこのような貴重な体験をさせていただいた。

書名を『北京の合歓の花　―私と中国・中国語―』とした。

それはこの「初めての北京駐在」の頃に見た北京台基廠の合歓の花、そして「二回目の北京駐在」中に見た民族飯店の玄関脇の合歓の花が、とても印象的だったからだ。郷愁を誘う花だった。北京に駐在した時分、貪欲に中国、中国語と取り組んでいた若い頃の自分を思い出す時、どういうわけかこの合歓の花が浮かんでくる。

ここ二十年以上は、北京に出張しても台基廠を散歩することも、民族飯店に宿泊することもなくなってしまった。そこにはまだ合歓木はあるのだろうか？

二〇一七年七月、北京空港から建国門外のホテル経由高速鉄道の北京南駅に向かった。背の高いポプラ、中背の槐《えんじゅ》の木は昔と同じく北京のあちこちに見受けられるが、合歓木を探し出すことはできなかった。

今から約百年前、一九二一年（大正十年）大阪毎日新聞海外視察員として中国に旅した芥川龍之介は『雑信一束』の「十三　北京」に、「甍の黄色い紫禁城を繞った合歓や槐の大森林、――誰だ、この森林を都会だなどと言うのは？」（『芥川龍之介全集第十二巻』所収、岩波書店、一九九六年十月八日発行）と書いている。芥川が北京に旅した今から百年前、北京では合歓木が目立ったらしい。四十年前私が北京に駐在した頃も北京のあちこちで合歓木をよく目にしたが、急激な経済成長の中で、合歓木は雲散霧消してしまったのだろうか？

二〇〇五年四月頃だったか、北京、上海などの大都市で反日デモが起こり、徐々に日中関係が悪化していった。日中間の経済交流の発展・深化とは反対に、日中間の政治は非常にギクシャクしていった。「政冷経熱」と呼ばれて久しい。二〇一二年八月、香港の活動家が尖閣諸島に上陸、その後北京で丹羽大使の乗った公用車の国旗が奪われるという事件が起きた。日本政府が尖閣諸島国有化を宣言した後、九月中旬から中国各地で反日デモが激しさを増した。二〇一二年は一九七二年の国交正常化から四十年の節目の年にあたっていたが、四十周年記念式典、記念事業はほとんど中止を余儀なくされた。

日本においても「反中」、「嫌中」の気分が広がり、書店の棚には「反中本」、「嫌中本」が溢れるようになった。

若い頃自分がどのように中国語を学んできたか、自分が感じていたこと、またその当時の時代の雰囲気を書き残して置きたいと考えるようになった。「取るに足らない個人の中国語学習の歴史を活字にし、人の目にさらすことに何の意義がある!?」、「自分はこれだけ熱心に中国語を勉強した。中国にこれだけ出張したという自慢話を書き連ねることにどれほどの意味がある!?」という考えに押し潰されそうになるが、その気持ちに必死に抗いながら……。

思えば日中関係がおかしくなった二〇〇五年頃からであろうか、土、日に時間を見つけて早稲田大学中央図書館に通うようになった。中央図書館は安部球場の跡地に建てられた図書館で、校友会費を納めていれば卒業生も利用させていただける。自分の子供と同じ年恰好の学生と机を並べるのは少し気恥ずかしいが、本のにおいの中に居るだけで、またキャンパスを歩いているだけで、若い頃を思い出して何かしら元気をもらうことが出来た。資料に当たったり、原稿を書いたりしたが、年に十回前後は中国出張があるものだから、図書館に通えるのは平均すると月に一度くらい。何度も中断しながら十年以上の歳月をかけて本書はやっと出来上がった。

本書は自らの中国語学習の歴史、日中貿易専門商社に就職後二五〇回近い訪中を通して感じた中国のことを書き綴った。従って多くの読者にとっては退屈な内容になったと思う。しかし、日本における中国語教育の歴史、日中貿易発展の歴史及びその時代の雰囲気を知りたいと思う人には、少しは参考としていただけることがあるかも知れない。また、同時代に中国語を学んだ人には、少しは共感を抱いていただけることがあるかも知れない。

「日本語と中国語」、「中国の方言」の章は、自分の耳で直接聞いたこと、自分が直接体験したことのみを書いた。「中国の成語」、「漢詩」の章も、自分の使いこなせる範囲内のことだけを書いた。深く研究することもなく自分が聞きかじったことを得意気に文字にして、自らの浅学菲才をさらすようなものだが、私の中国語修行の歴史なのだから、自分の経験したことのみを書いたつもりだ。

「俳句」の章を書き進むうち、俳句が漢詩の影響を如何に色濃く受けているか実感した。中国との関連に重きを置いて書いた。勢いあまって自分の拙い句まで列記したことについては少々やりすぎたと反省している。

「和歌」という章立てをしたが、諳んずることのできる和歌はせいぜい数十首。和歌についてはきわめて不勉強だ。「天の原ふりさけ見れば春日なる三笠の山にいでし月かも」一首しか触れていないのに「和歌」という章立てとした。私にこの章を書かせたのは、阿倍仲麻呂に対する興味、更に『唐風和月―阿倍仲麻呂伝』を中国語で書き上げ中国で上梓した加藤隆三木氏という異才、異能の士に対する興味からであった。

本書は、原稿の段階では中国語と同じく横書きで、中国語原文は「簡体字（正体字）」とすることを考えていたが、中国語を学習されたことのない読者のことも考え、中国語原文は日本語の「当用漢字」で表記し、縦書きとした。また、一部の中国語には拼音（ピンイン）をふった。ピンインとは現代中国語の声調記号をつけたローマ字表記の発音記号である。われわれ日本人が日常使うローマ字の発音とは別大系の発音記号であるが、参考のためにつけた。

今年二〇一七年は、私が初めて中国語教科書を手にして四十九年目になる。過ぎ去ってみればあっという間の出来事のように思えるが、この間実に多くの先生方に中国語をご指導いただいた。また、会社でも多くの上司、先輩の薫陶を受けた。更に熱心な同級生、同輩に恵まれお互いに切磋琢磨しここまでやってこられたが、本書では一部の方のことしか取り上げることが出来なかった。御茶ノ水の喫茶店でコーヒー一杯で二時間粘って中国語の勉強会をしたY先輩のことも本書では触れることが出来なかった。

グリークラブの同期諸君は、私と中国との関わりに関心を持ってくれ、大学卒業後も中国語専門学校に通い、日中貿易専門商社という当時としてはマイナーな道を選択した私のことをいつも温かく見守ってくれたが、ほんの一握りの友人のことしか触れることができなかった。

なお、大学や中国語専門学校でご指導いただいた先生方のお名前は実名を書かせていただいた。ともに中国語を学んだ同学、会社の先輩・同僚、中国や日本の取引先のお名前等は、原則頭文字をアルファベット表記させていただいた。

ここにすべての方にあらためて感謝を申し上げたい。

特に本書を出版するについて、ともに中国語を学んだ早稲田大学の同級生T教授には、

五、六年前初稿の初稿の段階から適切具体的な助言と励ましをいただいた。心から感謝を申し上げたい。

最後に、私の中国語修行を辛抱強く且つ温かく見守ってくださった多くの中国の人々にもお礼を申し上げなければならない。

二〇一七年九月

7月11日～7月14日	4		
8月1日～8月5日	5		
9月4日～9月6日	3		
10月11日～10月14日	4		
11月14日～11月17日	4		
12月11日～12月14日	4		
小計：	47	12	
2017年			
2月6日～2月10日	5		
3月5日～3月7日	3		
3月26日～4月1日	7		
4月12日～4月15日	4		
4月27日～4月29日	3		
5月9日～5月11日	3		
5月16日～5月18日	3		
6月6日～6月9日	4		
6月26日～6月29日	4		
7月25日～7月28日	4		
9月2日～9月5日	4		
			出張日数通算　2,693日 訪中回数通算　248回

訪中歴（年表）

年度 出張期間	出張日数	回数／年	主な出来事
1969年			早稲田大学教育学部国語国文学科入学 第二外国語として中国語の学習を始める 珍宝島で中ソ武力衝突
1970年			4月、日中貿易を進める上での周四原則を提示
1971年			10月、国連総会、中国の国連復帰決定
1972年			2月、ニクソン米大統領訪中 9月、田中首相訪中、日中国交正常化 日中学院別科（夜間部）入学 早大中国語学習会創部に参加
1973年			早稲田大学教育学部国語国文学科卒業 早稲田大学第一文学部中国文学専攻学士入学
1974年 10月16日～10月30日	15	1	2月、批林批孔運動始まる 初訪中、日中青年学生交流日本代表団
1975年			早稲田大学第一文学部中国文学専攻卒業 中国語研修学校昼間部入学
1976年			中国語研修学校昼間部卒業 日中貿易専門商社に入社 1月、周恩来死去 4月、第一次天安門事件 7月、唐山大地震 9月、毛沢東死去 10月、「四人組」逮捕

1977年			鄧小平　再復活
9月12日～10月12日	31	1	**入社後初めての中国出張**
1978年			
5月26日～11月22日	181	1	**5月、第一回　北京駐在（新僑飯店）**
			（5月26日～11月22日　181日間）
			8月、日中平和友好条約調印
			10月、鄧小平来日、日産自動車座間工場視察
			12月、改革開放政策決定
1979年			
3月24日～4月18日	26		
5月15日～7月5日	52		
10月15日～12月10日	57		
小計：	135	3	
1980年			
1月25日～2月15日	22		
3月27日～4月30日	35		
6月18日～6月27日	10		
8月7日～8月24日	18		
9月5日～9月16日	12		9月、趙紫陽　首相就任
11月25日～12月26日	32		**12月、北京駐在員事務所開設**
小計：	129	6	**（日本企業駐在員事務所許可第一号）**
1981年			
6月25日～7月20日	26		
8月14日～12月31日	140		**8月、第二回　北京駐在（民族飯店）**
小計：	166	2	**（8月14日～翌年3月24日　223日間）**
1982年			
1月1日～3月24日	83		
3月31日～5月16日	47		
6月2日～6月10日	9		
7月9日～8月1日	24		9月、胡耀邦　総書記就任

10月7日～10月29日	23		
11月7日～11月14日	8		
12月9日～12月14日	6		
小計：	200	6	
1983年			
4月6日～4月19日	14		
5月23日～6月10日	19		
6月27日～7月6日	10		
10月13日～10月29日	17		
12月2日～12月30日	29		
小計：	89	5	
1984年			
1月10日～1月24日	15		
3月4日～3月19日	16		
4月15日～4月29日	15		
6月12日～6月28日	17		
11月26日～12月11日	16		
小計：	79	5	
1985年			
1月22日～2月10日	20		
4月12日～4月20日	9		
10月12日～10月24日	13		
12月5日～12月20日	16		
小計：	58	4	
1986年			
1月19日～2月6日	19		
4月21日～5月17日	27		
12月14日～12月19日	6		12月、父の死
小計：	52	3	

1987年			1月、胡耀邦　総書記辞任
5月7日～6月6日	31		
9月3日～9月18日	16		
11月3日～12月30日	58		
小計：	105	3	
1988年			
6月9日～6月25日	17		
9月9日～9月23日	15		
12月7日～12月13日	7		
小計：	39	3	
1989年			
3月14日～3月30日	17		
5月13日～5月31日	19		6月、天安門事件
小計：	36	2	6月、江沢民　総書記就任
1990年			
2月28日～3月29日	30		
7月16日～8月3日	19		
9月10日～9月20日	11		
12月7日～12月19日	13		
小計：	73	4	
1991年			
1月15日～1月28日	14		
5月11日～5月22日	12		
8月23日～9月8日	17		
10月16日～10月26日	11		
11月15日～11月22日	8		
12月17日～12月22日	6		
小計：	68	6	
1992年			1月、鄧小平「南巡講話」
4月19日～4月28日	10		
5月28日～6月7日	11		
7月13日～7月27日	15		

10月4日～10月19日	16		
10月26日～11月1日	7		10月、天皇・皇后訪中
12月13日～12月25日	13		
小計：	72	6	
1993年			
3月16日～3月20日	5		
4月23日～4月28日	6		
5月9日～5月12日	4		
5月20日～5月25日	6		
8月12日～8月18日	7		
10月26日～11月3日	9		
小計：	37	6	
1994年			
5月17日～5月27日	11		
7月21日～7月29日	9		
10月24日～10月30日	7		
12月7日～12月20日	14		
小計：	41	4	
1995年			
2月20日～2月23日	4		
3月16日～3月21日	6		
5月6日～5月13日	8		
7月7日～7月15日	9		
9月19日～9月27日	9		
10月12日～10月19日	8		
12月19日～12月26日	8		
小計：	52	7	
1996年			
2月27日～3月4日	7		
5月11日～5月17日	7		
8月6日～8月10日	5		
9月18日～9月25日	8		

10月13日～10月23日	11		
11月12日～11月20日	9		
12月22日～12月28日	7		
小計：	54	7	
1997年			
1月17日～1月21日	5		
2月26日～3月8日	11		2月、鄧小平　死去
3月23日～3月26日	4		
4月22日～4月30日	9		
7月8日～7月12日	5		7月、香港、中国に返還
7月21日～7月30日	10		7月、アジア通貨危機
9月2日～9月6日	5		
11月30日～12月13日	14		
12月24日～12月27日	4		
小計：	67	9	
1998年			
1月13日～1月17日	5		
3月6日～3月13日	8		
4月19日～4月30日	12		
5月13日～5月23日	11		
6月9日～6月13日	5		
7月8日～7月11日	4		
7月27日～8月3日	8		
8月26日～9月5日	11		
9月13日～9月26日	14		
10月11日～10月16日	6		**10月、香港支店長　赴任**
11月4日～12月30日	57		
小計：	141	11	
1999年			
1月3日～1月28日	26		
2月7日～3月30日	52		
4月7日～5月12日	36		

5月19日～7月3日	46		**7月、管理本部総務部　勤務**
小計：	160	4	
2000年	0	0	**総務部**
2001年	0	0	**総務部** 中国WTO加盟
2002年			
3月7日～3月12日	6		
3月17日～3月21日	5		
3月29日～3月30日	2		
4月8日～4月13日	6		
4月28日～5月1日	4		
5月29日～5月31日	3		
8月11日～8月13日	3		
10月15日～10月22日	8		11月、胡錦濤　総書記就任
小計：	37	8	
2003年			
4月15日～4月19日	5		4月、SARS（重症急性呼吸器症候群）流行
8月3日～8月5日	3		
10月6日～10月11日	6		
小計：	14	3	
2004年			
2月9日～2月11日	3		
2月25日～2月28日	4		
3月14日～3月20日	7		
4月25日～4月29日	5		
5月16日～5月20日	5		
6月17日～6月23日	7		
8月24日～8月27日	4		
9月6日～9月14日	9		
10月12日～10月15日	4		
12月9日～12月11日	3		

12月21日～12月27日	7		
小計：	58	11	
2005年			
1月20日～1月22日	3		
3月2日～3月8日	7		
3月28日～3月31日	4		
6月22日～6月25日	4		4月、北京、上海など各都市で反日デモ
9月11日～9月17日	7		
10月26日～10月29日	4		
12月5日～12月7日	3		
小計：	32	7	
2006年			
1月23日～1月25日	3		
2月13日～2月18日	6		
3月16日～3月23日	8		
5月16日～5月20日	5		
6月7日～6月10日	4		
7月2日～7月8日	7		
9月6日～9月9日	4		
11月7日～11月10日	4		
12月6日～12月9日	4		
小計：	45	9	
2007年			
1月18日～1月20日	3		
1月29日～1月31日	3		
2月27日～3月2日	4		
3月19日～3月24日	6		
4月24日～4月28日	5		
5月21日～5月24日	4		
6月11日～6月16日	6		
8月7日～8月10日	4		
9月11日～9月15日	5		

11月12日～11月17日	6		
12月10日～12月12日	3		
12月18日～12月20日	3		
小計：	52	12	
2008年			
1月14日～1月19日	6		
2月21日～2月23日	3		
3月16日～3月20日	5		
4月16日～4月22日	7		
5月25日～5月28日	4		
6月11日～6月13日	3		
7月20日～7月24日	5		8月、北京オリンピック
9月11日～9月20日	10		9月、世界金融危機
10月15日～10月17日	3		
12月24日～12月27日	4		
小計：	50	10	
2009年			中国自動車生産・販売台数世界第1位に
2月16日～2月22日	7		
6月14日～6月18日	5		
8月18日～8月22日	5		
9月14日～9月18日	5		
11月19日～11月21日	3		
12月7日～12月9日	3		
12月14日～12月17日	4		
小計：	32	7	
2010年			
3月1日～3月4日	4		
3月15日～3月17日	3		
3月22日～3月28日	7		
4月18日～4月20日	3		
4月29日～5月1日	3		
5月12日～5月15日	4		5月～10月、上海万国博覧会

8月5日～8月7日	3		9月、尖閣諸島中国漁船衝突事件
8月30日～9月1日	3		中国　日本を抜きGDP世界第2位に
9月13日～9月16日	4		中国　造船竣工量世界第1位に
10月10日～10月15日	6		
11月17日～11月19日	3		
12月8日～12月11日	4		
小計：	47	12	
2011年			欧州債務危機
1月17日～1月19日	3		
3月28日～3月31日	4		
5月18日～5月21日	4		
9月6日～9月10日	5		
10月12日～10月15日	4		
11月30日～12月2日	3		
12月12日～12月14日	3		
小計：	26	7	
2012年			
4月11日～4月14日	4		
6月7日～6月9日	3		
6月19日～6月22日	4		8月、香港活動家尖閣諸島へ上陸
7月25日～7月28日	4		8月、丹羽大使の公用車の国旗が奪われる
9月18日～9月19日	2		9月、中国全国各地で反日デモ。国交正常化40周年記念式典、記念事業の中止。
11月28日～11月30日	3		
12月16日～12月19日	4		11月、習近平　総書記就任
小計：	24	7	
2013年			
3月24日～3月27日	4		
9月3日～9月6日	4		
小計：	8	2	

2014年			
3月19日～3月22日	4		
4月6日～4月10日	5		
5月15日～5月22日	8		
6月17日～6月19日	3		
8月19日～8月23日	5		
10月19日～10月21日	3		
11月19日～11月22日	4		
12月2日～12月5日	4		
小計：	36	8	
2015年			
1月20日～1月23日	4		中国経済減速
1月26日～1月28日	3		
2月10日～2月14日	5		
3月5日～3月7日	3		
3月29日～4月2日	5		
4月14日～4月17日	4		
5月5日～5月9日	5		
6月1日～6月6日	6		
7月7日～7月10日	4		
8月11日～8月15日	5		8月、天津爆発事故
9月14日～9月19日	6		
10月14日～10月18日	5		
12月9日～12月14日	6		
小計：	61	13	
2016年			
2月1日～2月5日	5		
3月6日～3月9日	4		
3月24日～3月26日	3		
4月14日～4月16日	3		
4月25日～4月28日	4		
6月6日～6月9日	4		

著者略歴

高橋　俊隆（たかはし　としたか）

1950 年　広島県に生まれる。
1969 年　早稲田大学教育学部国語国文学科入学と同時に第二外国語として中国語の学習を始める。
1972 年　中国語専門学校日中学院別科（夜間部）入学。
1973 年　早稲田大学教育学部国語国文学科卒業、第一文学部中国文学専攻学士入学。
1975 年　第一文学部中国文学専攻卒業後、中国語研修学校昼間部入学。
1976 年　日中貿易専門商社に入社。
主に中国への機械輸出を担当。北京事務所駐在、香港支店勤務を含め、今日まで 250 回近く訪中、現在に至る。ここ数年は主に中国における合弁事業に従事。

北京の合歓の花 —私と中国･中国語—

2017 年 10 月 1 日　初版印刷
2017 年 10 月 10 日　初版発行

著　者　高橋俊隆
発行者　佐藤康夫
発行所　白 帝 社

〒 171－0014　東京都豊島区池袋 2－65－1
TEL : 03-3986-3271　FAX : 03-3986-3272
http://www.hakuteisha.co.jp
E-mail : info@hakuteisha.co.jp

モリモト印刷㈱ — 製版・印刷・製本
カバーデザイン —㈱アイ・ビーンズ

Printed in Japan〈検印省略〉6914　ISBN 978-4-86398-317-5
★定価はカバーに表示してあります。